JN025610

現代社会と精神保健福祉

精神保健福祉の原理を学ぶ

山本耕平・緒方由紀

［編著］

ミネルヴァ書房

本書は、佛教大学通信教育教材テキスト『現代社会と精神保健福祉』に
もとづいて作成されました。

は じ め に

　本書は，精神保健福祉に関し，今学ぶべき知識を的確に学習するために，さらに，精神保健福祉士として育っていくために，精神保健福祉の哲学や理念を伝え，今般の精神保健福祉士養成課程の教育内容等の見直しにおいて，精神保健福祉士養成の中核を成す科目として「精神保健福祉の原理」が創設された意図に配慮しつつ執筆された。

　さらに，その学びは，学生当時のみではなく，実践現場に出てからも続けられる。その学びのなかで，精神保健福祉士（ソーシャルワーカー）としての深みと味をもたらす。本書は，実践者が，基本に戻り，他の実践者と学びあうことができる書となろう。本書を通して私たち執筆者が，現在の社会への諸矛盾と精神障がい者の権利を守り，精神保健福祉をより充実するための問いかけは，精神科ソーシャルワークを発展させる実践的な問いかけである。

　なんらかの事件が生じ，その事件の加害当事者が精神障がいの疑いがあった時，国民は，精神障がい者に否定的な関心を寄せる。

　刑法犯検挙のなかで精神障がい者が占める比率は，2021（令和2）年においては0.7％：令和3年度犯罪白書と，100人に1人もいないにもかかわらず，国民が，なんらかの犯罪が生じた時，「精神障害」や「精神障がい者」との関わりに関心をよせることは否定できない事実である。それは，入院中心の精神障がい者施策が，充実した地域生活を送る当事者の姿を国民の目からから遠ざけたため，精神障がい者への正しい理解が進んでこなかったことに起因するのではなかろうか。

　精神保健福祉を学ぶ者や彼らと関わる人は，彼らが歩んできた歴史を正しく理解する必要がある。彼らが歩んできた歴史は，必ずしも平たんなものではなかった。戦直後の1948（昭和23）年には，優生保護法が制定制定され，その法は，1996（平成8）年まで存在した。この法は，現憲法下で母体保護という目的に置きかえ，優生思想の見地から「不良」な子孫の出生防止手術（優生手術）を合法化したものである。2018（平成30）年の1月以降，強制的な不妊手術を受けた人たちが，全国9つの裁判所で国に対する裁判を起こし，この問題が注目されるようになった。また，警察官職務執行法も同年（1948年）に制定された。こうした法律は，戦後の民主化のなかで生じた国民，なかでも障害者や病者が社会的に排除されてきた法である。

　戦後の社会復興を目ざした高度経済成長期（1956年から1970年代前半まで）においても，おきざりにされてきたのが障害者である。1958（昭和23）年には精神科特例（→巻末キーワード）が発出され，1963（昭和38）年には，ライシャワー事件が生じ，精神障がい者を社会から排除する傾向が強まるなかで精神

衛生法の一部改正があった。その改正では，通院医療費公費負担制度や精神衛生相談員制度（今日の精神保健福祉相談員制度）が創設される一方で，保安処分を目指した法の一部改正がみられた。

　精神障がい者の戦後の歴史に大きな分岐点を迎えたのは，人権擁護や社会復帰施策が明確にされたのは，1987（昭和62）年に公布された精神保健法や，1993（平成5）年の障害者基本法においてである。この二つの法律により，精神障がい者が権利の主体として位置付けられてきた。

　本書は，こうした戦後の精神障がい者の歴史を踏まえ，現在の精神障がい者の暮らしをめぐる法や制度を考えるとともに，彼らと共に生きる精神科ソーシャルワーカーの実践の哲学や方法・原理について述べる。

　第1章において，第二次世界大戦以降の彼らが歩んだ歴史と彼らの生活を述べている。第2章では，精神障害の本質を理解するうえで不可欠となる「障害」論について述べ，第3章では，諸外国の動向と日本で生じた事件や事象を通して社会的排除と社会的障壁を述べている。さらに，第4章では，精神障がい者の生活にとって深い関わりのある医療や家族との関わりで，その生活に触れ，彼らの居住・就労・社会保障の現実について統計を踏まえ述べる。第5章では，精神障がい者の地域生活を支える専門職である精神保健福祉士の資格化の経緯について触れ，専門職としての実践原理と理念について述べている。第6章では，精神保健福祉士法を踏まえ，専門職としての職業倫理や業務特性について述べる。

　なお，最初に，本書で活用する語についてであるが，精神障がい者のことを，本書では，当事者と記する。これは，本人たちは，この社会で精神障がいをもちながら生きる当事者であるからに他ならない。さらに，関係性について論じる箇所等で例外的に使用するが，できる限り「クライアント」という言葉を使用しない。これは，「クライアント」という語が，「支援者—被支援者」の関係性を想起する語であり，筆者たちが，追及する関係性ではないと考えるからである。また，当事者を本人たちと示すこともある。

　本書をとおして，精神保健福祉士として育っていくみなさんと共に，精神保健福祉を学んでいくことが，私たちの切実な願いである。

現代社会と精神保健福祉　目　次

はじめに

第6章 「精神保健福祉士」の機能と役割

キーワード集

おわりに

人名索引／事項索引

コラム

第1章

障害者福祉の理念

　本章では，精神障がい者が歩んだ歴史とその社会での生活について学ぶ。なかでも，棄民政策との関わりで，当事者の人権が奪われてきた事実を学んでほしい。さらに，政府が，所得倍増政策をとっていた当時，精神障がい者は，社会防衛の対象であり，かつ"生産性のない"存在として捉えられてきた。

　高度経済成長政策の下では，新たなストレスが，当事者や心理的に脆弱な人々を襲い，新たな精神疾患患者が生み出されてきた。こうした社会のなかで，当事者が社会的に自立するために求められる理念と思想も，本章で学んでほしい。

1-1. 戦後の社会と精神障がい者の生活

　精神障がい者は，ソーシャルワークの「対象」ではなく，障がいと共に，より素晴らしい人生を築き上げる主体である。本章では，その主体としての精神障がい者と共に，私たちソーシャルワーカーが，障がい当事者，さらには，より多くの国民の充実した人生を築き上げるためになにをなすべきかを問いたい。

　その問いは，精神障がい者の人権が奪われてきた歴史を，生存の危機と向き合わざるを得なかった歴史として概観するなかで可能になる。

▷私宅監置
→巻末キーワード

　精神障がい者をめぐる法律がなかった日本では，1900（明治33）年に精神病者監護法が施行された。この精神病者監護法は，家族に，精神病者の自宅での監（**私宅監置**）を許可したものであり，彼らの生命や人権を保障してきた法ではない。その法の下では，精神病者の命は危機的な状況におかれ，人としての尊厳が奪われてきた。精神科医であり東京大学の教授だった**呉秀三**（くれ しゅうぞう，1865〜1932年）は，その状況を観察するなかで「我邦十何万ノ精神病者ハ実ニ此病ヲ受ケタルノ不幸ノ外ニ，此邦ニ生レタルノ不幸ヲ重ヌルモノト云フベシ。精神病者ノ救済・保護ハ実ニ人道問題ニシテ，我邦目下ノ急務ト謂ハザルベカラズ」という言葉を残した。呉が残したこの言葉は，後々まで精神病として生まれた不幸と日本という国で生まれた不幸を表すものとして日本社会に残ってきた。

▷呉秀三
→巻末キーワード

　この私宅監置は，1950（昭和25）年の精神衛生法まで続いた。精神衛生法により私宅監置は廃止されたが，その後，私宅監置は，病院入院措置に代わり，精神科病院への長期収容が，今日まで続いている。

　1950（昭和25）年に私宅監置がすっかりなくなった事実が，2016（平成28）年，沖縄での調査のなかで明らかになった。1950年にまだアメリカ統治下にあった沖縄では，私宅監置の廃止がなされず，1972（昭和47）年の日本復帰まで残っていた事実が，調査により明らかにされたのである。

　本章では，戦後の社会発展のなかで，精神障がい者がおかれてきた権利侵害状況について学び，その社会に影響を受けた実践の歪み（課題）を学ぶ。さらに，今日求められる権利としての自立保障を進める精神保健福祉実践の理念や当事者の権利保障を進める政策のありかたを学ぶ。

1-1-1. 所得倍増政策と生産阻害因子キャンペーン

　1945年，第二次世界大戦が終わりを迎えた。日本社会は，その戦争により経済的にも社会的にも大きなダメージを受け，国土は，焼け野原になったばかりか，多数の貴重な命が奪われ，新たな戦争障がい者が生み出された。

　1946（昭和21）年，日本国憲法が制定され，憲法14条では「すべて国民は。

法の下に平等であって，人種，信条，性別，社会的身分又は門地により，政治的，経済的又は社会的関係において，差別されない」と規定された。この憲法14条は，障がい者を含む個人の平等を目指すものであった。この新憲法の下で，1950（昭和25）年に精神衛生法が制定された。

　所得倍増計画により，日本社会は，戦後の深刻なマイナス状況からプラスへと転じ，経済的繁栄につながる基盤が築かれ，1960年代の高度経済成長期が生み出された。この高度経済成長政策の下で，国は，精神障がい者や知的障がい者を「生産離脱者」とカテゴライズした。障がい者の家族も生産離脱者の家族とし，それを含めて「精神障がい者のために社会は年々1000億を下らない額の生産を疎外されている」としてきた。[1]

　それは，どのような根拠で算出しているのかについては不明であり根拠のない考えである。精神障がい者の社会参加を阻害するこの考えは，精神障がい者に対する深刻なスティグマを強め，精神障がい者を社会から排除する役割を果たしてきた。

　当時，こうした精神障がい者の生産阻害因子キャンペーンが生じたことと，「精神障害者の医療及び保護を行い，且つ，その発生の予防に努めることによつて，国民の精神的健康の保持及び向上を図ることを目的」（精神衛生法，昭和25年，法律第百二十三号）とする精神病院内での医療・保護に関連させる法的手続きを主体とした精神衛生法が生じたことは無関係ではない。この法は，日本の精神衛生行政の遅れを浮き彫りにした。

1-1-2. 精神科病院（病床）増設と精神科特例の背景

　精神衛生法に基づき，私宅監置制度（1900年）が廃止され，各都道府県に精神科病院の設置が義務付けられた。自傷他害の可能性がある精神障がい者の強制的な入院である措置入院と保護義務者の同意による同意入院の制度が新設された。さらに1954（昭和29）年には，「第1回全国精神衛生実態調査」（厚生省）が実施され，精神衛生法の一部改正がなされた。この調査では，全国の約130万人の精神病患者の内25万人が施設収容が必要であるとされた。同調査が行われた1950年代のアメリカでは，精神科病床の縮小化という精神保健医療改革を踏まえ，精神科病院と精神科病床の削減を主な柱とする脱施設化政策が推し進められ，イギリスでは，精神科病床の減少策を主とした精神保健医療改革が始まった

　しかし，日本では，この調査を受け，当時，3万5千床であった精神病床は不足していると考え，国際的な動向に反し，新たな精神科病院の建設や精神科病床の増床が進められることとなった。新たな精神科病院の建設や精神病床の増床のためには，財政的な必要になった。そこで，国庫補助や医療金融公庫からの優遇的融資（1954）等による民間精神科病院増床の政策，つまり，精神科病院

▷1　厚生省公衆衛生局（1951）「わが国精神衛生の現状並びに問題について」『医学通信』262。

への収容強化策を進める精神科病院への財政援助をとった（詳細は第4章 p. 113～115）。

　そこで，年間1万5000床に及ぶ年間融資枠を設け民間精神科病院の建設を進めた。さらに，建設後の運営においても，精神科病院経営者の経営を助ける方策が必要となった。そこで生じてきたのが，精神科病院と一般科病院の医療ケアに差別をもたらす**精神科特例**（1958年，医療法の「精神科特例」（医師：一般科の1/3　看護職：一般科の2/3）が発出された）である。この精神科特例は，民間精神科病院の運営を法的に支えるものであった。しかし，それは，精神科医療や看護を手薄にし入院患者の権利を危機に陥れる制度の出発であった。

　精神科医療と他の科の医療の間に置かれた差別政策は，半世紀以上を経た現在でも，なおも続き，精神障がい者の精神科病院内における権利侵害を生み出している。精神科病棟のなかで，少ない医療スタッフで行う医療や看護は，「力」による監理を必要としてきた。その監理は，鉄扉により，外の社会と隔離された病棟での医療や看護を必要とした。外の目が届き難い隔離病棟の中では，医療スタッフの患者に対する権力が，暴力を用いた支配や多量の服薬による当事者の無力化を生み出した。そうして生じた患者の無力化の下で多くの精神科病院事件が生じてきた。

　医療職が十分でない環境の下では，長期に入院させ，当事者を無力化し，医療職が支配しやすくなってきた古参の患者を，他の入院患者を監理する「道具」として利用し，患者相互の権利剥奪を生み出してきた事実も，精神科病院事件のなかで報告されてきた。

1-1-3. 精神衛生法，ライシャワー事件と社会保安処分

　1964（昭和39）年3月24日，米国駐日大使ライシャワー氏が，神科治療歴があった19歳の日本人青年に右大腿部を刺され重傷を負う事件が生じた。60年安保に反対する国民の運動が収束した時期に生じたこの事件は，マスコミを中心として「精神障がい者野放し論」を強め，時の政府に衝撃を与えた。

　当時のマスコミは，「春先になると，精神病者や変質者の犯罪が急にふえる。毎年のことだが，これは恐ろしい。危険人物を野放しにしておかないように，国家もその周囲の人ももっと気を配らねばならない」（朝日新聞　1964年3月25日朝刊　天声人語）や「それにしても今の日本にいつなんどきこのような危険な行動に出るかもしれない精神分裂患者はゴマンといる。これらの患者の取り締まりと警戒については深く考えなければならないと思う」（読売新聞　1964年3月25日朝刊　編集手帳）と，激しい精神障がい者攻撃を行った。

　こうした状況のなかで，1965年1月に精神衛生審議会が開かれ，精神鑑定医・精神障がい者の緊急入院・保護拘束制度の創設などが答申された。日本精神神経学会（当時理事長秋元波留夫）はこれに反対したが，折しも国会会期中

▷精神科特例
→巻末キーワード

▷2　ライシャワー事件と言われる。第3章2-3にて詳述。

▷3　村上直之・藤田健一（1980）「ライシャワー事件と新聞報道――精神衛生法改正の社会的過程(1)」『神戸女学院大学論集』27(2)。

であり，精神衛生法改正をめぐり紆余曲折の議論が
展開された。改正の中心には，精神障がい者よりも，
国民の安全・人権を保障する**社会防衛**・治安的色彩
を強く帯びた論調があった。現実には，警察庁から
厚生省（当時）に改正の要望が提出され政治的対応
として，緊急的な一部改正も検討された。

出典：『朝日新聞』（1964年3月24日夕刊）。

　1965（昭和40）年6月30日，改正精神衛生法が公
布，施行された。この改正法では，保健所による在
宅精神障がい者への訪問指導等の強化や精神衛生セ
ンターの設置，通院医療費公費負担制度が新設され，
精神障がい者の地域生活支援が一歩進んだかの感を
得た。しかし，その一方，警察官等による通報・届出制度の強化，緊急措置入
院制度が設けられる等の改正となり，精神衛生審議会による答申を十分に反映
したものではなく，入院治療に偏った内容にとどまったことは否定できない。

　アメリカでは日本と異なり，1963年に，ケネディ大統領が，**ケネディ大統領**
教書（精神疾患および知的障がい者に関する特別教書）において，精神疾患や
知的障がい者施策を提案した。それは，大まかに言えば州や地方自治体さらに
民間活動を促進させるために，連邦政府の資金を投入する施策である。この政
策が，患者を施設に閉じこめる状態から，予防，治療およびリハビリテーショ
ンにとって代られることが期待された。

　このケネディ教書を受け，導入された「地域精神保健センター（Community
Mental Health Centers）」は，長年にわたる精神医療を病院から地域へとむける
場所であった。この施策のなかで，精神科医師たちは，精神障がい者を地域で
暮らす生活者として捉え，当事者を制限から解放に向け歩むことが自分たちの
仕事であることを認識していった。

1-1-4. 権利擁護システムとしての精神保健法

　1984（昭和59）年3月14日，栃木県宇都宮市にある報徳会宇都宮病院（石川
文之進院長）が，看護職員等による患者への暴力（リンチ）・不正入院・無資
格診療行為，その他の疑いで家宅捜査を受けた。宇都宮署の取り調べで3月29
日，宇都宮署は宇都宮病院の職員等5人が傷害容疑で逮捕された。

　その捜査のなかで，宇都宮病院では過去3年間にわたり200人以上の患者の
不審死があることが判明した。同病院の医師は事実上，院長である石川だけで
あり，患者対応を医療資格の無い看護士や古参患者に任せていた。この事件を
把握した国連人権小委員会は，1984年8月に，同委員会において，日本政府を
厳しく非難した。さらに，1985年5月には，国際法律家委員会（ICJ）が来日
し，日本の精神科医療の実態を調査した（詳細は第4章 p. 110）。その結果を受

▷**社会防衛**
→巻末キーワード

▷**ケネディ大統領教書**
→巻末キーワード

▷4　宇都宮病院事件と言
われる。第3章2-2-4にて
詳述。

け，日本代表は，国連差別防止・少数者保護小委員会（第38回会議・ジュネーブ）において，精神障害者の人権保護に努めることを明言した。

宇都宮病院事件への国際的な批判や調査を通し，1987年に精神保健法が成立・施行された。精神保健法の特徴として，精神障がい者の人権擁護，精神障がい者の社会復帰の促進がある。同法では，精神疾患患者の自己意思による入院選択を可能にした任意入院が新設された。また，入院する精神障がい者の入院時の人権擁護として，書面による権利等の告知制度が設けられた。さらに，入院中の患者の人権保障として，入院の必要性や処遇の妥当性について審査するための精神医療審査会が創設された。また，精神衛生鑑定医制度に代わり，精神保健指定医が制定された。

しかし，今日までに宇都宮病院事件以降も多数の精神科病院事件が生じている。それは，入院治療を目的とする精神科病院で生じている虐待さらには殺人事件である。

精神障がい者の人権に配慮しつつその適正な医療及び保護を確保するために，入院している精神障がい者の処遇等について専門的かつ独立的な機関として審査を行うのが精神医療審査会であるが，この精神医療審査会に多くの限界がある。その限界を克服するためにまず，現在，都道府県にある精神保健福祉担当部局が，審査会の事務局となっているが，本来は，都道府県から独立した機関が事務局を担い，その中立性が保障されるべきである。

精神医療審査会が行政から独立した機能を果たすならば，精神科医療機関を対象とした法外調査ならびに調整，さらには審判を可能とする機関となりえよう。そのことにより，任意入院患者の同意なき行動制限，多床室での**身体拘束**，隔離室の複数使用などの法令不遵守，外出や買い物等の過剰な行動制限，女性入浴時の男性職員立ち会いや蔑称の常用などの患者の尊厳を傷つける慣習，多剤長期投与や診断と症状の不一致，拒薬を理由とした長期不投薬や治療プログラムのない長期入院，退院および行動制限緩和への努力不足などの治療的不作為等の審査や審判を行い，精神科病院における権利侵害を監視することが可能になろう。

▷**身体拘束**
→巻末キーワード

同法では，法の目的を，「精神障がい者等の医療と保護を行い，その社会復帰を促進」とし，第9・10条では，「精神障がい者社会復帰施設」を初めて設けた。しかし，この社会復帰施設は，第二種社会福祉事業として規定され，届出をすれば社会福祉法人以外も事業を行うことができものとなった。

この第二種社会福祉事業は，社会福祉法人ではなくても，事業の運営主体になることが可能であり，第一種社会福祉事業と比べると，公共性公益性が劣る。少なくない医療法人（病院や診療所）がこの事業の経営主体として名乗りをあ

げ，病院敷地内に援護寮を設け，病棟から援護寮への「同一敷地内退院」をもたらすことになった。この同一敷地内の「退院」は，地域への退院とは言えず，時には，敷地内で病棟と援護寮を回転ドアのように行き来する可能性を生み出した。

1993（平成11）年に障害者基本法が成立し，精神障害者が，初めて法的に「障害者」として位置づけられ，精神障がい者に対する福祉が法的に明示されることとなった。1995（平成13）年には精神保健法が大幅に改正され，精神保健及び精神障害者福祉に関する法律（精神保健福祉法）が施行された。もちろん，その後も，精神科病院における精神障がい者の命や尊厳を奪う精神科病院事件は絶えず生じている。

1-1-5. 自己責任が激化する社会の諸矛盾と精神障がい者の地域生活

1995年に施行された精神保健法は5年ごとの見直し規定を設け，その後見直しを行ってきたが，障がい者の地域生活をより生きづらいものとしてきたものに2006（平成18）年に施行された障害者自立支援法がある。同法は，障害者福祉の提供主体を市町村に一元化すること，さらには，障害の種類にかかわらず，障害者の「自立支援を目的」とした福祉施策を共通の制度により提供することを目的とした。

また，障害者自立支援法は，障害者のサービスの必要性を，認定調査において判定するとしたが，この認定調査は，認定調査員が訪問して本人や家族と対面して行うものであり，なにかが「できる・できない」で評価するものである。精神障がいや知的障がいの場合，当事者を対象とした調査において，当事者が周囲の者の評価と異なる回答を行うことがある。それは，当事者が自らの誇りを守るための回答であり，嘘をいっているのではない。ただし，その回答によりサービスの必要性の判断が低まることがある。

さらに，大きな問題として，障害福祉サービスなどの利用者負担が1割の応益負担（利用に応じた負担）となったことがある。ここでいう「益」は，障がい者福祉サービスを受け，その利益を得たと考える利益の「益」である。そもそも障害者福祉は，障害者が権利として保障されるものであるが，政府は，福祉サービスにより生じた利益に対し，サービスの対価として利用者に1割負担を強いるといった**「応益負担」**を制度化した。これは，明らかに誤った考えである。

▷応益負担
→巻末キーワード

この応益負担により，サービス利用を控える人が続出し，応益負担を違憲とする訴訟に発展した。そもそも，障がい故に生じる生きづらさを克服し社会的自立を図ろうとする障がい者に自己負担を強いるのは，障がい者の自立ばかりか生存の危機が生じるものと言える。

2008（平成20）年には，その応益負担が憲法14条の法の下の平等に反し，憲

法25条の生存権を奪うとし，全国で30名の人が憲法訴訟を提起した。その後，2010（平成22）年1月には，同訴訟の原告・弁護団と国（厚生労働省）との間で基本合意書が締結された（以下「基本合意」）。これを受けて，当事者参加を踏まえた障がい者制度改革推進会議総合福祉部会が，障害者自立支援法に代わる新法の検討を進めることになった。その検討により，2011年8月に，新法の構想「障害者総合福祉法の骨格に関する総合福祉部会の提言─新法の制定を目指して」（以下「骨格提言」）を公表した。

　しかし，障害者総合福祉法は，福祉法ではなく，障害者総合支援法として成立・施行されることになった。ここで，なぜ，福祉法ではなく支援法として成立したのかについて深く考える必要がある。

　2013（平成25）年に，障害者自立支援法を改正する形で成立したのが障害者総合支援法である。障害者総合支援法の目的は「障害者及び障害児が基本的人権を享有する個人としての尊厳にふさわしい日常生活または社会生活を営む」ことであり，日常生活や社会生活を地域生活支援事業などにより総合的に支援をするとしている。

　障害者・障害児が他の国民と同じように，基本的人権が守られ，自立した社会生活を送れるように様々な支援をおこなうことが目的と理念となっている障害者総合支援法は，「障害者も他の国民同様に個人として尊重される」「障害の有無に関係なく相互に人格と個性を尊重し合える共生社会を実現する」「障害者・障害児が可能な限り身近な場所で支援を受けられることを目指す」「社会参加の機会が確保されること」「どこで誰と住むかなど他者との共生が妨げられないこと」「障害者・障害児が社会生活をする上での障壁の除去に資すること」をその理念としている。

　障害者総合支援法は，介護保険の利用方式と同じ，給付金方式（支給決定を受けた障害者への現金給付と直接契約（施設・事業者と支給認定障害者との契約）による利用の仕組みとなっている。

　介護保険優先適用条項により，障害者が65歳以上になると，介護保険法の適用となり，要介護度ごとに支給限度額が設定される。このため，利用者負担が完全な応益負担となる。障害者にとって「65歳問題」は深刻な問題となり，介護保険優先適用条項の違法性を争う裁判にまで発展している。

　とりわけ，65歳になり，それまで支援を受けていた支援者との関係が絶たれ，介護保険サービスの事業所と新たに関係を築くことに困難をきたす精神障がい当事者もいる。なかでも，地域で濃厚な支援を受け生活している重度精神障がいほど，65歳で自己負担が多くなり生活が困難になる事例も生じている。

　障害者総合支援法は，自立支援法を名前を変えただけで存続させた内容にな

っている。法律に盛り込まれた「3年後の見直し」に基づく2016年の改定でも65歳を迎えた障がい者が半ば強制的に介護保険に移行させられる「介護優先原則」を変えなかった。介護保険を適用されれば，障害者はそれまで無料だった利用料が一部自己負担になり，受けられるサービスも切り下げられたりするため，65歳を境に生活の質と水準が引き下がる。これについては，「優先原則」の不当性を訴える訴訟も起きた。改定案では「負担軽減」を盛り込んだが，根本的解決にならないどころか，介護保険への原則移行を前提にしていた。

1-1-6. 社会の発展と新たな精神障がい者

　「生きづらさ」「生きにくさ」という言葉は，多様な領域で用いられている。藤野友紀[5]は「生きにくさ」について論じている多くの論考を分析し，それらは，生きにくさを「社会」「環境」「時代」との関係で捉えていると指摘する。私たちの社会で「生きづらさ」「生きにくさ」が，用いられてきたのは，いつ頃からであろうか。藤野は，雑誌記事検索で調べたところ，「『生きづらさ』は1981(昭和56)年の日本精神神経学会総会において『主体的社会関係形成の障害と抑制』として報告されたのが最初であり，その後，「『生きにくさ』はオウム真理教の地下鉄サリン事件を受け」雑誌「世界」で1997年に「若者の状況を読み解こうと特集が初出であると指摘する。また，2000年以降，「生きにくさ」「生きづらさ」を論究する研究が確実に増加してきたと述べる。例えば，**アダルトチルドレン**や機能不全家族についての論考もその当時，活発になった。さらに，ひきこもりに関する研究が始まったのも，1990年代以降である。

　このことからも，なんらかのメンタルヘルス上の課題をもつ人たちにとって1990年以降の社会が，生きづらさを痛感するようになってきたといえるのではなかろうか。では，1990年以降の社会は，どのような社会であろうか。

　1980年代の中曽根政権下で始まった「小さな政府，市場の自由」を目指し，福祉や教育にも市場競争を持ち込む新自由主義政策下では電電公社や国鉄の民営化等の行政改革が行われ，その末，バブル崩壊とその後の景気低迷が続いた。この新自由主義社会は，簡潔に言えば「資本の大きなものが勝ち，小さなものが負ける弱肉強食」の世界である。

　この新自由主義社会は，人々のなかに「格差」を拡大し，「勝ち組」「負け組」を生み出した。もちろん，新自由主義政策が及んだのは経済政策のみではない。新自由主義社会の勝者となるために，「質」の高い高等教育を受け，競争主義社会を乗り越える強固な企業に就職することが必要となってきた。

　精神障がい者やメンタルヘルス上の課題をもつ者にとって，その過酷な競争社会に身を置くことは，自らをストレスフルな状況下におき，「生きづらさ」を増強させることになった。図1-1に示したのは，自殺者の長期推移である。

▷5　藤野友紀（2007）「「支援」研究のはじまりにあたって——生きづらさと障害の起源」『北海道大学子ども発達臨床研究』1：45-51。

▷アダルトチルドレン
→巻末キーワード

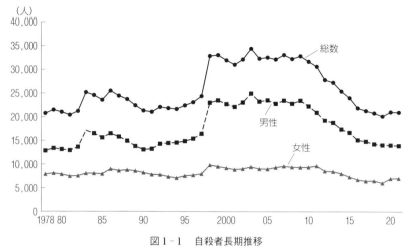

図 1 - 1　自殺者長期推移

出典：令和 4 年版自殺対策白書。

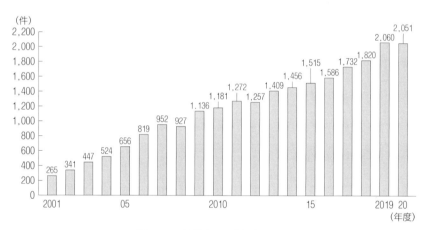

図 1 - 2　精神障がい労災申請状況

出典：令和 3 年版過労死等防止白書。

　ここに明らかなように，1995年過ぎより自殺者が急激に増加している。これも，国民にとってこの1990年以降の時代がストレスフルな時であったことを示す現れであろう。図 1 - 2 でもこの時代がストレスフルな時代であったことをみることができる。これは，精神障がいによる労災申請が増加を示すものである。2009年度は，1000件を超え，2019年度に2000件を超えた。

　さらに，新たなメンタルヘルスの課題として，PTSD がある。災害，暴力，深刻な性被害，重度事故，戦闘，虐待などの被害者となった人がもつ特徴的なストレス症状群である。

　また，政府は，2009（平成21）年度と2015（平成27）年度に，満15歳から満39歳までの者を対象にひきこもりの実態調査を実施した。さらに，2018（平成30）年度に満40歳から満64歳までの者を対象とするひきこもりの実態調査を実施し

た。その結果，若者のひきこもり（2015年調査）が54.1万人，40から64歳までのひきこもりが61.3万人であることが報告され，合計115.4万人のひきこもり当事者がいると報告されている。ひきこもり調査は2022（令和4）年度にも実施され，そこでは全国の10〜39歳の男，女2万人，40〜69歳の男女1万人を対象に調査を行ったところ，広義のひきこもりは合計で146万人と推計された。

　また，メンタルヘルス上の課題をもつ人として，従来のうつ病とは異なる現代のうつ病（非定型うつ病）の増加が指摘されている。几帳面な性格や仕事熱心な中年期の人が発症し抗うつ薬が良く効く従来のうつ病に対して，抗うつ薬だけでは治りにくいのが，この現代のうつ病と言われる病態である。これは，新型うつ病ともいわれている。その背景に，神経症，適応障害やストレス反応，不安発作，社交不安などがある場合が少なくない。また，それらの精神的苦痛が，パワーハラスメントや過酷な職場状況により増強されていることもある。

1-2. 障害者福祉の思想と原理

1-2-1. 優生思想と社会防衛思想[6]

　1900（明治33）年，精神病者に対する法制面の整備を図るなかで精神病者監護法が生まれた。この法の下では，精神障害者を自宅などで監禁する「私宅監置」が合法とされた。この**私宅監置**は，終戦後の憲法下で交付された1950年の精神衛生法まで50年間継続された。

　本節では，精神障害者をめぐる思想のなかで，精神障害者の生存を危機に陥れる状況を生み出してきた思想について整理する。

　19世紀の遺伝子学者であり，優生学の起源であるゴルトン（Francis Golton）の定義によれば優生学には「積極的優生学」「消極的優生学」が存在する。積極的優生学とは「優れた人間同士を掛け合わせて，優れた人間を生み出すこと」であり，消極的優生学とは「劣った人間に子孫を残させないことで，社会全体を改良すること」である。

　優生思想によりあまりにも大勢の障害者が殺害されたものに，ナチス・ドイツによるT4作戦がある。それは，障害者の安楽死計画の本部が置かれていたティアガルテン4番地という地名から「T4計画」と呼ばれていた。T4計画が開始されたのは，第2次世界大戦の火ぶたが切られた1939年だった。ドイツ各地の病院で，生きるに値しないとされた精神障害者や知的障害者などがリストアップされた。彼らは，ドイツ全土に6か所あった殺戮施設に運ばれ，一酸化炭素ガスによって殺害された。

　ナチス時代のドイツにおいて，ユダヤ人の大量殺戮の前に，20万人を超える障害者が殺されていた。ユダヤ人のホロコーストが世界中に知れわたっている

▷6　3-3-2詳述。

▷**私宅監置**
→巻末キーワード

▷7 藤井克典（2018）『わたしで最後にして——ナチスの障害者虐殺と優生思想』合同出版。

▷ニュルンベルク・コード
→巻末キーワード

▷8 村田和宏（2022）「戦後の保安処分論の系譜（2・完）『立正法制学論集』55（2）：178-208。

▷9 ハンセン病国賠訴訟HP
https://www.hansenkokubai.gr.jp/faq/policy.html

のに対して，障害者の殺害に関しては，その事実があまり知らされてこなかった。ヒトラーは安楽死計画に賛同し，命令書に署名をしただけで，障害者の大量殺害を計画したのはドイツの精神科医たちであり，現場で殺害を遂行したのも医師や看護師たちだったという認めがたい事実がある[47]。

この障害者「安楽死」作戦は，ニュルンベルク医師裁判で，強制収容所における人体実験とともに裁かれた。この裁判は，ニュルンベルク裁判を受けて，その後にアメリカによって裁かれた合計12の継続裁判の最初のもので，1946年6月に始まり47年7月に終わった。そのとき，人体実験や安楽死に関する医療倫理の新たな指針となるべく，「ニュルンベルク・コード」が出された。

日本で新憲法下で交付された法律に優生思想が明確に示されている法律が二つある。それは，1953（昭和28）年に施行され，1996（平成8）年に廃止された，らい予防法と優生保護法である。

ナチス・ドイツの優生政策の影響を受けたものである。この法律，さらには，らい予防法，優生保護法はともに，らい病者や障害者が妊娠しないように不妊手術や断酒手術を合法化するものであった。

ハンセン病は，1873年にノルウェーのアルマウェル・ハンセン（Armauer Hansen）によって「らい菌」が発見された。1897年にベルリンで開かれた第1回国際らい会議において，ハンセンの唱えた「感染症説」が国際的に認められ，的確な治療法の存在しない現在，感染症であるハンセン病の地域への蔓延を阻止，予防するには患者隔離しか方法はないと決議された。ここで言う患者隔離とは，相対的隔離のことであり，ハンセン病は一般清潔法の普及により予防できるものであり，その隔離は家庭内隔離が原則（ベッドを共にして寝ない等）であり，貧民で家庭内隔離が不完全なときは国立病院に救護隔離する必要があるとするものであった。この場合も患者の同意を要し，強制隔離は，浮浪患者等に対するごく例外的な場合のみに認めるというものであった。しかし，この当時，コレラ・ペストなどの急性伝染病の対策に追われていた日本政府は，ハンセン病は伝染病であり，患者の『取り締まり』が必要であると考えた。

1907年に政府案としてらい予防に関する件が提出され，可決・成立した。法3条では，任意入所の規定を置かず，ハンセン病患者の強制隔離を定めた[48]。この1907年の「癩（らい）予防ニ関スル件」では，放浪するらい患者の存在が来日した欧米人の目に触れることを国辱と考え，その一掃を図ったものである。この法律の下では，実際に強制隔離されたのは患者全体の1割にも満たない浮浪患者だけであったが1931年（昭和6年）制定された「癩予防法」においては，すべての患者の強制隔離策をとった[49]。

ここから，この法は，医療・公衆衛生の観点から成立した予防法ではなく，社会風俗を乱すハンセン病患者を取り締まるための治安立法であったと言える。

　一方，優生保護法では，「優生上の見地から不良な子孫の出生を防止する」（第1条）ことを目的として掲げてきた。この不良な子孫とは，誰が判断して不良な子孫であるのかが問われる。これは，まさに，「社会」が問い不良であり，その「社会」が必要としていないという意味である。この優生保護法は，障害のある人等の生存そのものを否定し，憲法第13条及び第14条第1項等に反する極めて非人道的かつ差別的な内容により，長年にわたり人権侵害を続けてきた。また，同法が優生思想を国策として広め，優生手術等を積極的に推進し多数の被害を生んできた事実は，社会に優生思想を根付かせる根源となり，今なお厳然として存在する障害者差別につながっている。

　この優生思想をもつ者が起こした重大な事件に相模原障害者施設殺傷事件（以下，やまゆり園事件という）がある。やまゆり園事件は，2016（平成28）年7月26日未明に神奈川県相模原市緑区発生した大量殺人事件であり，同園の元職員であった植松聖（うえまつ　さとし，事件当時26歳）が，同施設に刃物を所持して侵入し入所者19人を刺殺，入所者・職員計26人に重軽傷を負わせた事件である。事件後に，植松は「理性・良心があることが人間だと考えているので，差別ではなく区別です。差別は偏見に基づく。区別とは違う。意思疎通と取れない人は有害だから。意識のない重度障害者は安楽死すべきだと考えている」と述べたとの報道がある。

　これは，まさに，障害者は社会にとって必要のない存在であるとの優生思想である。今，私たちは，私たちのなかにある「内なる優生思想」について考えることが必要である。旧優生保護法で，強制的に不妊手術を受けさせられたことで，国家賠償訴訟が起こされていますが，この問題がつい最近まで表に出てこなかったのは社会に優生思想が根強く残っていることが，その背景にあるのではないか。今，日本人一人ひとりに「内なる優生思想」をどう克服するのかという重い課題をもっている。

　市場原理を重視する新自由主義や，特定の人種による支配を正当化する社会ダーウィニズムと深いところでつながっている「内なる優生思想」が，ナチス・ドイツの政策は間違っていたということが世界の共通認識とされ，旧優生保護法は憲法違反との判決が出た今でも簡単になくならない。「内なる優生思想」とは，誰もが，自分が優れているとの思いはもっている。今，必要になっているのは，人ひとりの"内なる優生思想"に向き合い，そのうえでどうしたら克服できるかを考えることだ。

　次に，保安処分と精神障害者について考える。保安処分とは，触法精神障害者と言われる人たちが罪を犯す危険性・可能性を予防するために，その前に処分し，社会の治安を守るといった考えである。ここで問題としなければならな

表1-1　精神障害者等による刑法犯　検挙人員（罪名別）

表1-1　精神障害者等による刑法犯　検挙人員（罪名別）

（令和3年）

区　　　分	総　数	殺　人	強　盗	放　火	強制性交等・強制わいせつ	傷害・暴行	脅　迫	窃　盗	詐　欺	その他
検挙人員総数（A）	192,607	924	1,604	519	4,104	46,482	2,764	94,144	8,843	33,223
精神障害者等（B）	1,977	91	32	79	44	568	78	505	68	512
精神障害者	1,280	56	22	53	32	364	51	312	40	350
精神障害の疑いのある者	697	35	10	26	12	204	27	193	28	162
B／A（％）	1.0	9.8	2.0	15.2	1.1	1.2	2.8	0.5	0.8	1.5

注　1　警察庁の統計による。
　　2　「精神障害者等」は，「精神障害者」（統合失調症，精神作用物質による急性中毒若しくはその依存症，知的障害，精神病質又はその他の精神疾患を有する者をいい，精神保健指定医の診断により医療及び保護の対象となる者に限る。）及び「精神障害の疑いのある者」（精神保健福祉法23条の規定による都道府県知事への通報の対象となる者のうち，精神障害者以外の者）をいう。
　　3　「強制性交等」は，平成29年法律第72号による刑法改正前の強姦を含む。

いのは，犯罪を予知する力である。この力が精神科医療や精神保健福祉士にあるのか否かを問う必要がある。その力があり，事前に処分するのであれば，科学的な処置である。しかし，この力をもつ者は誰もいない。

　しかも，精神障害者のすべてが，犯罪性をもっているのではない。表1-1は令和3年度の精神障害等による刑法犯者の検挙人員である。同年における刑法犯の検挙人員総数のうち，精神障害者等の比率は，0.7％であった。この比率は，ほぼ毎年変わらない。

　こうした事実があるにもかかわらず，なおも，精神障害者から社会を守らなければならないといった発想が今日なおある。そのなかで生まれたのが，心神喪失者医療観察法[410]（以下，「医療観察法」と略）である。

▷10　第3章2参照。

　この医療観察法を，保安処分との関わりで議論することは重要な課題である。もちろん，罪を問えない精神障害者がいる。それは，刑法39条において定められている。それは，心神喪失者及び心神耗弱者の責任能力に関する規定である。刑法39条第1項が「心神喪失者の行為は，罰しない」と定めることによって，責任能力が欠ける責任無能力者についての行為に犯罪が成立しないことを明らかにし，同2項が「心神耗弱者の行為は，その刑を減軽する」と定めることにより，責任能力があるものの，その能力が著しく低い場合には，それに応じた刑の軽減が必要とされると規定する。

　1964（昭和39）年3月にアメリカ大使ライシャワーが大使館前で統合失調症の患者に刺されて重症を負った事件（以下，ライシャワー事件という）がおこった。この時，精神衛生法に対する内外の批判が相次ぎ，これを受けて昭和40年に精神衛生法の一部が改正され措置入院制度が強化された。このライシャワー事件の時，マスコミは，精神障害者を隔離する必要があるとの報道を行った。こうした社会の流れが，保安処分的色彩が濃い法改正を生み出す要因となった。ライシャワー事件当時，新聞報道では，「異常者の犯罪どう防ぐ」「野放し状態なくせ　隔離の方法，研究が必要」という報道が多かった。まさに，精神障害者が社会に役立たないものであり，精神障害者を社会から放逐し，社会を守る

という考えがみられたのである。

　この保安処分は，**社会防衛**思想（社会に害を為す，或いは役に立たない人々を排除・隔離することで社会の健全性を高めようという思想）と表裏一体の思想である。

▷社会防衛
→巻末キーワード

　その後，保安処分に関する議論が活発に行われてきた。1980（昭和55）年 8 月26日には，新宿バス放火事件を受け，奥野法務大臣が閣議で保安処分推進発言を行い，保安処分をめぐる議論が再燃した。これを受け，翌27日，精神医学会と，精神科作業療法協会，東京都地域精神医療業務研究会，日本精神医学ソーシャルワーカー協会，日本精神科看護技術協会，日本臨床心理学会，病院精神医学会，日本児童青年精神医学会が集まり，保安処分に反対する精神医療従事者協議会が結成された。

　また，1982年 6 月，日本精神医学ソーシャルワーカー協会第18回総会は「刑法改悪・治療処分新設法案の国会上程を阻止する決議」を決議している。以下の決議は，いわゆる Y 問題（第 5 章 3-1 参照）への調査検討を加えるなかで行われたものである。

　私達，精神医学ソーシャル・ワーカーは，「精神障害者の『社会的復権』」を保障する立場から「精神障害者」を治安・社会防衛の対象とする「治療処分」の新設に反対し，併せて「精神障害者」を犠牲の標的として，「予防拘禁制度」を実態化しようとする刑法改悪・治療処分制度新設の国会上程を阻止する運動を，全国の精神医療従事者と共に行なうことをここに決議する。

　この決議に現れているのは，「治療処分」という名の権利侵害への怒りである。精神科ソーシャルワーカーは，常に，精神障がい者の社会的復権を目指す権利擁護者でなければならないとの思いが込められている。

1-2-2. 基本的人権の保障

　第二次大戦後，人権思想の進展により，基本的人権を国内法的に保障するのみならず，国際法的にも保障しようとする動きが活発化し，1948年には，世界人権宣言が策定された。日本国憲法と制定時期がほぼ同じであり，両者の人権規定に大きな差異は見られなかった。しかし今日，国際社会では国際連合を中心に人権保障の議論が進む一方，日本における人権保障は憲法の厳格解釈の枠を出ず，世界との間で保障のレベルにギャップが生じるようになった。

　日本国憲法が認めている基本的な人権には，自由権，社会権，参政権，その他の権利がある。

　精神障がい者との関わりでは，医療保護入院や措置入院等の強制的な入院が，

憲法が保障する人身の自由を制約するものではないか否かを検討する必要がある。実際に，憲法学の議論では，強制的な入院が人権侵害にあたるとの議論がなされているのをみることが少ない。

　宇都宮病院事件後に日本弁護士連合会は「最も重大な問題の一つは，何故このような野蛮で悲惨な実態が長期間にわたって明らかにならなかったかということである。今日，日本において精神障害の治療は入院，しかも強制入院が原則であり，病棟の大部分は閉鎖され，入院期間は長期化の傾向にある。医療・保護の名目で患者の行動は病院管理者に白紙委任され，精神病院は治外法権化し，人権侵害は闇から闇に葬られている。鍵と鉄格子によって拘禁された患者は，通信・面会を制限されることによって，人権侵害を家族，友人，弁護士など外部に知らせ，訴える手段を奪われている」と精神病院における人権保障に関する決議（昭和59年10月20日）のなかで，精神科病院における人権侵害を憂慮している。

　1981年に国際障害者年があり，政府は，障害者に関する施策の基本的事項の審議を開始し，国際障害者年推進本部（総理府：現内閣府）を設置した。その課題を具体化するなかで，障害者基本法が成立した。

　日本では，国際障害者年の12年後に障害者基本法が公布されている。障害者基本法成立は，その後の障害者施策推進の基盤となり，精神障碍者の権利保障との関わりでは，様々な変化が生じてきた。1995（平成7）年に精神保健福祉法（精神保健法改正）が成立したのも，その一つである。精神保健福祉法の理

▷11　日本弁護士会，精神病院における人権保障に関する決議
https://www.nichibenren.or.jp/document/civil_liberties/year/1984/1984_5.html

▷12　2020年3月，この病院を舞台とした看護師らに

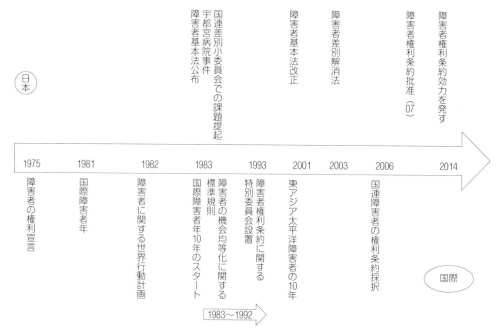

図1-3　障害者の権利に関する日本と世界の動き

出典：筆者作成。

念には，障害者基本法の理念である「社会復帰の促進及びその自立と社会経済活動への参加の促進のために必要な援助」が反映されている。

　精神障害に知的障害のない発達障害を含むという障害者定義の見直し，障害者計画の策定努力義務が策定義務に変わったこと，差別の禁止条文の追加等が行われた。2004（平成16）年には，発達障害者支援法が施行され発達障害児（者）の早期発見と支援が効果的に展開されるようになった。

　ただ，こうしたなかでも，精神障害者の人権が十分に保障されてきたとは言えない。その一つとして，障害者基本法成立の1995年以降10年の間に入院中の患者の命が奪われた主な精神科病院事件で発覚したものに，1997年に生じた大和川病院事件や1998年の国立犀潟行病院事件や平松病院事件，2001年の箕面ヶ丘病院事件等がある。また，2020年には神出病院事件[12]が生じた。さらに，2022年から2023年にかけて滝山病院事件[13]が発覚している。

滝山病院では，1980年代から死亡退院率が異様に高く，人権団体からは「死なないと退院できない病院」と評されていた。同病院の朝倉重延院長は，世界的な批判を受けた宇都宮病院の院長だった。この事件で保険医登録を抹消されたが，2006に再登録した。厚生労働省がその再登録を認めたのである。

（東京新報2023年3月27日　https://www.tokyo-np.co.jp/article/240379）

1-2-3.　社会正義の実現

　ソーシャルワーカーは，常に社会正義を追求する実践者である。社会正義の追求とは，差別，貧困，抑圧，排除，暴力，環境破壊などのない，自由，平等，共生に基づく社会の追求である。社会正義[14]は，明確に定義された概念ではない。田川佳代子は，「正義に関する理論がどのような正義の構想に依拠するかを曖昧にしておくことは実現しようとする正義を玉虫色のものにする。社会正義の広範な理論の検討を踏まえ，ソーシャルワークが擁護する社会正義とは何か，ソーシャルワークにおいて限りなく実現しようとするものは何であるべきか，議論の輪郭を描く必要がある」とし，「現代のソーシャルワークに要請される抑圧や支配を除去し，搾取や社会的不正義を克服するのにふさわしいソーシャルワークが追求するのは，不自由からの解き放ちである。抑圧や剝奪，差別ゆえに生じるクリティカルソーシャルワークを，田川は，実践的意図をもつ理論であり，「世界を理解しようとするのみでなく，それを変えようとする」ものであり，その「理論の実践的意図は，世界を変える志向性であり，解放のビジョンを表す」とし，ビジョンには2つの要素があるという。
それは，どんな世界がありえるのか，また，あるべきか，というものと，どうしたらその世界が実現できるかというものである。これは，まさに解き放ち（解放）のビジョンであり，この解き放ちを，「誰が行うのか（agent）と行為

よる患者の集団虐待暴行事件が発覚した。2018年から2019年にかけて，看護師，看護助手の計6人が，重度の統合失調症や認知症の人が入院する「B棟4階」の患者7人に対して，10件の虐待行為をしたとして，準強制わいせつ，暴行，監禁などの疑いで兵庫県警に逮捕された。

▷13　東京都八王子市の滝山病院における患者を暴行する事件がニュースとなった。同院の死亡退院率の高さはかねてから知られており，民間団体である東京都地域精神医療業務研究会は20年以上前から同院の死亡退院率の高さをはじめとする問題点を指摘し続けていた。しかし行政の監査はまったく機能せず，むしろ暴力，違法と思われる身体拘束が行われ続けていたようである。実際に殴られている患者さんの恐怖心，心と身体の痛みを想像するとき，強い憤りと心の底からの悲しみを禁じ得ない。

▷14　ソーシャルワーク専門職のグローバル定義では「構造的障壁は，不平等・差別・搾取・抑圧の永続につながる」とし，日本社会福祉士会の倫理綱領では「構造的障壁は，不平等・差別・搾取・抑圧の永続につながる。」とし，「人種・階級・言語・宗教・ジェンダー・障害・文化・性的指向などに基づく抑圧や，特権の構造的原因の探求を通して批判的意識を養うこと，そして構造的・個人的障壁の問題に取り組む行動戦略を立てることは，人々のエンパワメントと解放をめざす実践の中核をなす」とする。

(action)」で明確にする必要がある。

　クリティカルソーシャルワークの実践者は，今，この社会で不適応となった人を対象とし，その人の治療や調整を行うことを目的とした実践ではなく，その人が，不適応となった環境（家族，コミュニティ，社会）の変革を目指し，それぞれがどのように変革されれば，その人が解き放たれるかを考え実践するものである。[15]

　ラディカルな社会正義の定義や議論は，このクリティカルソーシャルワークの実践展開のなかで厳しく問われる。田川は「ソーシャルワークは，人権と社会正義を基本に据える実践原理を備える。この実践原理に支えられた倫理綱領により，保守的な実践環境においても，人権を支持し不公正に挑むことが期待される。その意味で専門職そのものに反駁を内包している。しかし，現実のソーシャルワーカーの多くは，実際，個人の変化と同じ程度に社会の変化に関心をもちコミットメントしているわけではない。」と，今あるソーシャルワーカーの姿に厳しい批判を与える。

　今ある社会のなかで生じている不自由からの解き放ちを目指す時，ソーシャルワーカーは，往々にして，対象とする人が，適応しきれない今日の社会に再適応することを目指した訓練や指導を，実践のなかで重視するかもしれない。しかし，その人が，適応しきれない社会を変革せずにおこうとするならば，その不自由さが，そのままで終わるかもしれない。

　田川は，不自由からの解き放ちを求める実践の社会正義の追及は，絶対的な確かさではなく，多元的で，終わりのないとりとめのないものであり，実践には，批判的な省察が必要であると述べる。[16] 社会正義を実感として知りえることは，座学のみにおいて実感できるものではない。精神保健福祉援助実習の場で，精神障がい者の日常生活に触れ，そこでなにが起こっているのかを実感することにより社会の不正義を学ぶことが可能となる。

　ただ，ここでは，観念的になるかもしれないが，社会正義を実感するために，一つの事例を提示する。

▷15　田川佳代子（2013）「クリティカル・ソーシャルワーク実践の理論素描」『愛知県立大学社会福祉研究』15：13-20。

▷16　田川佳代子（2015）「社会正義とソーシャルワーク倫理に関する一考察」『社会福祉学』56(2)：1-12。

事例　グループホーム建設時の地域とのコンフリクト

　関西圏のある市でグループホームの建設を考えていたNPO法人が，地域で説明会を開いた時，地域住民のなかから「そこは，かわいい知的障がいの人が利用するのですか，それとも犯罪を起こすかもしれない精神障がいの人が利用するのですか？」という質問があった。この発言，そのものが，精神障がい者を対象とする差別的な発言であることと，その法人は，精神障がい者を対象とする実践を行ってきたため，嘘を答えることはできないと思いソーシャルワーカーは「精神障がいの方が利用します。ただ，誰もが，犯罪を犯す可能性があり，その人たちでなく，私たちもその可能性はあります」と応答した。この事から，その地域では，しばらくの間，グループホーム建設反対運動が続いた。ソーシャルワーカーや法人職員は，その後，地域住民を対象

とする学習会や精神障がい者を扱った映画を上映する会を開催し，2年後にグループホームが建設された。

　説明会で，精神障がい者が利用することを隠したり，事実でないことを話しグループホームを建設することを可能にすることができたかもしれない。しかし，事実を覆い隠し，その場面を回避することにより，精神障がい者の自由が獲得されるものではない。地域との間に生じたコンフリクトを乗り越え，当事者が地域で生活できる条件を創り出すことこそが，社会正義を基本原理とするソーシャルワークの展開であるといえよう。

1-2-4. 法の下の平等

　日本国憲法第14条1項において，すべて国民は法の下に平等であることが規定されている。これは，封建的な身分制度や差別などを禁止し，すべての人は平等とする近代憲法の基本原則の一つである。

　法の下の平等は，権利としての側面から平等権と言われる。

■形式的平等と実質的平等

　平等には，形式的平等と実質的平等がある。形式的平等とは，すべて個人を均等に取り扱いその自由な活動を保障することである。機会の平等とも言う。実質的平等とは，人の現実の差異に着目してその格差是正をできるかぎり行うことである。社会的弱者に対して，適切な保護を与え形式的平等を保障し，この格差是正の結果，実質的な平等が生まれるのである。

■相対的平等

　憲法で保障されている平等は，各人の性別，能力，年齢，財産，職業などの種々の差異を前提として，同一の事情と条件の下では均等に取り扱うことであり，そのような意味で相対的平等であると言われる。これは，すべて一律に同じく取り扱うような絶対的平等ではない。つまり，合理的な区別は認められ，不合理な差別が禁止されている。

　憲法第13条，14条等の諸規定に基づき，障がい者は人間としての固有の尊厳が保障され，憲法25条において，生存が平等に保障される基本的人権を有していることが規定されてきた。障がい者は，いま日本では保護の対象ではなく，人権行使の主人公として存在する。

　1993年に施行された障害者基本法第1条ではその目的を次のように定める。

　この法律は，全ての国民が，障害の有無にかかわらず，等しく基本的人権を享有するかけがえのない個人として尊重されるものであるとの理念にのつとり，全ての国民が，障害の有無によって分け隔てられることなく，相互に人格と個性を尊重し合いな

がら共生する社会を実現するため，障害者の自立及び社会参加の支援等のための施策に関し，基本原則を定め，及び国，地方公共団体等の責務を明らかにするとともに，障害者の自立及び社会参加の支援等のための施策の基本となる事項を定めること等により，障害者の自立及び社会参加の支援等のための施策を総合的かつ計画的に推進することを目的とする。

　この目的を達成するためには，現に健常者の日常生活との間で格差が生じ差別が存在するなかでは，この法が国・度道府県に努力目標を定めているのみであるが，それを義務規定とする必要がある。

1-3. 今日の社会と精神障害者福祉の原理——思想と理念

1-3-1. ストレスフルな社会と生きづらさ

　「生きづらさ」「生きにくさ」という言葉は，多様な領域で用いられている。藤野友紀は「生きにくさ」について論じている多くの論考は，生きにくさを「社会」「環境」「時代」との関係で捉えていると指摘する。私たちは，真空の無害な環境のなかで生きているのではなく，有害な要素が充満している社会のなかで生きている。この社会は，それぞれの時代に規定される社会である。その社会は，「家族（家庭）」「学校（園）」「職場」「地域」により構成されている。[17]

　私たちの社会で「生きづらさ」「生きにくさ」が，用いられてきたのは，藤野が，雑誌記事検索で調べたところ，「『生きづらさ』は1981年の日本精神神経学会総会において『主体的社会関係形成の障害と抑制』として報告されたのが最初であり，その後，「『生きにくさ』はオウム真理教の地下鉄サリン事件を受け」雑誌「世界」で1997年に「若者の状況を読み解こうと特集が初出であると指摘する。また，2000年以降，「生きにくさ」「生きづらさ」を論究する研究が確実に増加してきたと述べる。例えば，**アダルトチルドレン**や機能不全家族についての論考もその当時，活発になった。さらに，ひきこもりに関する研究が始まったのも，1990年代以降である。

　このことからも，1990年以降，その社会が，なんらかのメンタルヘルス上の課題をもつ人たちにとっていちじるしく生きづらい社会になってきたと言える。その社会，つまり，1990年以降の社会は，どのような社会であろうか。それは，新自由主義社会と言われ「小さな政府，市場の自由」を目指し，福祉や教育にも市場競争を持ち込んできた社会である。市場競争は「資本の大きなものが勝ち，小さなものが負ける弱肉強食」を社会の原則とする。日本では，新自由主義的な政策は，1980年代の中曽根政権下で始まった。そこでは，電電公社や国鉄の民営化等の行政改革が行われ，その末，バブル崩壊とその後の景気低迷が続いた。

▷17　藤野由紀（2007）「「支援」研究のはじまりにあたって——生きづらさと障害の起源」『子ども発達臨床研究』1：45-51。

▷アダルトチルドレン
→巻末キーワード

　この社会で必然的になってきたのが，新自由主義的競争である。その競争は，人々のなかに「格差」を拡大し，「勝ち組」「負け組」を生み出した。もちろん，その競争社会で勝者となり生き抜いていくために「勝者」となることを願った人は「質の高い高等教育を受け，社会的な評価の高い企業に参加すること」が必要と考え，競争主義のなかに身をおくことになった。

　精神障害者やメンタルヘルス上の課題をもつ者にとって，その過酷な競争社会に身を置くことは，自らを，よりストレスフルな状況下におき，「生きづらさ」を増強させることになった。図1-1に示したのは，自殺率の推移である。

　この自殺率の推移をみると1998年に自殺者が急増し3万人を超えた。その背景には，「経済・生活問題」による中高年男性を中心とした増加が顕著であった。これは，バブル崩壊の影響が推測されている。この社会は，誰にとってもストレスフルな社会であり，その社会で精神障がい者が生き抜くことには困難があると言えよう。

1-3-2. 精神障害リハビリテーションと当事者

　アンソニー（W. A. Anthony）は，作業療法士や臨床心理士，精神保健福祉士等の専門家による介入を最小限にとどめ，当事者がその障害と向きあう医療行為をリハビリテーションとして定義している。アンソニーは，リハビリテーションの原則を，次の9つに求める。[18]

① 精神障害者の機能や能力を向上させること
② 必要な環境のなかにおける当事者自らの行動の改善
③ 支援のなかでの依存は，結果的に当事者の自立につながる
④ 当事者の技能開発と環境的支援開発が2第介入である
⑤ 精神障がい者の住居，教育，職業面でのアウトカムを改善する
⑥ 積極的な参加と関与がリハビリテーションの土台である
⑦ 薬物療法は，介入の要素であるが十分に補完するものでない
⑧ さまざまな技術を駆使するという意味で臨機黄変である
⑨ 希望は，構成要素として不可決である

　精神障害者リハビリテーションは，専門技術を駆使したリハビリテーションであり，当事者の主体的な参加が問われるものである。精神保健福祉士の役割は，当事者がリハビリテーションに主体的に参加できるための環境的な支援である。その環境は，当事者が，そのリハビリテーション過程で適度に依存しつつ自立することが可能となる資源であることが求められる。

　それは，単なる機能回復ではなく，地域で自立した生活を送ることができる社会的リハビリテーションや職業的リハビリテーション，教育的リハビリテーションを含めたトータル・リハビリテーションとして展開される。精神保健

▷18　W・アンソニー／M・コーエン他，野中猛・大橋秀行監訳（2012）『精神科リハビリテーション第2版』三輪書店，89。

福祉士は，このトータル・リハビリテーションをコーディネートする役割を果たす。

1-3-3. ノーマライゼーションと精神障害者

　ノーマライゼーションは，英語では「normalization」と表記され，「標準化」や「正常化」といった意味がある。これは，障がい者やマイノリティを特別視するのではなく，障害がない人たちと同じように社会で暮らすことを目指す思想である。ノーマライゼーションは，デンマークのニルス・エリク・バンク-ミケルセン（N. E. Bank-Mikkelsem）により提唱された。ミケルセンは，当時決して良いとは言えない環境に置かれていた知的障害児の生活状況を問題視し，知的障がい者も一般的な人々のような生活を送るべきであると考えた。その考えは，徐々に社会的な運動へと発展し，デンマークでは1959（昭和34）年に「知的障害者福祉法」が制定され，世界で初めてノーマライゼーションの理念が法律に導入されることとなった。[▷19]

　その後，ノーマライゼーションの理念が世界に広がり，1971年の「国連知的障害者権利宣言」や，1975年の「国連障害者権利宣言」でも，その理念が導入された。1981年には「国際障害者年行動計画」が「完全参加と平等」をテーマとして実施された。日本でもこの年を境にしてノーマライゼーションへの取り組みが注目されるようになった。

　ベンクト・ニリィエによってノーマライゼーションを実現するために必要な考え方が「ノーマライゼーションの8つの原理」としてまとめられている。これは，①一日のノーマルなリズム，②一週間のノーマルなリズム，③一年間のノーマルなリズム，④ライフサイクルにおけるノーマルな発達経験，⑤ノーマルな個人の尊厳と自己決定権，⑥ノーマルな性的関係，⑦ノーマルな経済水準とそれを得る権利，⑧ノーマルな環境形態と水準である。[▷20]

　そもそも「ノーマル」とはなにかを問わなければならない。今日，人々は，多様な暮らしや考え方をもつ。この「ノーマル」が，今日の社会を支配してきたドミナントな生活への適応が反映した「ノーマル」であってはならない。この考え方の基盤には，多様な障害（身体・知的・精神・発達障害者）を含む多様な人々が共に暮らすことのできるコミュニティ（地域社会）を実現する意義の重要性を提唱したものなのである。これは，あくまでも，障害者やマイノリティを，今ある社会に適応させようとする考えではない。

1-3-4. 社会参加を目指すエンパワメント，自立生活

　1990年以降，国民が生きる力を失い，なんらかのメンタルヘルス上の課題を示していることが，自殺や精神障害により労災申請にみることができる。精神保健福祉士は，この状況，つまり生きる力を失っている状況（disempower）と

▷19　花村春樹（1998）『「ノーマリゼーションの父」N・E・バンク-ミケルセン——その生涯と思想』ミネルヴァ書房。

▷20　ベンクト・ニイリエ（2004）『ノーマライゼーションの原理——普遍化と社会変革を求めて』現代書館。

向き合い，力強く生きることを支援する実践を行っていかなければならない。

　今日の生きづらい社会のなかで，精神障害やなんらかのメンタルヘルス上の課題をもつ人は，自己を肯定的にとらえることが困難になっている。その状況が，なんらかの社会的な課題と出会った時には，破滅的な状況として認知されることがある。

　私たち，精神保健福祉士（ソーシャルワーカー）は，それぞれが，それぞれにもっているすばらしさや輝きに気づき，一人ひとりが誰でも潜在的にもっているパワーや個性をふたたび生き生きと息吹かせるエンパワメント実践に取り組む。

■エンパワメントはいつから

　1950年代半ばから1960年代にかけてアメリカの公民権運動（黒人解放運動）で，エンパワメント理念が用いられた。公民権運動とは，1950年代後半から60年代前半に活発になったアメリカの黒人の基本的人権を要求した運動である。この運動のなかでは，アフリカ系米国人聖職者から成る南部キリスト教指導者会議（SCLC）や，若い活動家が結成した学生非暴力調整委員会（SNCC）などの団体が，平和的な対決による改革を求めた。アフリカ系米国人が中心となった公民権運動の活動家たちが「フリーダム・ライド[21]」を組織した。この公民権運動により，1964年に公民権法，1965年に投票権法が成立した。

　この公民権運動に続いて，1960年代より，マイノリティの解放運動が，エンパワメントをキーコンセプトとして高まってきた。1963年にベティ・フリーダン（Betty Friedan）が「新しい女性の創造」を出版し，多くの女性は「夫を見つけ，子どもを産む」こと以外に，女性が，新たな役割と責任を探究すること，そして男性優位の社会が定義するアイデンティティではなく，独自の個人的・職業的なアイデンティティを見つけることを奨励した。

　1966年に，フリーダンをはじめとする28人の働く女性が，「今すぐ（now）米国の女性を米国社会の主流に全面的に参加させる行動を起こすことを目指し，全米女性機構（NOW）を設立した。今日，1970年代初めにフェミニスト団体が大きな影響力をもってきた。

　一方，実践概念としてのエンパワメントは，1976年にソロモン（B. Solomon）が，『黒人のエンパワメント――抑圧されている地域社会によるソーシャルワーク』を著し，エンパワメントの重要性を指摘した。エンパワメントは，先住民運動，女性運動などで「社会的地位の向上」という意味で使われ，ジャスティン・ダート氏が米国において「障害者の権利とエンパワメントに関する調査委員会」を設けた頃から障害の分野でも用いられるようになった。

　エンパワメントの根底にあるのは，能力や権限は訓練や指導によって後から

▶21　フリーダム・ライドとは，公共交通機関の人種差別を撤廃させた非暴力不服従運動「フリーダム・ライド（自由のための乗車運動）」のことを言う。

付加されるものではなく，本人が本来もっているものであり，それが社会的制約によって発揮されていなかったとの考えである。その考えが，本人が力を発揮できるようにするためには，あらゆる社会資源を再検討し，条件整備を行っていく必要があるという見方を強めてきた。これは，自立生活運動，セルフヘルプ・グループの活動，ストレングスモデル（本人の資源として健康や強さの側面を見るという考え方）等にもつながっている。

■エンパワメント理念とソーシャルワーク[22]

エンパワメント理念の根底を流れる思想が，個々人の強さは，訓練や指導によって形成されるものではないというものである。これが，エンパワメント・アプローチを展開する中心の思想となった。

熊木理抄（2008）は[23]，ソーシャルワーク分野においては，「援助する者―援助される者」という一方的な援助関係が見直され，援助活動における対等で協働的な関係構築が模索されていると述べる。また，山本耕平（2021）は[24]，エンパワメント実践においては，当事者とソーシャルワーカーの関係が協同的関係を保つ必要があると指摘する。この協同的関係とは，当事者とソーシャルワーカー，地域（社会）の構成員がそれぞれの役割を果たし，それぞれがエンパワーされる関係性である。ソーシャルワーカーが，当事者，さらには，地域（社会）の構成員とともに，社会を築き上げることを，実践の課題とする時，それぞれの可能性を追求することを目指す実践が，そこに展開されることになる。この時，それぞれ（当事者，ソーシャルワーカー，地域（社会）構成員が，人生の主体となることが可能となる。

熊木（2008）が，エンパワメントは，社会の構造変革を目的としており，それは，関係論パラダイムでの三者，つまり，「個人」「集団・世帯・組織」「地域」の「間」の変化も射程に入れていると指摘するように，ソーシャルワークにおけるエンパワメント理念は，この三者の「間」と，そこにおける「人」の関係性の変化を目的とするものである。

日本ソーシャルワーカー連盟は，ソーシャルワーカーのグローバル定義に基づき，ソーシャルワーカーの中核となる任務に，社会変革・社会開発・社会的結束の促進，および人々のエンパワメントと解放があるとし，その任務を次のように定める。

ソーシャルワークは，相互に結び付いた歴史的・社会経済的・文化的・空間的・政治的・個人的要素が人々のウェルビーイングと発展にとってチャンスにも障壁にもなることを認識している，実践に基づいた専門職であり学問である。構造的障壁は，不平等・差別・搾取・抑圧の永続につながる。人種・階級・言語・宗教・ジェンダー・障害・文化・性的指向などに基づく抑圧や，特権の構造的原因の探求を通して批判的

▷22 エンパワメントについては，5-6-3参照。

▷23 熊木理抄（2008）「エンパワーメント概念の含意と有効性に関する検証──マイノリティの視点からの「共同体」再生に向けた今日的課題」『社会文化研究』10：34-57。
▷24 山本耕平（2021）『ひきこもりソーシャルワーク──関係と場の創出』かもがわ出版。

　意識を養うこと，そして構造的・個人的障壁の問題に取り組む行動戦略を立てること
　は，人々のエンパワメントと解放をめざす実践の中核をなす。不利な立場にある人々
　と連帯しつつ，この専門職は，貧困を軽減し，脆弱で抑圧された人々を解放し，社会
　的包摂と社会的結束を促進すべく努力する。

　ソーシャルワーカーは，この理念を追求する専門職である

1-3-5. リカバリーと精神障害者

　リカバリー（recovery）は，病気からの回復や復調という意味である。マーク・レーガンは「人は立ち直ることができます。人は神経細胞が死んでしまっても脳卒中から立ち直ることができますし，心臓の筋肉が再生しなくとも，心臓発作から立ち直ることができます。もちろん，病気でなくとも立ち直ること，つまりリカバリーは可能です」と述べ，リカバリーを「希望」「エンパワメント」「自己責任」「生活のなかの有意義な役割」の4つの段階に分けている。

　国立精神・神経医療研究センターは，リカバリーを，人々が生活や仕事，学ぶこと，そして地域社会に参加できるようになる過程であると定義する。

　その過程は，障害があっても充実し生産的な生活を送ることができ，他の人にとっては，症状の減少や緩和であると定義する。すなわち，「リカバリーとは精神疾患の当事者あるいは精神保健医療福祉サービスを利用する当事者個人のものであり，当事者自身が歩むもの」である。リカバリーは，あくまでも回復の過程であり「医療や福祉サービスから単純に卒業したという意味ではない」ことを認識する必要がある。

　国立精神・神経医療センターは，パーソナル・リカバリーの構成要素を①他者とのつながり，②将来への希望と楽観，③アイデンティティ・自分らしさ，④生活の意義・人生の意味，⑤エンパワメントをパーソナル・リカバリーとして捉え，さらに，最近では，⑥生活のしづらさや生きづらさへの対応という要素があると報告されている。図1-4は，パーソナル・リカバリーの構成概念図である。パーソナル・リカバリーは夢や希望にたどり着いた結果ではなく，その過程は，当事者が決定するプロセスであり，必ずしも右肩上がりの直線ではない。図1-4は，あくまでもその構成要素であるが，それぞれの構成要素が順番に達成されるものではない。当事者が，自身が障がいと出会うなかで，奪われたそれぞれの構成要素の力を取り戻すことを自己決定し歩んでいく過程がパーソナル・リカバリーの過程である。

　ダニエル・フィッシャー（Daniel Fisher）は，今日，多くの人が，その人が暮らす社会（家庭，園や学校，会社，地域）のなかでメンタルヘルス上の課題を持ち，リカバリーは，メンタルヘルスの大きな問題をもつと診断された少数の人たちのみが行うことではないと述べる。フィッシャーが「私たちの精神保

▷25　リカバリーについては，5-3-4を参照。

▷26　マーク・レーガン，前田ケイ訳（2005）『ビレッジから学ぶリカバリーへの道——精神の病から立ち直ることを支援する』金剛出版。

▷27　国立精神・神経医療センター，リカバリーについて
https://www.ncnp.go.jp/nimh/chiiki/about/recovery.html

▷28　国立研究開発法人国立精神神経医療研究センター，リカバリー（Recovery）
https://www.ncnp.go.jp/nimh/chiiki/about/recovery.html

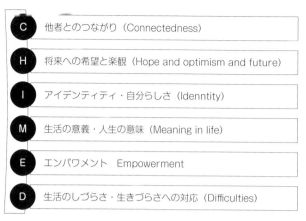

C	他者とのつながり（Connectedness）
H	将来への希望と楽観（Hope and optimism and future）
I	アイデンティティ・自分らしさ（Idenntity）
M	生活の意義・人生の意味（Meaning in life）
E	エンパワメント　Empowerment
D	生活のしづらさ・生きづらさへの対応（Difficulties）

図1-4　パーソナル・リカバリーの構成概念
出典：国立精神・神経医療センター（https://www.ncnp.go.jp/
nimh/chiiki/about/recovery.html）

健システムは人の症状を取り除くことに焦点をあてている。しかし，それは，私たちすべてが共有する深い人間的な傷を人々がいやす助けになっていない」と述べるように，当事者が参加していた社会に再適応することが可能になるように対症療法的にかかわるだけではリカバリーは困難である。[29]

　精神保健福祉士（ソーシャルワーカー）は，すべての生きづらさをもっている人がリカバリーのために必要となる仕組みづくりを実践の重要な点として位置付け「すべてが共有する深い人間的な傷を人々がいやす」システムづくりを進める必要がある。

1-3-6.　機会均等，インクルージョン

　1981年の国際障害者年は，障害者の「完全参加と平等」をスローガンとして取り組まれた。さらに，国連は，引き続いて1982年に「障害者に関する世界行動計画」を採択し，この計画の実施を推進するため，1983年から1992年の10年間を「国連・障害者の十年」とした。日本政府は，「障害者対策に関する長期計画」を作成した。さらに，国連・障害者の十年に続いて1993年に「障害者の機会均等化に関する基準規則（以下『基準原則』と略）」が定められた。

　基準原則はその目的を次のように定める。

> 障害を持つ少女・少年・女性・男性が，他の市民と同様に，自分の属する社会の市民としての権利と義務を果たすよう保障することにある。障害を持つ人がその権利と自由を行使するのを妨げ，障害を持つ人が各自の社会の活動に完全に参加するのを困難にしている障壁が世界の全ての社会に未だに存在している。政府の責任はこのような障壁を取り除くことである。障害を持つ人とその組織はこの過程において協力者として積極的な役割を果たすべきである。障害者の機会均等化は人的資源を動員しようと

▷29　ダニエル・フィッシャー，松田博幸訳（2019）『希望の対話的リカバリー──心に生きづらさを持つ人たちの蘇生法』明石書店。

する多方面にわたる世界的な努力に対する貴重な貢献である。特別な関心が女性，児童，高齢者，貧困層，移民労働者，二重・重複の障害を持つ人，先住民，少数民族といった集団に向けられる必要があるかもしれない。これに加えて，注目を要する特別なニーズがある障害を持つ多数の難民がいる。

　ここでは，障害者が，その社会で生活する際に社会的な障壁が，完全な社会参加を阻害し，それが，困難になっている現状を踏まえ，その障壁を取り除くことを政府に求めている。

　2016年，「障害を理由とする差別の解消の推進に関する法律（障害者差別解消法）が施行された。この法律は，「全ての障害者が，障害者でない者と等しく，基本的人権を享有する個人としてその尊厳が重んぜられ，その尊厳にふさわしい生活を保障される権利を有することを踏まえ，障害を理由とする差別の解消の推進に関する基本的な事項，行政機関等及び事業者における障害を理由とする差別を解消するための措置等を定めることにより，障害を理由とする差別の解消を推進し，もって全ての国民が，障害の有無によって分け隔てられることなく，相互に人格と個性を尊重し合いながら共生する社会の実現に資することを目的」（障害を理由とする差別の解消の推進に関する法律第1条）とするものである。
　この法は，2021年に改正され，なかでも合理的配慮が重視された。合理的配慮とは，障がい者の人権が障害のない人と同じように保障されるとともに，教育や就業，その他社会生活において平等に参加できるよう，それぞれの障害特性や困りごとに合わせて行われる配慮のことである。
　こうした合理的配慮を行うなかでインクルージョン（包摂）が追求される。インクルージョンは，障害があっても地域の資源を利用し，市民が，障がい者を包み込んだ共生社会を目指すことを，その理念とする。この理念は，1994年にスペイン・サラマンカで開催されたユネスコの「特別ニーズ教育世界会議」で採択し宣言された。インクルージョンは，地域社会は，様々な人によって構成されていることが自然であり，それぞれがその人らしい暮らしを築いてくことを実現していく社会の在り方を示している。ノーマライゼーションの理念を踏まえるならば，このインクルージョンの考え方はその延長線上にあると言える。

　障害のある人が主体となり，自分で決めた生活を営む社会，それがインクルージョンである。しかし残念ながら，その実現を阻む頑強は障壁がいくつもある。精神障害者が地域社会の一員として暮らせるようにする対策が必要であるが，それを可能にするためには，人権啓発活動のみでなく，就業，教育，余暇

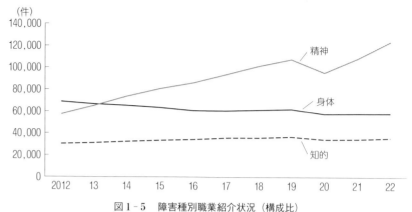

図1-5　障害種別職業紹介状況（構成比）

出典：厚生労働省「令和4年度障害者職業紹介状況等」より作成。
https://www.mhlw.go.jp/stf/newpage_33335.html

活動など具体的な事業によって社会とのつながりを作らなければならない。それによって精神障害者は，社会の一員となりうる。しかし，図1-5をみると，令和3年度のハローワークを通じた障害者の職業紹介状況では，三障がいのなかで，精神障がいが最も高い数値を示している。精神障害者が地域で健常者と共に暮らすために必要となるのは，単に住民の「優しさ」や「差別しない心」ではない。今，精神障がい者が地域で暮らし，語らく権利をどう保障するかが問われている。社会福祉法人一麦会（麦の郷）は，地域と共に暮らす様々な地域づくりを進め，地域住民と共に「人にやさしい福祉のまちづくりは西和佐から」という言葉を生み出した。これは，一つのコミュニティアイデンティティである。それは，ソーシャルインクルージョンは，障害者が受け手として待っているのみではなく，地域住民を対象として生み出していくものであることを表す事例である。

　麦の郷は，その人を，麦の郷というコミュニティに抱え込み問題を解決しようとしてこなかった。むしろ，麦の郷コミュニティからより広範なコミュニティに働きかけることにより，その人の課題を解決する社会を構築することを目指してきた。

　インクルージョンは，その人を，いまある社会に囲い込むことではない。社会をその人が暮しやすい社会に創り上げるなかで可能となることである。

1-4.　精神障害の自立を支える思想

1-4-1.　消費者（コンシューマー）思想と権利保障

　商品やサービスなどを消費するのが，消費者（コンシューマー）である。精神保健福祉領域における商品とは，精神保健福祉に関するサービスや医療である。精神障がい者を，精神保健福祉資源を消費する客体と捉え，このサービス

▷30　山本耕平（2005）「麦の郷の現状と課題——障がい者地域リハビリテーションにおける地域と協働」『日本の地域福祉』19：143-146。

を，当事者が活用するなかで，利益者の利益を生み出す仕組みとなる構造があることからも，このコンシューマー思想は，慎重に捉えなければならない。

精神障害者を精神保健福祉サービスの消費者（コンシューマー）としてとらえる視点は，1963年のケネディ大統領教書が端緒とされている。コンシューマー運動は，1970年代に始まった。ただ，その先駆的な運動としてビアーズ（Clifford Whittingham Beers）が自らの経験を著書（わが魂に会うまで）を，1908年に出版した。ビアーズは，その後コネティカット精神衛生協会を設立した。ビアーズは，その『わが魂に会うまで』を著す前に精神科医のアドルフ・マイヤー（Adolf Meyer）に会い，「精神衛生（mental hygiene）」という言葉を提案された。マイヤーらの協力を得ながら，1908年に自らの精神病院入院体験を出版した。この自叙伝「わが魂にあうまで（"A mind that found itself"）」はベストセラーになり，精神衛生運動に弾みがついた。ビアーズは翌年の1909年2月には全国組織の全米精神衛生会議（The National Committee for Mental Hygiene）の実現にこぎつけた。この精神衛生運動はヨーロッパにも波及し，1920年，フランスにおける精神衛生同盟が結成され，ベルギー，イギリス，ブルガリア，イタリアと次々に精神衛生運動組織がつくられていった。

黒人人権運動，女性の参政権運動，身体障害者運動，ゲイ運動などの市民権運動の努力が結集し始めた1970年代に，現在のコンシューマー活動に関係する実践が生じる。脱施設化とともに，全米の各地域に精神障害者のグループが形成され始め，自らが受けてきた強制的な入院や電気ショック，インシュリン治療等への抗議が生じてきた。また，1974年になりようやく，全米のゲイ運動の政治活動によりアメリカ精神医学会は精神障害の診断と統計手引き（DSM）から同性愛を除外した。

DSMの初版が刊行されたのは1952年である。そこでは「同性愛」は「性的逸脱」のひとつとみなされ，「社会病質パーソナリティ障害」という大分類のもとに分類された。1968年刊行の第2版（DSM-2）で，はじめて同性愛が独立した診断名となった。1969年の「ストーンウォールの反乱」を転換点に，1970年代以後，アメリカでは同性愛者解放運動が盛り上がる。さっそくゲイやレズビアンの活動家たちは，70年，71年のアメリカ精神医学会の年次大会に乗り込み，会場を混乱させた。その後，学会内外でも様々な議論が交わされ，1973年，学会理事会は投票によってDSMから同性愛を削除することを決定した。そこから2年のあいだに，米国心理学会，全米ソーシャルワーカー協会，米国行動療法促進学会などメンタルヘルス関係の主要な学会が，次々とこの決定を支持するという声明を発表した。

こうした運動は，精神科医療や精神保健福祉のコンシューマー（消費者）と

▷ケネディ大統領教書
→巻末キーワード

▷ビアーズ，C. W.
→巻末キーワード

して，その内実を変革する運動である。少なくとも，利益者の言いなりになることを強いるものではない。

　この一連の運動は，精神障がい者が，プロシューマーとして実践に参加することを示唆してきた。プロシューマーが参加する精神保健福祉実践は，当事者（時には精神保健福祉士）であるプロシューマーと健常者である。その実践は，精神保健福祉士が，自身の職業的アイデンティティを問われる場でなり，その実践の発展が期待される。

1-4-2. 精神障害者の自立支援・社会参加支援

　精神障害者の自立を考え2006年に障害者自立支援法が制定された。しかし，同法の「自立」は，就労自立の性格が色濃くなった。当時，精神保健福祉実践の分野では，それを「自立支援」ではなく「自立阻害」だといった厳しい批判が生じた。この背景にあるのが，自立把握の問題である。自立は，多くの視点からの議論がある。そもそも自立をどう定義するかであるが，障害者基本法では，第6条において，障がい者は，その有する能力を活用することで，社会経済活動に参加することを自立と定義する。

　この「社会経済活動への参加」をどう考えるかについてであるが，「脳性マヒ者等全身性障害者問題に関する報告」（昭和57年脳性マヒ者等全身性障害者問題研究会）は，これを次のように定義する。[31]

▷31　「脳性マヒ者等全身性障害者問題に関する報告」（昭和57年脳性マヒ者等全身性障害者問題研究会）

> 「自立」という言葉は，従来「保護を受けないで済むようになる」とか「障害を克服して社会経済活動に参与すること」と解釈されてきた。この研究会で論じられた自立の概念は，これを含みながらも「労働力として社会復帰が期待できない重度障害者が社会の一員として意義ある自己実現と社会参加を果たそうとする努力を社会的に位置づけようとするものである。すなわち自らの判断と決定により主体的に生き，その行動について自ら責任を負うことである

　精神障害者の自立も，この定義と重ね合わせて捉えることが重要である。自立は，必ずしも就労し経済的に自立することイコールで捉えられない。ここで言う「意義ある自己実現と社会参加」は，就労しなくとも可能ではなかろうか。例えば，当事者が，精神障害者の人権を護る運動を主体的に行うことや，ピアスタッフとしてピアサポート実践を行うことを通して，多くの仲間の社会的地位を高めるために社会的に貢献しており，十分に自立しているといえよう。

　また，自らがどう生きるのかを見定め生きている人も自立（自律）を可能にしているといえよう。例えば，再度の入院を避けたいとの思いを固め，毎日懸命にデイケアに通っている当事者や，服薬を忘れないために，自作の服薬チェックノートを確実に記録している人は，自分が生きるために必要な方法を見出

しいるのであり，十分に自立しているのではなかろうか。

　その自立を考えるために，以下に自立を定義する上で必要となる，今日使用されている自立を分類した。

　　◆自立　自己決定に基づいて主体的な生活を営むこと
　　　　　　能力を活用して社会活動に参加すること日常生活自立
　　　■日常生活での自立
　　　ADL　食事・更衣・移動・排泄・整容・入浴など生活を営む上で不可欠な基本的行動の自立
　　　IADL　買い物・料理・掃除・洗濯生活を営む上で必要なことの自立
　　　■社会生活自立　地域社会の一員として充実した生活を送ことができること
　　　　　●ピアサポート　当事者会の事業に参加
　　　　　●家庭で，何らかの役割を果たす　等
　　　■経済的自立　経済的に被扶養状態にない
　　◆精神的自律　　自律と同義
　　◆自律　自己をコントールする
　　　　　　自分の行動を誰かの意志に委ねず，自分の考えに基づいて行うことができること

　これらのことから，精神障害者の自立を「精神疾患や精神障害とともに意味ある人生を他者の支援を受けつつも主体的に見出し，その人生を切り拓きつつ社会に参加する」姿と考えたい。

　では，精神障害者の自立支援のためには，どのような実践が必要であろうか。障害者総合支援法第2条1項では自立支援を「障害者が自ら選択した場所に居住し，又は障害者若しくは障害児（以下「障害者等」という。）が自立した日常生活又は社会生活を営むことができる」ことを目指す事業であると規定する。

　精神障害者が，「自立した日常生活または社会生活」を行うためには，地域生活のなかで当事者が当事者集団のなかで支え合い，育ちあう実践が必要である。しかし，障害者総合支援法の訓練給付は，就労を前提としたサービスが主であり，給付のなかにピアが共に支え合う実践はない。このため，この法の前身である障害者自立支援法の成立時には「ピア支援抹殺法」といった批判がなされた。

　今，自立支援・社会参加支援は，精神障害をもつ当事者が，意味ある社会への参加を保障される支援として保障されることが求められる。それは，当事者

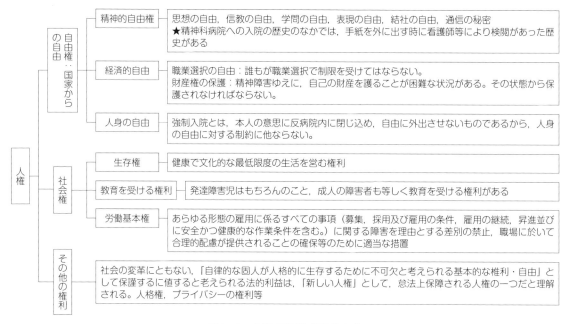

図1-6　人権の種類と精神障害者

出典：筆者作成。

が支援の対象として捉えられるのではなく，当事者と実践者が，共にその実践の内実を創り出すことにより可能となる。

1-4-3.　精神障害者の自立と憲法（自由権と社会権）

　日本国憲法は，「個人の尊厳」の確保を最大の目的としている。日本国憲法の最も重要かつ特徴的なのが，基本的人権の保障（尊重）・国民主権・平和主義の3つが三大原理である。基本的人権とは，人が生まれながらに有している権利である。つまり，人であれば，誰しもが当然に有している・保障される権利が，人権である。基本的人権は，侵すことのできない永久の権利として，現在及び将来の国民に与えられる。

　このなかでも，自由権は，「国家からの自由」ともいわれ，国家が個人の領域（私たちが普段生活している領域）にずかずかと土足で踏み込んでこないよう，国家に不作為（何もしないこと）を要求し，個人の自由を保障する権利である。

　この自由権は「精神的自由」「人身の自由」「経済的自由」に分けられる。「精神的自由」とは，人間の精神活動の自由であり，思想・良心の自由（第19条），信教の自由（第20条），表現の自由（第21条），学問の自由（第23条）を規定している。

　精神的自由権は，個人の尊厳のみならず民主主義を守る上でも不可欠な自由であり，近代憲法の中核的な位置を占めてきた。日本国憲法も精神的自由については詳細な規定を置いているが，特に，表現の自由や政教分離は，一層の発

展が求められる領域である。

　人身の自由は，憲法18条で「何人も，いかなる奴隷的拘束も受けない。犯罪による処罰の場合を除いては，その意に反する苦役に服させられない」と定められている。

　次に，社会権であるが，社会権には，「生存権」，「教育を受ける権利」，「勤労の権利」，「労働基本権」がある。社会権は，国家による施しではなく，国家に当然のこととして主張できる正当な権利である。これは，19世紀に興隆した資本主義の結果，失業や貧困，労働条件の悪化などの弊害から，社会的・経済的弱者を守るために保障されるに至った人権である。

　少なくない精神障害者にとって精神科病院での入院治療は必要である。精神科に入院する，あるいは通院することは，自らの生存権を護るために選択している行為である。しかし，精神科病院における基本的人権侵害事件は数限りない。2020年5月には，東京都小金井市の武蔵野中央病院で起きたクラスターが，病院を危機に陥れた。精神科病棟の職員1人の感染が判明し，その後，同じ病棟の職員や患者が次々と感染した。精神科が主体の武蔵野中央病院には感染症の治療に対応できる体制や設備はなく，最終的に61人が感染したのである。2022年には，**新型コロナパンデミック**が生じた精神科病院で多数の患者が死亡した。閉鎖的状況をもつ精神科病院の特異性，さらには，精神科特例の下での医療の手薄さにより患者の生存権が奪われている。

▷**新型コロナパンデミック**
→巻末キーワード

　2000年に大阪では「入院中の精神障害者の権利に関する宣言（以下：権利宣言と略」が発布され，各精神科病院の壁に掲示された。この権利宣言は，大和川病院事件後の当事者や家族の運動によって作成されたものである。大和川病院事件後，大阪府は，大和川病院と同一法人の3病院の閉鎖を言い渡した。また，府としても精神科病院内の深刻な権利侵害が明らかになったことを重くみて精神保健福祉審議会に「医療人権部会」を設けた。その部会には，大阪人権センターの弁護士や精神障害の当事者団体のメンバーも加わり10項目の権利宣言を打ち出した。

　患者の権利宣言には，1999年に出されたリスボン宣言（患者の権利に関する世界医師会（WMA）リスボン宣言）がある。リスボン宣言では，11項目にわたる患者の権利を採択している。それは，① 良質の医療を受ける権利，② 選択の自由，③ 自己決定権，④ 意識喪失患者の権利，⑤ 法的無能力者の権利，⑥ 患者の意思に反する処置・治療に関する権利，⑦ 情報に関する権利，⑧ 秘密保持に関する権利，⑨ 健康教育を受ける権利，⑩ 尊厳性への権利，⑪ 宗教的支援を受ける権利である。このリスボン宣言では，医師は自らの良心に従って患者の最善の利益のために行動すべきであると述べられている。また，それと同時に患者の自己決定権と正義を保証するためにも，それと同等の努力を払

▷32　日本弁護士会(2021)「精神障害のある人の尊厳の確立を求める決議」https://www.nichibenren.or.jp/document/civil_liberties/year/2021/2021.html

わればならないとしている。

　日本弁護士連合会は，2021年に「精神障害のある人の尊厳の確立を求める決議」を採択し提案している。その提案理由の一つとして，次のことを指摘する。[432]

> 強制入院制度は，入院者に対する隔離や身体拘束，通信・面会・外出の制限といった行動制限と相まって，強制的に入院させる権限を医療従事者に付与することから，入院者と医療従事者との間に閉鎖的で構造的な権力関係を生み出し，入院者を治療や保護の客体とみなして脱主体化し，その思いや声を軽視する実態を生み出している。このような精神科病院における権力構造と密室性は，医療従事者による劣悪な処遇や虐待等を生み出す温床となっている。

　この採択の直前には，兵庫県神戸市において神出病院事件が生じている。病院長には，精神科病院に入院中の精神病患者の人権を護る責任がある。しかし，社会から隔離され閉鎖された状況のなかで，しかも，精神科病院がもつ権力構造がもつなかで，精神医療審査会が十分な機能を果たさずに，こうした権力侵害が生じている。

　もちろん，精神障害者の人権保障は，精神科病院に入院中の患者に限定して事足りるものではない。地域生活のなかでも，当事者の自由権や社会権が危機に陥っている事実がある。

　憲法第22条第1項において居住・移転の自由および職業選択の自由が認められている。居住・移転の自由とは，自分がどこに住むのか，どこに行くのかについて自分の意思で決めることができるというものである。

　退院を迎えた少なくない精神障害者は，退院後の住まいとしてグループホームを活用することがある。このグループホームの選択は，当事者の意思に基づいて行われるべきものである。しかし，限られた社会資源のなかから精神保健福祉士が事前に選んだグループホームを活用せざるを得ない状況がある。当事者がどこに住みたいのか，どこで暮らしたいのかを優先するのではなく，当事者に今活用できる資源を示すことで限定された住居選択の自由権の保障となっているのではなかろうか。

　社会復帰の段階のなかで，自由権が限定されてくることは許されることであるのかどうか考える必要がある。少なくとも，当事者が当事者の選択のもとで，住まいや仕事，さらには，様々な社会福祉資源を選択できることが必要であり，極力自由権が制限されないような条件整備が必要である。

　精神障がい者と社会権の中核を占める生存権（憲法第25条）は，すべての国民が健康で文化的な最低限度の生活を営む権利を有すると定め，生存権を保障

している。この25条は，プログラム規定である，具体的請求権は発生しないと言われているが，生存権を保障するために，立法作為義務が国会にある。国会と政府は，憲法の生存権の規定を，立法指針として，政治家の義務と受け止めるべきである。

　日本弁護士連合会は「地域で暮らす権利」は，個人の尊厳・幸福追求権の中核をなすと次のように述べる。

> 要介護高齢者や障がいのある人が「地域で暮らす」ことは，単なる願望や理念ではない。そもそも地域で暮らすことは，年齢や障がいの有無にかかわらず，地域社会において，人とのつながりの中で，自分らしい生き方を求めることであり，個人の尊厳・幸福追求権の中核をなす権利であり，かつ，平等原則の具現化である。憲法22条（居住・移転の自由）や憲法25条（生存権）の保障を基礎に，憲法13条（個人の尊厳・幸福追求権），憲法14条（平等権）等の憲法条項によって保障されている。

　しかし，精神障害者が，地域において健康で文化的な生活を送ることは，それほどたやすいことではない。その一つとして，きょうされん（旧称：共同作業所全国連絡会）の調査がある。健康で文化的な最低限度の生活を示すものとして「貧困」がある。障がい者の生活は，家族の収入に頼って生活している当事者や，就職しても思うような収入が得られない当事者が多い。きょうされんの調べによると，障害のある方のじつに56.1％が年収100万円以下だということが判明した。[33]

▷33　きょうされん（2016）「障害のある人の地域生活実態調査報告書」https://www.kyosaren.or.jp/investigation/260/

　社会権の一つに，教育を受ける権利（憲法第26条）がある。誰もが，教育を受け学習することで，人間的に発達，成長していく。精神障害者福祉との関わりでは，発達障がい児や不登校児，さらには，社会教育との関わりでは成人した精神障害者の社会教育権の保障と課題が大きい。

　発達障がい児や不登校児の教育権保障については，現行の制度内の教育に適応しがたい場合，当事者が参加可能となるオルタナティブな教育を保障することが必要である。また，精神障害者の社会教育権の保障については，精神障害のなかでも，早くから精神疾患が発症している当事者のなかには，強い学びなおしの要求がある。その学びなおしは，あくまでも，当事者が当事者集団で相互に選択できる内容となることにより教育権の保障が可能となろう。精神保健福祉士には，地域で，それらの学びが保障される仕組みを創り上げることが求められている。

　障害者はすべて個人として尊重され，幸福追求に対する固有の権利を有しているのであり（第13条），国は障害者に対し障害を有しない者と実質的平等に（第14条），その生存権を全うするための社会福祉の施策を増進すべきこと（第

25条）を定めている。2022年9月9日に，国連障害者権利委員会から日本における条約の実施状況に関する評価とし，分離教育の中止，精神科への強制入院を可能にしている法律の廃止を求めるなど日本政府の課題勧告（総括所見）を出した。第1条から33条まで懸念と勧告がまとめられており，19条，24条は6項目もある。合計で，懸念93項目，勧告は92項目，留意1項目，奨励1項目となっている。この国連審査に参加したきょうされんは，「二日間の審査では，政府報告と民間団体のパラレルレポートを踏まえて日本の障害施策の課題の本質に迫る質問を投げかける権利委員と，法制度の紹介や自身のとりくみの正当化に終始した日本政府との姿勢の違いが際立った」と述べている。

　今，基本的人権を保障するために，政府がどのような政策を提起するかが問われている。少なくとも，そこでは，国民が偏見をなくせば権利が保障されるといった間違った国民への責任転嫁を行うべきではない。

参考文献

青木薫久（1984）『保安処分——解体へのみちすじ』三一書房.

秋元波留夫（2004）『精神医学遍歴の旅路10の講演』創造出版.

W・アンソニー／M・コーエンほか，野中猛・大橋秀行監訳（2012）『精神科リハビリテーション　第2版』三輪書店.

岡田靖雄（2002）『日本精神科医療史』医学書院.

後藤基行（2020）『日本の精神科入院の歴史構造——社会防衛・治療・社会福祉』東京大学出版会.

滝沢武久（2022）『我ら精神科医療の囚われ人』

竹内章郎・吉崎祥司（2017）『社会権　人権を実現するもの』大月出版.

ベンクト・ニイリエ（2004）『ノーマライゼーションの原理—普遍化と社会変革を求めて』現代書館

花村春樹（1998）『「ノーマリゼーションの父」N・E・バンク - ミケルセン——その生涯と思想』ミネルヴァ書房.

ジョエル・パリス，村上雅昭訳（2017）『現代精神医学を迷路に追い込んだ過剰診断——人生のあらゆる不幸に診断名をつけるDSMの罪』星和書店.

ハンセン病フォーラム編（2016）『ハンセン病 日本と世界（病い・差別・いきる）』工作舎.

樋澤吉彦（2017）『保安処分構想と医療観察法体制——日本精神保健福祉士協会の関わりをめぐって』生活書院.

ダニエル・フィッシャー（2019）『希望の対話的リカバリー——心に生きづらさをもつ人たちの蘇生法』明石書店.

藤井克典（2018）『わたしで最後にして——ナチスの障害者虐殺と優生思想』合同出版.

藤井克典（2014）『私たちを抜きに私たちのことを決めないで——障害者権利条約の軌跡と本質』やどかり出版.

藤野豊（2020）『強制不妊と優生保護法——“公益”に奪われたいのち』（岩波ブック

　　レット），岩波書店.

アレン・フランセス（2013）『〈正常〉を救え　精神医学を混乱させる DSM-5への警
　　告』講談社.

毎日新聞出版（2019）『強制不妊——旧優生保護法を問う，毎日新聞出版.

優生手術に対する謝罪を求める会（2018）『増補新装版　優生保護法が犯した罪：
　　——子どもをもつことを奪われた人々の証言』工作舎.

マーク・レーガン，前田ケイ訳（2005）『ビレッジから学ぶリカバリーへの道——精
　　神の病から立ち直ることを支援する』金剛出版.

（山本耕平）

制度の隙間にある課題に向き合うPSWの実践：自己責任から公的責任へ

窪原麻希

社会福祉法人一麦会（麦の郷）紀の川生活支援センターセンター長

「わたしの国では，しんどくなったらワット（寺院）で祈る」，「自分のこどもには国籍がない」。私は生きづらさや障害のある児者を支援する基幹相談支援センターのPSWとして，人口約6万人の地域でソーシャルワーク実践をおこなっている。訪問先としては，高齢者や障害のある人とともに，外国からの技能実習生等もある。高齢者はデイサービス（介護保険）に行き，障害のある人は作業所（障害福祉サービス）で働いている。それぞれ社会資源があり連携先もわかっている。では，地域で生活する外国の人が困った時は？　公的な支援は保証されているだろうか？

実践している地域は，高齢化率が高く働き手が少ない地域。外国からの技能実習生が，高齢者施設の補助員，工場内の作業員，農業の担い手として無くてはならない存在になっている。日本の人と結婚し子どもを育てている外国から来た人もいる。怪我で働けなくなったら？こどもに障害があったら？環境の変化によって，精神的な不調をきたしたら？　誰に相談しているのだろうか？

冒頭の言葉は，支援の中で出会った地域で生活する外国の人たちの言葉である。障害の捉え方は文化によって違い，経済的な安定が図れないと日本国籍を取得することすら難しいといった現実がある。差別や偏見等，生きづらさの中での子育ての大変さ，学校生活になじめず不登校になる子どももいる。

20年程前，入職して最初の実践は，不登校をしている思春期の子どもたちとの関わりであった。当時は，不登校をする子どもへの理解が少なく，息のしやすい居場所も限られていた。

月日がたち…。当時の子どもたちの中で，一緒にスキー旅行をした中学生は，今や地域活動支援センターの職員に，顔に赤い痣がある少女は，当事者会の代表となり，ピアスタッフとして共に働いている。ただ支えられるだけではなく誰かを支える立場として，揺れながら・悩み

ながら，共に成長し合える環境をつくりたい。

また，マイノリティーな人たちの声に気付き，課題を解決するための相談支援や居場所をつくっていくこと，人や機関をつなぎ，今ない社会資源を公的な制度としてかたちづくっていく運動をすること，誰もが住みやすい「まちづくり」のために，福祉分野以外の人たちと一緒に活動することも，ソーシャルワーカーとして大切な実践であると考えている。

第2章

「障害」と「障害者」概念と，その変遷

「障害」とは，いったい何を指し表すのか。本章では，「障害」という概念の理解と，「障害者」という言葉が，いったいなにを指しているのかということについて，法律や制度，歴史をもとに理解をすすめる。

なかでも，精神の障害が，精神疾患のために，精神の機能に障害がもたらされ，さまざまな生活上の障害が生じているものであり，長い間にわたり，精神科医療のなかで対応されてきた経緯があったことから，社会で理解されにくいことがあった。

本章での学びのうえで，精神保健福祉士を目指すみなさんには，「障害」「障害者」という言葉がもつ意味について，考えを深めていただきたい。

2-1. 国際的な「障害」概念定義の流れ

2-1-1. 障害の構造

「障害」は，複雑な構造をもっており，正しく理解しておくことが重要である。「障害」とは，これ以上疾患が治らなくなった状態のことを指すのではなく，疾患などによる結果，生活上の困難さ，物理的環境の不便さ，不利益，差別，人々の社会的な態度などに起因する，社会で日常生活を送る上での様々な課題を指すと考えられている。

今日，一般的に用いられている ICF（国際生活機能分類）に至る前にはICIDH（国際障害分類）があった。ICIDH では，障害を【機能障害】→【能力障害】→【社会的不利】の３つの段階に分けていた。この３つの状態は重層構造をなしており，機能・形態障害が直接疾病や外傷から生じた生物学的なレベルで捉えた障害であるのに対して，能力障害は機能・形態障害から生じた人間個体のレベルでとらえた障害であり，さらに，社会的不利は機能・形態障害，能力障害から生じた社会的存在としての人間レベルで捉えた障害であるとしていた。

国際障害分類（ICIDH）の発表を受け，精神障害の「障害」に関する研究が展開されてきた。「生活のしづらさ」は，谷中輝雄の提唱した精神障がい者の生活困難の概念であり，生活における障害を測定するものとして，近年では，IADL（Instrumental Activities of Dayly Living：手段的日常生活動作）や GAF（Global Assessment of Functioning）が尺度として用いられている。

■心身機能・身体構造

ICIDH における「機能・形態障害」は，人間の身体の器官レベルでの形態や機能の障害を指すもので，視覚障害，聴覚・言語障害，肢体不自由，内部障害，知的障害，精神障害といった状態を示している。例えば，脳卒中のように脳血管の障害によって片麻痺が起こる時，これが機能障害にあたる。一方，手足の切断や一部欠損などの状態は形態障害にあたる。

■活　動

ICIDH における「能力障害」とは，障害により，ある活動を，人間にとって正常と考えられるやり方・範囲で行う能力の何らかの制限・欠如が生じることを指す。当然可能であると思われる日常生活，社会生活における活動能力が障害された状態を指す。例えば，機能障害として右片麻痺がある場合，右利きの人であれば右手で文字を書くことは困難である。これを能力障害とされた。

■参　加

ICIDHでは，「社会的不利」と表現している。機能・形態障害あるいは能力低下の結果として個人に生じる不利益であって，その個人にとって正常な何らかの役割を果たすことを制限あるいは妨げるものである。例えば，右片麻痺の方が仕事が困難であり，退職を余儀なくされたという不利益が生じた場合，社会的不利と言える。

機能・形態障害や能力障害によって生じた個人レベルでの障害を克服したとしても，一般社会に障害のある人々を受け入れようとする考え方（ソフト面でのバリアの解消），そして，地域の道路や住宅環境などの物理的アクセス（ハード面でのバリアの解消）がなければ，社会的不利という状態が生じる可能性がある。

2-1-2. ICIDHからICFへ

第2次世界大戦終了後の1949（昭和24）年に身体障害者福祉法が制定されて以後，同法は，日本の障害者福祉政策の中心的拠り所となった。

その後，対象は，肢体不自由・聴覚障害に加え，内部障害（心臓，呼吸器，腎臓，排泄障害）などにも拡げられた。そして，知的障害については，1960年に精神薄弱者福祉法（1999年より，知的障害者福祉法）が制定された。精神障害については1950年の精神衛生法でそれぞれ対応した。

また，国は「障害者対策に関する新長期計画」を具体化するために「障害者プラン〜ノーマライゼーション7カ年戦略〜」の重点施策実施計画を策定した。このプランもリハビリテーションとノーマライゼーションの理念の実現に向けた施策である。このプランは，① 地域でともに生活するために，② 社会的自立を促進するために，③ バリアフリー化を促進するために，④ 生活の質（QOL）の向上を目指して，⑤ 安全な暮らしを確保するために，⑥ 心のバリアを取り除くために，⑦ 日本にふさわしい国際協力・国際交流を，の7つの視点から施策の重点的な推進を図ることとされた。

このように，障害者の自立と社会経済活動への参加を促進するための制度や政策が展開され，利用者の主体性，選択性，自己実現が基本的な考え方としてひろまっていった。

その後，ICIDHからICFへの国際的な転換が行われ，日本にもICFが導入されていくこととなった。

2-1-3. 国際障害分類ICIDH

■ICIDHについて

国際障害分類（ICIDH, International Classification of Impairments, Disabilities and Handicaps）については，国際的な「障害」概念として，1980年にWHOの国

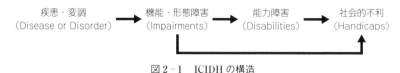

疾患・変調　　　　　機能・形態障害　　　　能力障害　　　　　社会的不利
(Disease or Disorder)　→　(Impairments)　→　(Disabilities)　→　(Handicaps)

図2-1　ICIDHの構造

出典：上田敏（2002）「国際障害分類初版（ICIDH）から国際生活機能分類（ICF）へ」
『ノーマライゼーション：障害者の福祉』22（521）。

際障害分類試案が示された。この新しい障害概念は「国際障害者年世界行動計
画」の基本理念として大きな影響を与えた。

　長らく用いられてきたICIDHの考え方ではあったが，障害を「機能・形態
障害」「能力障害」「社会的不利」と3つの次元で理解しようとしたため，障害
による負の側面を捉えていた。そこで，この点を前向きあるいは中立的な表現
に変更し，また，各次元や要素が相互に関連していることを示すため，二次元
的で双方向に結ばれているモデルとして捉え直しを行わなければ時代の潮流と
はマッチしないこと，さらには，障害の発生には，個人のもつ特徴だけでなく
環境の影響が大きいことの認識に立って「環境因子（Environmental Factor）」
を含めた捉え方をする視点が必要なことなどにより，ICIDHを考え直す作業
が取り組まれることとなった。

■国際障害分類ICF

　国際生活機能分類（ICF, International Classification of Functioning, Disability and
Health）は，2001年のWHO総会で採択された。

　前述した国際障害分類は，障害の階層を示す点では画期的であった。しかし，
障害をマイナス面でのみ捉え，潜在的な能力を開発するプラス面からの評価が
なされていないといった声が高まり，新たな分類を作成するために1990年から
改訂がはじまった。この作業での特徴は，研究者らに加えて，分類の対象とな
る障害当事者の参加が最大限に図られたことである。具体的には，分類の草案
を実地のなかで試み，その妥当性を考える「フィールドトライアル」では，多
くの障害当事者団体が参加し，意見が交わされた。

　このような作業が重ねられた後，「障害者だけを分類するのではなく，全て
の人を対象とした分類」である新たな国際障害分類として，このICFが採択
された。

　障害を3つのレベルで捉えるのはICIDHと同じであるが，障害を否定的な
イメージで捉えるのではなく，機能・形態障害の代わりに「心身機能・構造」，
能力障害のかわりに「活動」，社会的不利の代わりに「参加」という中立的な
用語を用いている。つまり，障害とはこうしたことが制限・制約されている状
態のなかで特定の人に起こりうることではなく，誰にでも起こりうることだ，
ということを明確にした。さらに，障害の発生と変化に影響するものとして，
あらたに「環境因子」と「個人因子」をモデルの中に加えて，それぞれの因子

は互いに影響しあうものという関係が理解しやすいような双方向モデルを取り入れている。

ICF が用いられるにあたっては，アセスメントの枠組みとして積極的に用いることができること，人の生活機能を具体的に分析する道具として積極的に用いることができること，さらに，共通の道具として用いることで，多職種間における利用者理解にあたっての共通言語として用いることができる，といった点が特徴として挙げられる。

このようにして作成された新たな障害の分類である ICF は，「障害」を人と環境とが相互に影響しあって発生する「相互作用モデル」の立場をとり，障害を因果関係のなかで捉える「医学モデル」だと批判された ICIDH とは一線を画するものとなった。

これによって，医学モデル対社会モデルから統合モデルへと転換が図られていくこととなった。従来，コメディカルを含む，医療従事者の考え方の根底には，【医学モデル】というものの見方が一般的であった。それは，障害という現象を個人の問題として捉え，病気・外傷やその他の健康状態から直接的に生じるものであり，専門職による個別的な治療というかたちでの医療を必要とするものとみる。障害への対処は，治癒あるいは個人のよりよい適応と行動変容を目標になされる。主な課題は医療であり，政治的なレベルでは保健ケア政策の修正や改革が主要な対応となる，というものであった。

その後，障害を主として社会によって作られた問題とみなし，基本的に障害のある人の社会への完全な統合の問題としてみる【社会モデル】が提唱されるようになっていった。このモデルでは，障害は個人に帰属するものではなく，諸状態の集合体であり，その多くが社会環境によって作り出されたものであるとされた。したがって，この問題に取り組むには社会的行動が求められ，障害のある人の社会生活の全分野への完全参加に必要な環境の変化を社会全体の共同責任とした。問題なのは，社会変化を求める態度上または思想上の課題であり，政治的なレベルにおいては人権問題とされる。このモデルでは，障害は政治的問題となる。そこで，これらの2つの対立するモデルの統合に基づくものとして【統合モデル】が ICF によって提唱されるようになっている。生活機能の様々な観点の統合をはかる上で，「生物・心理・社会的」アプローチを用いる。結果として，ICF が意図しているのは，1つの統合を成し遂げ，それによって生物学的，個人的，社会的観点における，健康に関する異なる観点の首尾一貫した見方を提供することである。

あらためて整理すると次のように理解することができる。

国際障害分類（ICIDH, international Classification of Impairments, Disabilities and Handicaps）は，国際的な「障害」の概念として，1980年に世界保健機構の国際障害分類試案が示された。

▷障害の医学モデル，障害の社会モデル，障害の統合モデル
→巻末キーワード

43

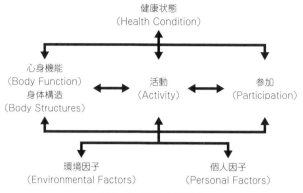

健康状態
(Health Condition)

心身機能
(Body Function)
身体構造
(Body Structures)

活動
（Activity）

参加
(Participation)

環境因子
(Environmental Factors)

個人因子
(Personal Factors)

図2-2　ICFの構造図
出典：世界保健機関（WHO），厚生労働省訳，障害者福祉研究会編
（2002）『ICF 国際生活機能分類――国際障害分類改訂版』中央
法規出版。

　ICIDH は，障害を 3 つの次元の構造として捉えて体系化した。ここで示された 3 つの次元は Impairment：機能障害，Disability：能力障害，Handicap：社会的不利，であった。つまり，病気が原因となって，機能障害が起こり，それが原因で能力障害が起こり，さらに社会的不利を起こす，というものである。

　次に，国際生活機能分類（ICF, International Classification of Functioning, Disability and Health）は，2001年の世界保健機構総会で採択された。改訂作業では，研究者らに加えて，分類の対象となる障害当事者の参加が最大限に図られ，分類の草案を実地のなかで試み，その妥当性を考える「フィールドトライアル」が行われ，こうした作業が重ねられた後，「障害者だけを分類するのではなく，全ての人を対象とした分類」である新たな国際障害分類としてこの ICF が採択された。

2-2.　法・制度にみる「障害」概念

　日本における精神障害者施策の歴史は，1900年に制定された精神病者監護法にその制度的な始まりを見ることができる。これ以降，精神障がい分野の制度が整備されていくものの，「障害」の概念が明確になされているとはいいがたい状況が続いた。

　精神障がい者に関する法において，1993年に心身障害者対策基本法が障害者基本法に改正され，精神障害者が身体障害者，知的障害者とともに障害者として位置付けられた。この流れのなかで，1995年には，精神保健法が精神保健及び精神障害者福祉に関する法律（以下，精神保健福祉法とする）に改正され，精神障害者の自立と社会経済活動への参加の促進のための援助が法の目的として明記され，精神障害者の福祉施策が本格化されることとなった。その後，社会福祉基礎構造改革の流れのなかで，福祉サービスの実施主体を市町村に移行

し，保健医療福祉を統合した地域支援体制の実現が意図された。

　このようななか，1997年精神保健福祉士法が制定され，精神科ソーシャルワーカーの国家資格が誕生することとなった。同法第2条において，精神保健福祉士を「精神保健福祉士の名称を用いて，精神障害者の保健及び福祉に関する専門的知識及び技術をもって，精神科病院その他の医療施設において精神障害の医療を受け，又は精神障害者の社会復帰の促進を図ることを目的とする施設を利用している者の地域相談支援の利用に関する相談その他の社会復帰に関する相談に応じ，助言，指導，日常生活への適応のために必要な訓練その他の援助を行うことを業とする者をいう」と規定している。2021年3月末日現在，全国で登録者数は9万3,544人に及んでいる。

　精神科医療の改革とともに，精神障害者福祉に関する施策や制度の充実も，1993年の障害者基本法以降，次節に挙げるように，障害者福祉の枠組みのなかで推進が図られていくこととなった。

　2002年12月社会保障審議会障害者部会精神障害者分会報告として「今後の精神保健医療福祉施策について」が出された。ここでは，「受入れ条件が整えば退院可能」な約7万2千人の精神科病床の入院患者の退院・社会復帰を図り，入院患者の減少，ひいては精神病床数の減少を見込むことをはじめとしたこれまでの入院医療主体の施策から，地域における保健・医療・福祉を中心としたあり方へ転換するための施策共通の視点が挙げられた。

　2003年5月には，厚生労働省精神保健福祉対策本部からの中間報告として「精神保健福祉の改革に向けた今後の対策の方向」が出された。ここでは，厚生労働省として取り組むべき重点施策が掲げられ，特に「『受け入れ条件が整えば退院可能』な7万2千人の対策」については，「退院促進支援事業」の全国への拡充が検討課題とされ，「精神障害者退院促進支援事業」が施策化された。

　2004年8月の厚生労働省障害保健福祉部「精神障害者の地域生活支援のあり方に関する検討会」最終まとめでは，退院後の地域生活を継続する体制づくりに向けて課題が示された。同じく2004年8月厚生労働省障害保健福祉部「精神病床等に関する検討会」最終まとめでは，良質かつ適切な医療を効率的に提供し退院を促進する体制づくりに関する議論がすすめられた。これらをうけて，2004年9月厚生労働省精神保健福祉対策本部報告「精神保健医療福祉の改革ビジョン」がまとめられた。この報告では，「入院医療中心から地域生活中心へ」という基本的な方策を推し進めていくため，国民各層の意識の改革や，立ち後れた精神保健医療福祉体系の再編と基盤強化を今後10年で進めるとして達成目標を示した。その後2004年10月には厚生労働省精神保健福祉部より，「今後の障害保健福祉施策について（改革のグランド・デザイン案）」が出された。

　障害保健福祉施策の総合化（市町村を中心に，年齢，障害種別，疾病を超え

た一元的な体制を整備し，地域福祉を実現する）をはじめ，自立支援型システムへの転換（障害者のニーズと適性に応じた自立支援を通じて地域での生活を促進する仕組みへと転換し，障害者による「自己実現・社会参加」を図る），制度の持続可能性の確保（制度を維持管理する仕組みがきわめて脆弱であり，給付の重点化・公平化や制度の効率化・透明化等を図る抜本的な見直しが不可欠），が課題とされている。

　2005年には障害者自立支援法が制定（施行：2006年4月）された。①障害の種別（身体障害・知的障害・精神障害）にかかわらず，障害のある人々が必要とするサービスを利用できるよう，サービスを利用するための仕組みを一元化し，施設・事業を再編，②障害のある人々に，身近な市町村が責任をもって一元的にサービスを提供，③サービスを利用する人々もサービスの利用量と所得に応じた負担を行うとともに，国と地方自治体が責任をもって費用負担を行うことをルール化して財源を確保し，必要なサービスを計画的に充実，④就労支援を抜本的に強化，⑤支給決定の仕組みの透明化，明確化を骨子としている。

　2013年には障害者自立支援法が改正され，障害者総合支援法として施行され，従来の「自立」という表現に代わり「基本的人権を享有する個人としての尊厳」と明記された。①障害者の範囲の見直し（難病の追加），②障害支援区分への名称・定義の改正，③障害者に対する支援の見直し（「共同生活介護（ケアホーム）」を「共同生活援助（グループホーム）」に一元化，「重度訪問介護」及び「地域移行支援」の利用対象拡大，等），④地域生活支援事業の見直し，⑤サービス基盤の計画的整備が盛り込まれている。

　同じく2013年には精神保健福祉法が改正施行された。この改正により，精神障害者の地域生活への移行を促進する精神障害の医療を推進するため，①精神障害者に治療を受けさせる等の義務を保護者に課す仕組みの廃止，②医療保護入院における入院手続きの整備，③医療保護入院により入院した者の退院を促進するための措置の充実，④厚生労働大臣による精神障害の医療の提供の確保に関する指針の策定等の所要の措置を講じるとされ，同法は一部を除いて2014年4月に施行される。特に，①については，医療保護入院における保護者の同意要件が外され，あらたに「家族等」の同意要件が定められた。また，③については，精神科病院の管理者に，退院後生活環境相談員（精神保健福祉士等）を選任し，退院後の生活環境の相談や指導を適宜行うことが義務づけられた。

　このような状況のなかで，精神の障害についてはいくつかの定義があるので，ここで触れておきたい。

2-2-1.　障害者基本法

　障害者基本法第 2 条では「身体障害，知的障害，精神障害（発達障害を含む。）その他の心身の機能の障害（以下「障害」と総称する。）がある者であつて，障害及び社会的障壁により継続的に日常生活又は社会生活に相当な制限を受ける状態にあるものをいう」と，障害者を定義する。この法の大きな特徴が，精神障害を障害として定義したことである。

　障害者基本法以前の法律では，多くの精神障がい者を障害者としてと捉えるのではなかった。精神病者監護法（1900年）の下では，精神障がい者は劣悪な環境のなかで扱われ，**呉秀三**らによる調査研究や働きかけなどによって成立した精神病院法（1919年）のもとで，ようやく「精神疾患患者（精神病者）」として捉えられるようになったものの，精神病院は，軍事体制下における予算不足との関わりで，病院建設は遅れてきた。さらに，1950年の精神衛生法の下では，**私宅監置**が廃止され，建設が急がれてきた精神科病院への収容が進められていった。そのなかでは，精神障害者は，病院に収容される精神病者として扱われ，社会から遠ざけ，また，その治療をいかに進めるかが大きな焦点となっていった。

　1993（平成 5 ）年に成立した障害者基本法により，精神障害者としてとらえる動きが生じた。「精神障害」は精神疾患に起因して日常生活や社会参加に配慮や支援を必要としたり，必要としている状態にあることをさす。

　「精神障害」は，心身や環境的な原因などにより日常の言動に変調が生じ，精神医学的に疾患とされ，医療の対象とされる狭義の意味と，社会生活能力，作業能力，対人関係能力などが制限される状態（能力障害）を指す広義の意味の双方がある。障害者基本法で，初めて，この双方の意味から精神障害者が障害者として定義されたと言える。

　この障害者基本法は，2011（平成23）年に改正された。改正障害者基本法においては，障害者の定義が見直された。それは，改正前には，障害の制限は，機能障害のみに起因するものではなく，社会における様々な障壁と相対することによって生ずるとするいわゆる「社会モデル」の考え方を踏まえ，障害者の定義を見直し「障害がある者であって，障害及び社会的障壁により継続的に日常生活又は社会生活に相当な制限を受ける状態にあるもの」とした（2条1号）。

　改正障害者基本法では，「障害」の範囲について，改正前は「身体障害，知的障害又は精神障害」を「障害」と総称していたが，発達障害や難病等に起因する障害が含まれることを明確化する観点から，「身体障害，知的障害，精神障害（発達障害を含む。）その他の心身の機能の障害」を「障害」とした。

2-2-2.　障害者総合支援法

　1993（平成 5 ）年の障害者基本法以降，1997（平成 9 ）年に精神保健福祉士法

▷**呉秀三**
　→巻末キーワード

▷**私宅監置**
　→巻末キーワード

▷ 1 　平成24年版障害者白書，内閣府，第 1 章第 1 節
https://www8.cao.go.jp/shougai/whitepaper/h24hakusho/zenbun/honbun/honpen/h1_1_2.html

が制定され，精神科ソーシャルワーカーの国家資格が誕生することとなった。

さらに，2005（平成17）年には障害者自立支援法が制定され，この法は，障害の種別（身体障害・知的障害・精神障害）にかかわらず，障害のある人々が必要とするサービスを利用できるよう，サービスを利用するための仕組みを一元化し，施設・事業を再編された。また，障害のある人々に，身近な市町村が責任をもって一元的にサービスを提供することになり，サービスを利用する人々もサービスの利用量と所得に応じた負担（**応益負担**）を行うとともに，国と地方自治体が責任をもって費用負担を行うことをルール化して財源を確保し，必要なサービスを計画的に充実させ，就労支援を抜本的に強化し支給決定の仕組みの透明化，明確化を骨子とした。

この法は，給付コントロール・福祉サービスの利用抑制を目指した。

本来，障害は，自己の責任で生じたものではなく，その障害と向きあい，よりよい社会生活を実現するのは，あたりまえの自己の権利を手に入れるために保障されるものである。あたりまえの自己の権利を手に入れるために，応益負担（利益に応じた負担）を行うという考えは障害者福祉の理念と矛盾するともいえる。

2013（平成25）年には障害者自立支援法が改正され，障害者総合支援法となり，従来の「自立」という表現に代わり「基本的人権を享有する個人としての尊厳」と明記された。①障害者の範囲の見直し（難病の追加），②障害支援区分への名称・定義の改正，③障害者に対する支援の見直し（「共同生活介護（ケアホーム）」を「共同生活援助（グループホーム）」に一元化，「重度訪問介護」及び「地域移行支援」の利用対象拡大，等），④地域生活支援事業の見直し，⑤サービス基盤の計画的整備が盛り込まれている。

2-2-3. 精神保健福祉法

同じく2013（平成25）年には精神保健福祉法が改正された。この改正により，精神障害者の地域生活への移行を促進する精神障害の医療を推進するため，①精神障害者に治療を受けさせる等の義務を保護者に課す仕組みの廃止，②医療保護入院における入院手続きの整備，③医療保護入院により入院した者の退院を促進するための措置の充実，④厚生労働大臣による精神障害の医療の提供の確保に関する指針の策定等の所要の措置を講じるとされ，同法は一部を除いて2014（平成26）年4月に施行された。特に，①については，医療保護入院における保護者の同意要件が外され，新たに「家族等」の同意要件が定められた。また，③については，精神科病院の管理者に，退院後生活環境相談員（精神保健福祉士等）を選任し，退院後の生活環境の相談や指導を適宜行うことが義務づけられた。

このように，障害者の自立と社会経済活動への参加を促進するために法律改

▷応益負担
→巻末キーワード

正等がなされ，利用者の主体性，選択性，自己実現が基本的な考え方として展開されている。

2-3. 「疾病と障害の共存」認識の変遷

精神の障害に関する定義については，どのように定義されているのだろうか。制度政策立案にあたっては，次の概念をもとに，様々な制度が設計されている。精神障害者福祉の対象，精神科医療の対象，精神保健の対象は，それぞれ，次の図2-3のとおり，明確に理解されている。

診断基準については，精神疾患を診断するにあたっては，診断基準がある。主な診断基準には，ICD-11やDSM-5がある。

ICD-11とは世界保健機関（以下，WHO）が定めた異なる国や地域から，異なる時点で集計された死亡や疾病のデータの体系的な記録，分析，解釈及び比較を行うため，世界保健機関憲章に基づき，WHOが作成した分類である。最新の分類は，ICDの第11回目の修正版として，1990年の第43回世界保健総会において採択されたものであるが，2003年に一部改正の勧告がされ，このICD-11のうち，ICD-11の第6章「精神，行動，神経発達の疾患」（Mental, Behavioural or Neurodevelopmental Disorders: MBND）が記載されている。

「障害者基本法」では，第2条において「この法律において，次の各号に掲げる用語の意義は，それぞれ当該各号に定めるところによる」とされている。さらに，「障害者」とは「身体障害，知的障害，精神障害（発達障害を含む。）その他の心身の機能の障害（以下「障害」と総称する。）がある者であって，

▷2　ICD-11（International Statistical Classification of Diseases and Related Health Problems，略してICD-11）和訳では「疾病及び関連保健問題の国際統計分類　第11版」）
DSM-Ⅴ（Diagnostic and Statistical Manual of Mental Disorders, 5th edition. 略してDSM-5，和訳では『精神障害の診断と統計マニュアル　第5版』）は，アメリカ精神医学会（APA: American Psychiatric Association）が作成・編集した精神障害の定義分類・診断基準のひとつである。

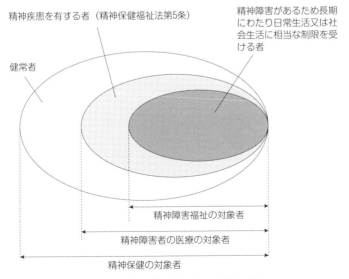

図2-3　精神保健と精神障害者福祉の関係
出典：精神保健福祉研究会監修（2002）『精神保健福祉法詳解　改訂第二版』中央法規，60。

障害及び社会的障壁により継続的に日常生活又は社会生活に相当な制限を受ける状態にあるものをいう」とされている。

次に「障害者の日常生活及び社会生活を総合的に支援するための法律」では，第四条において，「障害者」を，「身体障害者福祉法第四条に規定する身体障害者，知的障害者福祉法にいう知的障害者のうち十八歳以上である者及び精神保健及び精神障害者福祉に関する法律第五条に規定する精神障害者（発達障害者支援法（平成十六年法律第百六十七号）第二条第二項に規定する発達障害者を含み，知的障害者福祉法にいう知的障害者を除く。以下「精神障害者」という。）のうち十八歳以上である者並びに治療方法が確立していない疾病その他の特殊の疾病であって政令で定めるものによる障害の程度が厚生労働大臣が定める程度である者であって十八歳以上であるものをいうとされている。精神の障害については，「疾患」と「障害」が併存するという特性があることが指摘されている。医療と福祉からの支援を必要とする場面が多くなるといえよう。

精神の障害については，精神保健及び精神障害者福祉に関する法律が中心となる法律である。

「精神保健及び精神障害者福祉に関する法律」の「第五条」において「精神障害者」とは，「統合失調症，精神作用物質による急性中毒又はその依存症，知的障害その他の精神疾患を有する者をいう」とされている。

既述のように，1993年に心身障害者対策基本法が障害者基本法に改正され，1995年には精神保健法が精神保健福祉法に改正され，精神障害者の自立と社会経済活動への参加の促進のための援助を法の目的として明記され，精神障害者の福祉施策が本格化されることとなった。その後，社会福祉基礎構造改革の流れのなかで，福祉サービスの実施主体を市町村に移行し保健医療福祉を統合した地域支援体制の実現を意図された。

できるかぎり早期に，かつ適切な医療を受けることで精神障害の影響も最小限度にできると林は指摘している（林，1994）。精神の障害を正確に理解することが，精神保健福祉士の支援のための重要な一歩となる。

その一方で，障害者の日常生活及び社会生活を総合的に支援するための法律（障害者総合支援法）第七条で「自立支援給付は，当該障害の状態につき，介護保険法（平成九年法律第百二十三号）の規定による介護給付，健康保険法（大正十一年法律第七十号）の規定による療養の給付その他の法令に基づく給付又は事業であって政令で定めるもののうち自立支援給付に相当するものを受け，又は利用することができるときは政令で定める限度において，当該政令で定める給付又は事業以外の給付であって国又は地方公共団体の負担において自立支援給付に相当するものが行われたときはその限度において，行わない」とされている。

つまり，介護保険の対象年齢の65歳になれば，障害者総合支援法での支援で

▷3　林宗義（1994）「精神医療と家族ダイナミズム」『日本社会精神医学会雑誌』2(2)：113-116。

はなく，介護保険法による支援が優先されるという，いわゆる「65歳問題」が生じている。制度や政策があるから大丈夫だ，ということは言えないのである。精神の障害を抱えながら生活を送る利用者の暮らしを支えるために，精神保健福祉士は，支援の内容だけでなく，支援制度の改善点を見出し，**ソーシャルアクション**を起こして必要な改善を迫るということも重要な役割である。

▷ソーシャルアクション
→巻末キーワード

2-3-1. 蜂矢，臺モデル

蜂矢英彦は，論文「精神障害論試論」[4] (1981) のなかで，障害を「① 独立した障害，② 疾患と併存する障害，③ 疾患のあとにくる障害」とにわけて理解していこうとした。精神の障害は，このうち②にあてはまるという。①や③の障害については，比較的支援策が講じられてきたものの，②については，支援の対象としても見られることがなかったがために，支援策が遅れていると指摘している。また，別稿では，精神障害における障害の特徴を，対人関係のまずさや融通のきかなさ，それらが自立生活能力の低下に影響を与え，そしてそれらに偏見などが加わることとして整理した。また，「精神障害者は医療を必要とする病者であると同時に，社会生活遂行上に困難・不自由・不利益を有する障害者（the Disabled）でもある」としている（蜂矢，1991）。[5]

臺弘は，「生活能力の乏しさに経験の二次的影響の加わったものを生活障害とよんで，障害性の中に位置づけ」て生活障害として整理を試みた（臺，1985）。[6]

▷ 4 蜂矢英彦（1981）「精神障害論試論」『臨床精神医学』10：1653-1661。

▷ 5 蜂谷英彦（1991）「精神分裂病者の福祉」『臨床精神医学』20(2)：113-121。

▷ 6 臺弘（1985）「慢性分裂病と障害概念」『臨床精神医学』14(4)：737-742。

2-3-2. ICF モデル

既述の ICF では，障害を3つのレベルで捉えるのは ICIDH とおなじであるが，障害を否定的なイメージで捉えるのではなく，機能障害の代わりに「心身機能・構造」，能力障害の代わりに「活動」，社会的不利のかわりに「参加」と言う中立的な用語を用いている。

つまり，障害とはこうしたことが制限制約されている状態のなかで特定の人に起こりうることではなく，誰にでもこうしたことは起こりうることだ，ということを明確にした。さらに，障害の発生と変化に影響するものとして，新たに「環境因子」と「個人因子」をモデルのなかに加えて，それぞれの因子は互いに影響しあうものという関係が理解しやすいような双方向モデルを取り入れている。

2-3-3. 上田敏モデル

上田は，ICIDH における障害の構造化をベースにして，さらに「体験としてのやまい」を位置付けることによって，日本で精神障害を抱えることの困難さとその主観にも目を向けた提言を試みた。

上田の理論は，「疾患によって起こった生活上の困難・不自由・不利益」が

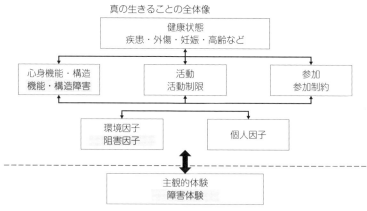

図2-4　真の生きることの全体像

出典：上田敏（2015）『ICFの理解と活用——人が「生きること」「生きることの困難（障害）をどうとらえるか」第2版入門編』きょうされん，萌文社，41を筆者改変。

障害であり，これは3つの客観的レベル（機能障害，能力障害，社会的不利）と1つの主観的側面（体験としての障害）に分けられるとするものである。矢印は，時間を経過し，それが生じるというものではない。これは，論理的因果関係を示す。ここで大切なのは，病気の後遺症で固定したものだけが障害であるとする理解の克服である。

　今日，「みえにくい障害」が精神保健福祉士の実践分野に重要な課題として表れている。たとえば，ひきこもりの多くは，この機能障害や能力障害を明瞭にもたないが，「いきづらさ」が明瞭な人たちである。彼らのなかには，軽度発達障害の人が多くいる。この人たちは，社会参加上の困難をもつが，顕著な機能障害や能力障害をもたない。こうした人たちが，精神保健福祉実践現場に多く登場している。

参考文献

臺弘（1985）「慢性分裂病と障害概念」『臨床精神医学』14(4)：737-742.

厚生省精神保健福祉法規研究会（1998）『精神保健福祉法詳解』中央法規出版.

蜂矢英彦（1981）「精神障害論試論」『臨床精神医学』10：1653-1661.

蜂矢英彦（1991）「精神分裂病者の福祉」『臨床精神医学』20(2)：113-121.

林宗義（1994）「精神医療と家族ダイナミズム」『日本社会精神医学会雑誌』2(2)：113-116.

平岡蕃（2001）「障害の構造モデルに関する一考察——医療モデルから社会モデルへの転換について」『久留米大学文学部紀要　社会福祉学科編』1-2：75-88.

（髙木健志）

コラム　②

暮らしを支える『場』

山本幸博

社会福祉法人てりてりかんぱにぃ　ジョイント・ほっと

現在，障害者総合支援法において就労系事業所の報酬単価は利用者の平均工賃が高ければ高いほど上がる仕組みである。つまり給料の良し悪しが支援の評価に直結している。ジョイント・ほっとは就労継続Ｂ型の事業所であるが，繁華街でカフェを運営していることから，「働く場の提供」の面がクローズアップされることが多い。しかし実際には事業所の一面でしかない。障害者総合支援法ができるずっと前から私たちはカフェを運営し『場』を育んできた。退院直後の利用者が孤立せぬよう集える場が必要と『場』をつくり，バランスの取れた栄養あるものを食べたいとお金を出し合って昼食づくりをしたことが始まりである。「今，ここに自分がいるんだ」と感じあえる場づくり，「一人ぼっちにならない，させない」場づくりが根幹にある。仲間と出会うことで「安心」を手に入れ，支え合いながら「経験」と「挑戦」を積み重ねてきたことが「自信」につながっている。安心できる『場』があるから挑戦できるのである。一見，バリバリ働けているように見える利用者も日々の体調管理や働くための工夫で何とか活動を維持できている。例えば，週２〜３日，１回に２時間の仕事をする方がいるが，この２時間のために何日もかけて体調を整えている。家を出る前に「今日は外に出られるか？途中で調子を崩して迷惑をかけないか？」と確認をして出勤する。調子が悪くて普段の仕事に入れずとも，次に働くペースを維持するために出勤し，今できる仕事を見つけて従事する。この積み重ねの結果が月々の工賃となる。工賃が高いに越したことはないが，私たちはそれ以上にこの過程に意味を感じている。それぞれの置かれた環境や病状，生き辛さは千差万別である。その置かれた状況をいかに乗り越えていけるか，本人の不安に寄り添いながら，耳を傾け，本人の工夫を支持し，自分の人生の主人公として歩んでもらえるよう応援をする。それが私たちの役割である。

ソーシャルワークは理想論だと言われることが多々ある。確かに私たちは「こうあればいいよね」と利用者の皆と語ることが多い。しかし，それは「夢」ではなく「希望を実現するスタート」である。その理想像に向かって，何をどうすれば実現できるのかを共に考え，環境を整えていく。最初はごく個人的な課題であっても，共通する課題として社会化させていけば社会全体で取り組むべき課題となる。始まりはたった１人の悩みでも，仲間を作り，支え合うことで『場』が育つ。その積み重ねが皆が暮らしやすい地域へとつながる。

第3章

社会的排除と社会的障壁

　これまで精神病や精神病者，精神障がい者は，社会の中でどのように認識され，いかなる処遇を受けてきたのであろうか。

　長年精神保健福祉分野において政策的かつ実践面での課題の一つは，精神障がいがあってもあたりまえに地域社会で生活することの実現であった。このことは，精神障がいがあることで，あたりまえに生きる主体としての権利が奪われてしまう側面が，過去も現在もなお存在することを言い換えている。

　本章では，日本と諸外国においてそれぞれの時代のなかで精神障がい者が社会的に様々な排除を受けてきた歴史について確認していく。そして，そうした社会を形成する要因がどこにあるのか構造的な理解を深める。同時に人権と名誉の回復に向け，課題すべき克服について検討していく。

3-1. 諸外国の歴史と動向

　ここでは，近代化のなかで施設処遇が始まる経過とその後の管理体制について概観を述べる。

　日本では，1900年の精神病者監護法により私宅監置を法的に認め，監護義務者として家族に対し，精神病者を監置する場所をつくることやケアを担う責任者として役割を強いることになった。以下，はじめに海外の様子を簡単に紹介する。

3-1-1. アメリカにおける精神病院の成立とその後の活動

　アメリカ合衆国独立当時，イギリス植民地の施療院を起源とする精神病院的施設が1600年から1700年代にマサチューセッツ，ニューヨーク，ペンシルヴァニアで建設されたとされている。最初の近代的精神病院の始まりは1752年設立のペンシルヴァニア病院（Pennsylvania Hospital）とされている。当初この病院は，一般病院であったが，病棟の地下に精神病者用の独房が男女別に設けられるも満床が続き，1841年にペンシルヴァニア精神病院（Pennsylvania Hospital for the Insane）が独立して新設された。その後，アメリカ国内では州が自治権を有し，州立精神病院が19世紀以降に整備されていく。The Group for the Advancement of Psychiatry（1978）によると，1841年以前，精神病者のうち，個人で費用が払えた人は，ペンシルヴァニア病院やフレンズ療養所，マクリーン病院，ブルーミングデール，ハートフォード・リトリートのような施設で**道徳療法**を受けていた。しかし，主に農耕中心の社会のなかで，大多数の精神病者は，救貧院，刑務所，あるいは少数の州立精神病院に拘禁されていた[1]。そうした状況を踏まえ，2人の重要な人物を次に紹介する。

3-1-2. 救貧院とドロシア・リンド・ディックス（Dorothea Lynde Dix, 1802-1887）

　アメリカでは1776年の独立宣言後，1783年にはヴェルサイユ平和条約による独立承認，1787年連邦憲法制定へと続く。広大な土地と未開の市場を開拓し，成長するアメリカ資本主義のためには，国民の自助能力（労働力）を訓練することが必要であった。工業の発展は，都市部に労働者が集中し，労働者の生活水準の低下，失業や不安定な雇用を生み出し，世界大恐慌により拍車をかけることとなった。

　当時救貧施策に関して，救貧の責任は各州の市町村（local）にあり，そこでは定住権があることを要件とし，増加する移民については，救貧施策の制限を設けていた。上記のような問題について，マサチューセッツ州とニューヨーク州は，それぞれ調査報告書を作成している[2]。そこで共通しているのは，労働能

▷**道徳療法**
→巻末キーワード

▷1　The Group for the Advancement of Psychiatry, 1978. 仙波恒雄監訳・高橋光彦翻訳（1980）『アメリカの精神医療』星和書店，37.
仮に家庭におかれたにしても，彼らはしばしば隠避されており，家族の生活からは排除されていたと記されている。

▷2　マサチューセッツ州議会の諮問による救貧法に関する委員会報告書「クインシー・リポート」（Quincy Report on Poor Relief, Public Record, 1821）。居宅救護は不経済であり，労働能力のない貧しい人を対象に授産施設を併設する救貧院の設立を求めた。
ニューヨーク立法機関の委嘱による「救貧法の経費と運営に関するイエーツ・リポート」Report of the Secretary of State in 1824 on the Relief and Settlement of the Poor）は，健康かつ労働能力のある者は救済しないことを提案している。

56

力のある貧しい人は救済しないという基本方針が示されていることである。他方，労働能力がないとみなされた人は，救貧院に収容することが原則であった。

社会運動家ドロシア・リンド・ディックス（Dix, Dorothea Lynde 1802-1887）は州議会やアメリカ合衆国議会に対し，3年にわたる実情調査やロビー活動を行い，精神病者のための治療を目的とした病院設立，ならびに視覚聴覚障害者の教育施設設立の陳情を行った。救貧院に収容されている精神病者について「…明らかな精神病者の危険な病状に対しては保護を与え，つぎに，時機をえてすぐれた医療を保証することによって，コミュニティのメンバーとして，また共和国の市民として，彼らに完全なる回復を与えることが必要であります」と訴えた[3]。

彼女の活動は，1848年，精神（科）病院や障がい者施設を建設する土地を連邦政府から州政府に与えるという法案として議会に提出された。しかし，フランクリン（Franklin, Pierce）大統領は，この法案を拒否した。主な理由は精神病でない貧窮な人も救済対象になってしまうことや，合衆国憲法では連邦政府が公的慈善を実行することを規定していないからというものである。しかし，こうしたディックスの運動は決して無駄であったわけではない。当時独自の州立の施設の設立の傾向が出てきており，救貧院が分化するなかで精神病者の分離を促進した。

3-1-3. ビアーズ（Clifford Whittingham Beers 1876-1943）の活動

また，この時期にアメリカの精神衛生および精神障害者の人権擁護に寄与した人物とされるのが，C. W. ビアーズである[4]。ビアーズは，エール大学卒業後，生命保険会社に勤めていたが，精神疾患に罹患し精神科病院に4回入院した自らの経験を『わが魂にあうまで（*A Mind That Found Itself*）』に記した（初版は1908年）。そこには，発病当時の自身の体験的描写のほかに，病院での非人間的な扱いや，追いつめられる患者の様子が描かれている。ビアーズが強く訴えたのは，精神障害者の置かれている悲惨な環境に対し，処遇と治療環境を改善すること，そして精神疾患の予防の必要性であった。さらに，ビアーズは精神障害および精神衛生における実践ならびに研究活動に対して資金援助を行うことを目的とした The American Foundation for Mental Hygiene 財団を設立し，運動をすすめていった。彼の活動はその後も国内外において多くの人々に影響を与え社会運動に発展したとされている[4]。この書がアメリカの精神衛生運動の歴史的原点とされる所以である。

3-1-4. 魔女裁判／ピネル

15，16世紀のヨーロッパの魔女裁判における当時の法令には，魔女の処罰に関する規定が記載されている[5]。例えば農作物や家畜に害を与える，人を病気に

▷3　一番ケ瀬康子（1971）『アメリカ社会福祉発達史』光生館，58。

▷ビアーズ，C. W.
→巻末キーワード

▷4　クリフォード・W・ビーアズ，江畑敬介訳（1993）『わが魂にあうまで』星和書店，259-266。

▷5　13世紀にフランスから始まり，西ヨーロッパの全キリスト教国，17世紀末には新大陸アメリカまで魔女狩りと魔女裁判が行われていたことは以下の書に詳しい。
森島恒雄（1970）『魔女狩り』岩波新書。

▷ 6　小俣和一郎（2002）
『近代精神医学の成立——
鎖開放からナチズムへ』人
文書院，38-42。

▷ 7　同前書，44。

▷ 8　小俣和一郎（2000）
『精神病院の起源近代篇』
太田出版，150。

▷ 9　同前書，38-40。

する，異性を誘惑する等，これらは魔女が魔術によって周囲に害をもたらした
とされ，処罰の対象となっていた。魔女として異端尋問にかけられ処刑された
人々のなかには精神病者も含まれていたとされる。

　こうした中世ヨーロッパにおいて精神病者を，魔女とみなし社会から追放，
抹殺が行われていた一方で，精神病者を収容する施設もうまれていた。ヨー
ロッパでの学問としての精神医学の成立において，その舞台である施設としての
精神病院は，宗教施設と拘禁施設の2つの起源があるとされている[46]。

　こうしたなか，フランスの精神科医ピネル（Philippe Pinel 1745-1826）は，パ
リのビセトール施療院（男性施設）およびサンペトリエール施療院（女性施
設）に収容されていた精神病者を鎖から解放したことで広く知られている。ピ
ネルが解放を行ったとされる上記の施設は，拘禁施設に由来し，精神病者以外
にも犯罪者や貧困に陥った人々も収容されており，鎖による拘束は日常的にな
されていた[47]。しかし，ピネルが鎖を切った最初の患者は元兵士で，40年間鎖に
つながれており，解放された後はその身が自由になったことにより感激し，狂
暴さを示すこともなく，ほかの患者の世話をするまでに回復したことが紹介さ
れている[48]。鎖から解き放たれ，自由を得ることができた人がいる一方，つなが
れたままの患者もそこには多くいたことがわかっている。それは，解放するこ
とが可能か否かの基準があり，「危険な狂気」と「安全な狂気」とに分類され
ていたことを意味する。小俣は，精神医学史から考えた鎖からの解放とは「自
由啓蒙主義と平等主義を背景として行われた実績であると同時に，解放するこ
との可能な静かな狂気に対する選択眼と，そうした狂気は治るとする啓蒙哲学
との合流の結果であるとも言える」と述べている[49]。近代医学の成立とともに，
収容施設，施療院，精神病院と場を移しつつ，処遇が行われてきた。こうした
考え方は，その後の歴史においても，危険の可能性をめぐり，精神障害者の拘
束や自由を制限することの問題が医療や司法，社会等の場で繰り返しあらわれ
てくる。

3-1-5. 精神障害者のための保護及び精神保健ケア改善のための諸原則（1991） とその後

　障害のある人の権利保障に関する国際的とりくみは，第二次世界大戦後，国
際連合（以下，国連）の1948年「世界人権宣言」から始まった。世界人権宣言
では「すべての人民とすべての国とが達成すべき共通の基準」として人権を保
障すべきと示しており，保護という名目で長期にわたって隔離・収容されてき
た障害のある人の基本的人権の尊重を訴え，その後の運動へと発展していく契
機となった。

　国連は，1966年に世界人権宣言の具体化と，法的拘束力を有するために「国
際人権規約」（A規約：社会権規約，B規約：自由権規約）を採択した。日本

の批准は1979年である。その後「知的障害者の権利宣言」（1971年），「障害者の権利宣言」（1975年）と続く。さらに1981年を「国際障害者年」と定め，1983年から10年間「国連・障害者の十年」とし，各国の障害のある人の人権保障，権利擁護の理念と実現のために多くのとりくみがなされた。ライフステージのすべての段階において全人間的復権を目指す『リハビリテーション』の理念と，障害者が障害のない人と同等に生活し，活動する社会を目指す『ノーマライゼーション』の理念の下に，『完全参加と平等』の目的に向けて進められてきた。

　精神障害者を対象とした権利保障の指標となるのが，国連が1991年12月に採択した「精神障害者のための保護及び精神保健ケア改善のための諸原則」である。1978年以降，国連差別防止小委員会，国連人権委員会等の活動に加え，多くの国際機関やNGO団体等の協力，参加により完成したものである。25の原則から構成される基準と附属文書が付されている。本内容は「精神疾患を有する者の基本的な自由と人権と法的権利を保護するための国連の最低限の基準」と位置づけている。従って，各国の政府には「国内法をこの諸原則に合わせるよう考慮すべきであり，新しい関連法規を定める場合にはこの諸原則に沿う規定を採用すべきである」（序文9）と求めている。

　また，一般的制限条項として「以下の原則に定められた権利の行使は，法律によって規定し，かつ，本人若しくは他の者の健康又は安全を保護し，又は公共の安全，秩序，健康，道徳若しくは他の者の基本的な権利及び自由を保護するために必要とされる制限のみを受ける」としている。下記25項目は次のとおりである。

【原則1　基本的自由と権利】

【原則2　未成年者の保護】

【原則3　地域社会における生活】

【原則4　精神疾患を有することの判定】

【原則5　医学的診察】

【原則6　秘密の保持】

【原則7　地域社会と文化の役割】

【原則8　ケアの基準】

【原則9　治療】

【原則10　薬物投与】

【原則11　治療への同意】

【原則12　権利の告知】

【原則13　精神保健施設における権利と条件】

【原則14　精神保健施設のための資源】

【原則15　入院の原則】

【原則16　非自発的入院】

【原則17　審査機関】

【原則18　手続き的保障】

【原則19　情報へのアクセス】

【原則20　刑事犯罪者】

【原則21　不服】

【原則22　監督と救済】

【原則23　実施】

【原則24　精神保健施設に関する諸原則の範囲】

【原則25　既得権の留保】

　原則7で「すべての患者は，可能な限り自己の居住する地域社会において治療及びケアを受ける権利を有する【原則7の1】」とされている。続く【原則7の2】で「精神保健施設内で治療が行われる場合，患者は，可能な場合は常に，自己の居住する場所又は家族，友人の居住する場所の近くで治療を受ける権利を有し，及び可能な限り速やかに地域社会に戻る権利を有する」とある。このケア原則の採択から30年が経過した現在も，精神科病院への非自発的入院のしくみそのものが大きく変わることはなかった。「地域社会に速やかに戻る」ことが実現しないことをやむを得ないとすることが妥当であると言えるのか，障害者の権利と照らし合わせて，しくみを再検討することを時代は要請している。

　2006年国連総会において「障害者の権利に関する条約」が採択され，日本は2014年1月に批准した。また，2022年9月に国連障害者権利委員会から「日本の障害者権利条約の報告に関する総括所見」が公表された。その中で「拷問又は残虐な，非人道的な若しくは品位を傷つける取扱い若しくは刑罰からの自由（第15条）」に関して，「精神障害者の強制治療を合法化し，虐待につながる全ての法規定を廃止するとともに，精神障害者に関して，あらゆる介入を人権規範及び本条約に基づく締約国の義務に基づくものにすることを確保すること」といった内容が勧告されている。

　国連の批判の対象となる非自発的入院制度とその手続きである強制診察や，その後の治療が存在する一方で，近年精神科医療において専門家と当事者のパートナーシップに基づく**協働意思決定**（Shared Decision Making: SDM）が注目されるようになっている。これはクライエント本人が主体的に精神科医療を利用することを選択したうえで成立する概念ではある。また本人には治療について自分で決める権利があることからも，協働意思決定をすすめていく意義はある。しかし，治療場面での非対称性が常に存在するなか，人権に立脚した制度

▷協働意思決定
→巻末キーワード

の見直しの議論をはじめることなくして，本人自らの意思決定を広げる場面は
部分的であるにすぎない。

3-1-6. 諸外国の地域精神保健福祉

　イギリス・アメリカをはじめ諸外国の精神保健福祉改革は，1960年代後半以
降，病院医療から地域精神保健へと移行しつつ，地域のなかでの治療プログラ
ムや生活支援への取り組みが始まった。しかしまた同時期日本では，私立精神
科病床が増え続けた時期でもある。

　先進諸国においても1950，1960年代にかけて，病院収容型の精神医療がその
時代の趨勢であった。その後1970年後半から，精神病院の改革や地域医療への
挑戦がなされ，地域でいろいろな試みが実施された。WHO においては地域精
神医療のモデルとして，カナダの Vancouver，イタリアの Trieste をはじめと
して，イギリス，オーストラリア，スペイン，アメリカ・ドイツ等のモデル地
区を挙げて比較検討している。

　精神保健福祉改革はその国の経済，政治，文化，地域性を反映するものであ
り，病院中心主義から脱施設化や地域移行への変革の方法においても，同一の
経過を辿ってきたわけではない。地域精神医療への転換についても急激な変革
を行った国もあれば，徐々に方向転換している国等様々である。例えば1960年
代後半のアメリカの脱施設化は，大規模の州立精神病院病床を減少させたが，
地域精神保健センターやそれを基盤とするコミュニティケアが量的にも機能的
にも十分ではなかったことが報告されている[10]。

　ここでは，イギリスとカナダの精神保健福祉改革の流れの概観をとりあげ，
日本の精神保健医療福祉の特性と課題について考えていきたい。

▶10　The Group for the Advancement of Psychiatry, 1978.

■イギリスにおけるコミュニティケアと精神保健

　イギリスの精神保健サービスは，1930年代の福祉国家型政策による広範な社
会保障サービスを受け皿に進展してきた。これが脱施設化，脱病院化政策をす
すめる初期段階での必要な資源投資の代替的役割を果たすことになった。もち
ろんその下支えになるのが NHS（National Health Service）であることに違いは
ない。

　一方でそうした流れを踏まえ，Dingleton 病院における M・ジョーンズ
（Maxwell Jones）の**治療共同体**の試みが，そうした改革を推進することにつな
がった。例えば病院内におけるすべての職員を含む work group から，地域に
おけるコミュニティミーティングといった一連の流れのなか，対等な援助関係
の追及を試みることで多くの欧米の精神医療改革にも強い影響を与えた。

　こうした取り組みを踏まえ，1980年代以降大幅な病床削減を果たし1990年以
降は国の責任のもと精神障害者の地域ケアの整備として1990年地域ケア法

▶治療共同体
→巻末キーワード

▷11　英国ケント州の試み
でもあるソーシャルワーカ
ーによるケアマネジメント
の実際については以下の文
献が詳しい。
D・チャリス／B・デイヴ
ィス著，窪田暁子ほか訳
(1991)『地域ケアにおける
ケースマネジメント』光生
館。
▷12　松原三郎・佐々木一
編(2010)『専門医のため
の精神科臨床リュミエール
22 世界における精神科医
療改革』中山書店，30-31。

▷13　フランスのセクター
医療に関しては，次の文献
が参考になる。
多賀茂・三脇康生編(2011)
『医療環境を変える「制度
を使った精神療法」の実践
と思想』京都大学学術出版。
ジャン・リュック・ローラ
ン，三脇康生・野崎夏生訳
(2019)「収容型精神医療か
ら市民精神医療へ──抵抗
に打ち勝つための勧め，手
段，行動指針」『賃金社会
保障』合併号：1735-1736。
▷14　伊勢田堯・増田一
世・氏家憲章(2018)「ベ
ルギーの精神保健改革視察
報告」『精神障害とリハビ
リテーション』22(2)：171
-177。
▷15　新福尚隆・浅井邦彦
編(2009)『改訂世界の精
神保健医療──現状理解と
今後の展望』へるす出版，
32-38。

(Communty Act) が成立し，ソーシャルワーカーによるケアマネジメント[11]が開始される。同時にNHS（National Health Service）の改革が進められ，ケアプログラムアプローチ（CPA: care programme approach）が導入された。さらに，こうした流れのもとで1999年から取り組みが進められた「精神保健に関するナショナルサービスフレームワーク（NSF-MH: National Service Framework for Mentalhealth）が定められ，以下の7項目にわたる地域サービスのスタンダードならびに目標が設定された[12]。

　　　基準1：精神的健康の増進
　　　基準2：プライマリ・ケアにおける精神保健ケアの改善
　　　基準3：サービスへのアクセス
　　　基準4：重度の精神障害へのサービスの充実
　　　基準5：病院と危機対応用住居サービスの充実
　　　基準6：介護者（家族）支援
　　　基準7：自殺防止

　また，1999年NSF-MH，英国保健省「ケアラーへのケア：ケアラーのための国家戦略」保健省ガイドライン「精神疾患をもつ人のケアラーと家族のためのサービス開発」，2004年ケアラー法（Cares〈Equal Opportunities Act〉），就労及び家族支援法（Work and Family Act2006）等々，家族への支援もすすめられてきている。

　このようにして，ヨーロッパ域においては，他にもフランス[13]，ベルギー[14]などのセクター型コミュニティケアの取り組みが，それぞれの歴史文化による違いを含みつつ進められている。

■カナダの地域精神保健サービスとバンクーバーシステム

　カナダでは，10の州と3つの準州を抱えており，国が各州の自治を強く位置付けており，法制度も各州により大きく異なる。そのため精神保健医療を一律的に論じることは難しい。そうしたなか，カナダ全体の精神保健医療に関わるものとしては，1997年カナダ政府等の "Review of Best Practice in Mental Health Reform" が公表されている。このなかでベストプラクティスとなる実践を紹介し，重篤な精神障がい者へのケアなど，精神保健の包括的な方向性を示している。

　カナダの精神医療の特色でもある，"closer to Home（もっと自宅の近くに）" という方針のもと，病院医療から地域中心医療へとシフトしてきた。上記ベストプラクティスは7つの「中核となるサービスや支援」が述べられている[15]。①ケースマネジメント／包括的地域生活支援プログラム，②危機介入システム／救急サービス，③住居並びに地域援助，④入院／外来ケア，⑤当事

Health Canada and the Public Health Agency of Canada　Santé Canada et l'Agence de la santé publique du Canada

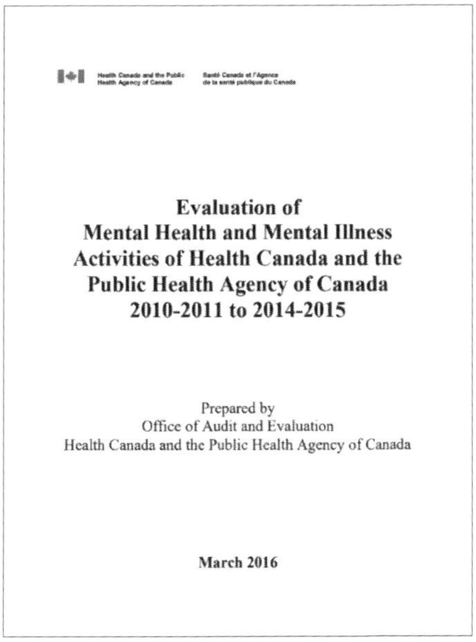

Evaluation of Mental Health and Mental Illness Activities of Health Canada and the Public Health Agency of Canada 2010-2011 to 2014-2015

Prepared by
Office of Audit and Evaluation
Health Canada and the Public Health Agency of Canada

March 2016

図３－１　精神保健医療活動の評価報告書

者のセルフヘルプと主導性，⑥家族のセルフヘルプ，⑦就労／教育。

このように，ベストプラクティスで掲げられている目標と，精神保健医療サービスの質を査定する仕組み（Accreditation Canada）[16]も国内には用意されている。

続いて，地域精神保健システムとして有名なブリティッシュコロンビア州のVCH（Vancouver Coastal Health）を紹介する。

カナダでは1970年代から精神科病床を削減し，地域における医療・福祉のサービスの充実を図ってきた。とりわけ，ブリティッシュコロンビア州では，いくつかの区域に分け，地域保健局が精神保健システムの改革を担ってきた。その一つがバンクーバー・コースタルヘルス（VCH）である[17]。VCHのなかのメンタルヘルスサービスでは「再入院の防止」「地域への順応」「入院日数の減少」の視点から，そして24時間対応可能な緊急システムづくりと地域生活を支えるサービスを幅広く展開している。

なかでも特色をなすのが，地区ごとにメンタルヘルスチーム（MHT: Mental Health Team）が配置されていることである。MHTでは外来部門で医療のみならず心理生活上のサポートが提供される。そして多職種の構成されるチームによる支援，包括的地域生活支援チーム（ACT: Assertive Community Treatment）は，頻回入院を繰り返したり，地域移行に課題をもつとされる慢性重症者に対し，訪問支援や服薬管理，社会活動の同行等ケースマネジメントを行う。亜急性期ショートステイ施設の運営や，アルコールや薬物などの依存からの回復支援，摂食障害プログラムなど多岐にわたる。

また，医師や看護師，作業療法士，ソーシャルワーカー等の他，精神障がい

▶16　Accreditation Canadaでは，健康基準機構（HSO）と呼ばれ標準開発組織（SDO）として認められた非営利組織団体と連携し，政府，地域の保健局，病院，および民間・公共部門におけるコミュニティベースのサービスと評価プログラムを提供している。

▶17　VCHのメンタルヘルスサービスでは，住居，世代に分け，またCommunity Mental Health（地域精神保健）とsubstance use（物質使用）の２つのユニットに分けて，それぞれのニーズからアプローチができるようになっている。Mental health & substance use | Vancouver Coastal Health（vch. ca）

当事者であるピアワーカーがチームの一員として加わっている。他にも非営利団体による切れ目のない支援として、支援付き集合住宅、就労訓練施設、クラブハウス（食事サービス、雇用トレーニング、芸術創作活動）、倫理委員会等の運営など多くの事業が実施されている。これら団体はVHCと連携しながら、当事者のニーズに基づき、柔軟に事業を展開している。

このようにバンクーバーの地域精神保健サービスを支えるのは地域の当事者組織、精神保健協会（Canadian Mental Health Association）など多くの非営利組織である。

また、公的機関、大学の役割として、地域でケアを支えるための急性期医療の体制整備があげられる。精神科救急は、総合病院内でアセスメントがなされ、入院が必要な場合は総合病院の精神科病棟（短期観察病棟）で最長6週間の入院となる。精神科救急は救急的な治療は行うが、その主たる仕事は迅速にトリアージを行うこととされている。その結果、入院初期からの院内リハビリテーションの開始とその流れを受け、地域リハビリテーションに次の役割が委ねられる。精神科医療における棲み分けという点において、バンクーバーでの入院治療は、地域精神医療でカバーできない急性期治療のみ受け持つという役割があり、さらに集中的治療をもってしても病状が定まらない等のケースの場合は、3次ケア（Tertiary Care）と呼ばれる高度治療のためブリティッシュコロンビア大学精神科の専門病棟でアセスメントを受ける。[18]

3-2. 日本の精神保健福祉施策に影響を与えた出来事

これまで日本では衝撃的な出来事が、精神保健医療福祉の歴史に大きな影響を与えてきた。当時の社会の反応とともにその後に続く法制度の流れを概観する。

3-2-1. 相馬事件と精神病者監護法

相馬事件とは、奥州中村（福島県相馬市）の旧相馬藩主相馬誠胤をめぐり、[19] 1883年から1895年にかけて世間を騒がせたいわゆるお家騒動である。相馬藩主相馬誠胤（1852-92）が、精神病者として1879年に家族により自宅で監禁されたことに端を発し、後に東京府癲狂院等に入院となり、当時の帝国大学医科大学の医師等も多く関係することとなった。

1883年ごろから、錦織剛清ら旧藩士の一部は、誠胤の病気は御家の財産をのっとろうとする陰謀だとして訴えを起こした。1887年、錦織は東京府癲狂院から誠胤を脱走させた。そうしたなか、1892年糖尿病により誠胤は亡くなる。1年後錦織は、毒殺による死亡であると告訴し、相馬家側および主治医中井常次郎（前東京府癲狂院長）らが拘留された。また家令であった志賀直道（作家・

▷18　新福尚隆・浅井邦彦編（2002）『改訂世界の精神保健医療　現状理解と今後の展望』へるす出版、37。

▷19　相馬事件や当時状況に関しては、以下の資料を参照のこと。
岡田靖雄（2002）『日本精神科医療史』医学書院、134-138。
小俣和一郎（2000）『精神病院の起源近代篇』太田出版、44-46。
▷癲狂院
→巻末キーワード

志賀直哉の祖父）も，陰謀の中心人物として拘留されることになった。墓を掘り返し死体を調べたが，毒殺とは断定できず中井らは免訴となり，反対に錦織が虚偽申告として有罪となった。錦織に組みしていたとされる後藤新平（当時内務省衛生局長）もまた，この事件に連座して局長を辞めることになり，無罪となったのちは政界に転出していくことになった。

　こうしてこの事件は，精神病患者への処遇や新聞によるセンセーショナルな報道に対し，世間に大きな影響を与えた。日本では精神病患者は無保護の状態にあるとして報道され，法律の不備を示すものとして海外の新聞にも伝えられることになった。岡田によると「相馬事件当時は第1回帝国議会の前後の時代であり，自由民権思想の盛んな時でもあり，不法監禁はとんでもないと自由党は，錦織を支援した」としている。[20]そして諸外国との通商航海条約改正を急ぐ日本政府は，諸法制の整備の一つとして「精神病者監護法」を1900（明治33）年に制定することとなる。

　この時期，日本の救貧制度としては1874（明治7）年公布の「**恤救規則**」[ ]がある。この規則によると，生活困窮になった場合，家族および親族，ならびに近隣による扶養や相互扶助にて行うべきであるとし，極貧者，老衰者，廃疾者，孤児等「無告の窮民」が救済の対象とされた。

　日本の警察制度が確立されたのは1873年であり，1875（明治8）年「路上の狂癲人の取り扱いに関する行政警察規則」[21]，1894（明治27）年に警察庁訓令「精神病者取扱心得」[22]等，警察による職務として精神病者への関与を規定しているが，法制度として体系化されたものではなかった。そして，それまで精神病者に関する規制は，地方ごとに委ねられていたが，明治30年代になり全国的規制が整備されるようになる。その一つが明治32年法律第93号「行旅病人及行旅死亡人取扱法」であり，精神病者のみを対象とするものではなかったが，路頭にさまよう救護者のいない精神病者も保護の対象となるものであった。

　そして精神病者の保護に関する最初の一般的法律として「**精神病者監護法**」[ ]が1900（明治33）年3月に公布，同年7月に施行された。先の相馬事件の教訓として，不法監禁を禁じ，精神病者監護法では，精神病者を監置する際の[23]手続きとして，以下の骨子を定めている。

　　① 精神病者を監置するには，手続きのもと監護義務者に選任された者以外は行うことができない（第1条，第2条）。

　　② 病者を私宅，病院などに監置するには，監護義務者は医師の診断書を添え，行政庁（警察署）の許可が必要である（第3条）。監置の方法や場所の変更，監置を廃止する場合は，行政庁に届けなければならない（第4条，第5条）。

　　③ 監置が必要な精神病者に監護義務者がいないもしくは，いても義務を

▷20　岡田靖雄（1964）「相馬事件」松沢病院医局病院問題研究会『精神衛生法をめぐる諸問題』，7。

▷**恤救規則**
→巻末キーワード

▷21　行政警察規則18条では「路上狂癲人あれば穏やかに開放し，暴動する者は取り押さえ，その地の戸長に引き渡すべし」とされている。
▷22　精神病者取扱心得第一条「精神病者を看護治療のため制縛若しくは鎖固し，又は官立公立私立病院に入れんがため届出する者あるときは，警察医を伴い患者の所在につき詳細調査し，その必要性ありと認めたるときは認可書を下付し，疑はしき者は状を具して指揮を受くべし」とある。
▷**精神病者監護法**
→巻末キーワード
▷23　監置とは，日本国語大辞典によると「①病人を監護拘束すること，②法の秩序を乱した者が「法廷等の秩序維持に関する法律」に規定されている監置場に留置されること」とある。

▷24 貴族院精神病者監護
法案特別委員会議事速記録
第1号（1899年2月8日）
広田伊蘇夫（2004）『立法
百年史 精神保健・医療・
福祉関連法規の立法史』批
評社，18に掲載。
▷25 当時警察は内務省の
管轄であり，精神病者や伝
染病者の対応を行っていた。
公衆衛生，医療行政を司る
厚生省の発足は1938年であ
る。
▷呉秀三
→巻末キーワード
▷私宅監置
→巻末キーワード
▷26 原本は1918年呉秀三，
樫田五郎の名前で著されて
いる。呉秀三は，1897年か
ら1901年まで欧州に留学を
しており，帰国後東京帝国
大学医科大学の教授に就任
した。1910年から1916年に
かけて樫田五郎をはじめと
する呉秀三の弟子たちが，
一府十四県（東京，神奈川，
埼玉，群馬，千葉，茨城，
静岡，山梨，長野，福島，
青森，富山，鹿児島）で監
置室の調査を行った。
全八章からなり，第一章
「緒論」，第二章「精神病者
私宅監置の実況」，第三章
「未監置精神病者の家庭に
おける実況」，第四章「民
間療法の実況」，第五章
「私宅監置の統計的観察」，
第六章「批判」，第七章
「意見」第八章「概括及び
結論」といった構成となっ
ている。
下記の文献も参照のこと。
呉秀三・樫田五郎（2009）
『精神病者私宅監置ノ實況
及びその統計的観察（精神
医学古典叢書新装版）』「新
樹会」創造出版。
金川英雄訳・解説（2012）
『【現代語訳】呉秀三・樫田

履行できない場合は，市区町村長が監護の義務を負う（第6条）。

④ 行政官庁に監置を監督する権限を与える（第7条，第8条）。

⑤ 私宅監置室，公私立精神病院，精神病室も行政庁の許可なく使用できない。監置場所の構造設備や管理方法に関する規定を定める（第9条）。

⑥ 監護に関する費用は被監護者の負担であり，困難な場合は扶養義務者の負担となる（第10条）。

しかし，精神病者監護法には，精神病者とは誰なのか，また監護とは何かといった定義は示されていない。では，当時この法律でもって，精神病者への対応をどのように考えていたのであろうか。ひとつの手がかりは当時の政府の提案説明である。「…本法全体に精神病者と申して居りますのは…実は監置の必要ある者，即ち其身体の自由を拘束する必要のある者でありますから，それは或は公衆に危害を及ぼすとか，自殺を謀るとか，風俗上に害が或るとか云うだけのものであります」と速記録[24]が残されている。ここに，本法の対象は，社会の秩序等に影響を与える可能性のある人でかつ，予防的に拘束が必要と捉えていたことが，運用にあたる行政機関[25]が警察であったことからもうかがえる。

実際，法の条文において，精神病者を医療により保護しようとする項目はなく，主に監置の手続きに関する内容が定められている。監置の責任者として，監護義務者を位置付け，第1条で，監護義務者の順位を「後見人・配偶者・親権ヲ行フ者，四親等内ノ親族ヨリ家庭審判所ノ選任シタル者」と決めている。つまり，精神病者に家族がいれば，家族の中で監護義務者を選任し，責任をもって監置することを定めている。

精神病者監護法以後，今日まで幾度も法改正が行われてきたが，法の変遷にともない監護義務者から保護義務者，保護者，家族等へと制度上呼称が変更されるも，精神障がい者家族の役割が今も制度上規定されている現実がある。明治時代から続く家族の存在を重要視する一方，公的責任の規定ならびに役割はどうなっているのか，そうした側面への注視も必要である。精神病者監護法では，精神病者を監護し，扶養義務者が貧困等によりその義務を果たせないとき，あるいは病者を扶養すべき者がいない場合には，市区町村長が代わって病者を監護，扶養する義務を有するとされている。精神保健医療福祉の歴史において，家族ありきで援助がすすめられてきていることを時代ごとに確認し，そこでもたらされた問題とは何なのか，さらに公的責任とはいったい何なのか，追って考えていくことが求められる。

3-2-2. 呉秀三[呉]の調査と精神病院法

精神病者監護法施行後，各地の精神病者の監置の実態を公にしたのが，「精神病者私宅監置[私宅監置]ノ実況及ビ其統計的観察」[26]である。1910（明治43）年から調査

が始まり，1918（大正7）年にまとめられた。

　全八章のなかの第五章「私宅監置の統計的観察」を簡単に紹介する。統計デー
タに関しては，項目ごとに県によって数が揃っていないあるいは記載がない
箇所もある。

　被監置者は，**実数299名**で，男性241名，女性58名。年齢は18歳から85歳と幅
広く，30〜40代が全体の3割強。**監置されている期間**は，最長27年，最短は30
日以内。**監置室の状況**に関しても，構造，広さ，採光，換気，周囲の状況等を
参考に，衛生上の設備についての適否を判断している。監置場所は，母屋の座
敷内或いは物置内が最も多く，続いて監置室用として特別に建設したもの，土
蔵内，母屋とは別の独立家屋の座敷内，土間内。**視察した監置室の総実数は**，
364で，うち私設は350箇所，公設（市立。町立）は14箇所であった。[27]

　そのほか，**家族の被監置者に対する待遇**として，良い，普通，不良とにわけ
て評価している。食事，寝具，衣服，沐浴，理髪，室内の掃除，便所の掃除，
洗面装置，防寒防署装置，娯楽（新聞，書籍，煙草など）等々の状況について
記載がある。食事について「食事ノ支給ノ忘レラル，コトアリ。時トシテ腐敗
セル食物ヲ見受クルコトアリ」[28]といった記載もある。

　表3-1，表3-2は，「監置の理由」と「被監置者の治療状況」を示したも
のである。精神病者を監置するには医師の診断が必要であることを精神病者監
護法では定めており，一度は診断を受けていると解することができる。しかし
調査時点で主治医がいるのは，22％に過ぎず，残り78％は医療を受けないまま
監置されていることが推測される。

　「精神病者**私宅監置**ノ実況及ビ其統計的観察」後半の第六章では，私宅監置
に対する批判，公立の監置室に対する批判，精神病者監護法に対する批判，民
間療法に対する批判がそれぞれまとめられている。最終章の第七章「意見」の
冒頭で，「監置室ハ速ニ廃止スベシト」[29]と述べている。この収容の状況を国家
の恥辱であり公共の力を尽くして改善改良すべきとする呉らは，精神病の治療
の道は，病院に収容し十分な治療を加えることであると，現行制度に代わる精
神病院法の制定を強く訴えた。

　そうして1919（大正8）年，**精神病院法**（法律第25号）が成立した。この法
律は，精神病に対する公共の責任として，公的精神病院（当時）の設置を定め
たものである。

　主に以下のことを定めている。

　　① 主務大臣は道府県に対し精神病院の設置を命ずることができる（第1
　　　条）。ただし，公私立精神病院を期間を定め代用病院とすることができる
　　　（第7条）。

　　② 地方長官は，医師の診断により，精神病者監護法による市町村長が監
　　　護義務を負ったもの，罪を犯したもので危険の虞があるもの，療養の途

五郎　精神病者私宅監置の
実況』医学書院。

▷27　同前書，291。本書
の解説者金川によれば，当
時は細かい記載がない例が
多かったことを説明してい
る。

▷28　呉秀三・樫田五郎
（2009）『精神病者私宅監置
ノ實況及びその統計的観察
（精神医学古典叢書新装
版）』「新樹会」創造出版，
120。

▷私宅監置
→巻末キーワード

▷29　呉秀三・樫田五郎，
前掲書（2009：138）。
しばしば引用される「我が
国十何万の精神病者は実に
この病を受けた不幸の他に，
この国に生まれた不幸をも
二重に背負わされていると
言うべきである」もこのあ
とに続く。
▷**精神病院法**
→巻末キーワード

表3-1　監置乃理由別

件別	群馬縣	千葉縣	茨城縣	静岡縣	山梨縣	長野縣	福島縣	富山縣	廣島縣	合計	百分比例
家人ニ暴行 家財破毀	九	二	七	五	二	三	一四	三	七	一一二	二七・七
外出徘徊又ハ山中ニ入ル 遠隔ノ地ニ入ル	六	三	一〇	七	七	六	九	九		六七	一六・三
官衙闖入		三				一		二		六	一・五
家宅侵入 他人ノ物品ヲ盗出ス		四	五	二	一	四	二	三	一	二二	五・四
森林田畑ヲ荒ス 他人ノ	一	二	一		一		二			七	一・七
他人ニ暴行		三	三	五		一				三七	九・一
風俗壊亂				六			一		二	九	二・二
浮浪				二				一	一	五	一・二
放火			一	八			二	三	一	一五	三・七
火氣ヲ弄ス			七		一		三	二	一	一六	四・〇
家人殺害			一	五			一	一	一	五	一・二
家人殺害未遂		四	一			一		四		一〇	二・五
家人傷害			一		二		三	一		八	二・〇
他人傷害			〇	一		二	二	一		一八	四・四
傷害未遂			二	五		二	二	一		一三	三・二
自殺企圖			一	五			一	一		九	二・二
神社仏閣破壊								一		二	〇・五
不敬事件						一				一	〇・二
其他	六	三	九	二	四	五	三	六	五	四三	一〇・六
件数合計	三	七三	二四	三五	八	一一	四一	四五	一八	四〇五	一〇〇

表3-2　被監置者乃治療状況別

醫療別	埼玉縣	千葉縣	静岡縣	山梨縣	長野縣	群馬縣	富山縣	廣島縣	合計	百分比例
醫治ヲ受ケタルモノ　主治醫アルモノ	二	六	二	六	四	五	五	一	三一	二二・〇
醫治ヲ受ケタルモノ　精神病院ニ入リシコトアルモノ	二	五			三		二	一	一三	九・二
醫治ヲ受ケタルモノ　精神ニ治療ヲ受ケタルモノ	三	三	一	二	三	一	七	四	二四	一七・〇
小計	七	一四	三	八	一〇	六	一四	六	六八	四八・二
醫治ヲ受ケザルモノ	二八	八	三	五	五	四	一六	四	七三	五一・八
合計	三五	二二	六	一三	一五	一〇	三〇	一〇	一四一	一〇〇

出典：表3-1と同じ，307.

出典：金川英雄訳・解説（2012）『[現代語訳]呉秀三・樫田五郎
精神病者私宅監置の実況』医学書院，285。

表 3 - 3　昭和 6 年末の精神病者数と施設数，収容人員

精神病院法適用	公立病院	1,535人
	代用病院	2,055
精神病院監護法適用	病院監護	3,997
	病院外施設	6,472
	一時監置	136
その他		59,356

昭和 6 年末の施設数と収容人員

施設の種類	施設数	収容人員
公立精神病院	6	1,712
医育機関附属精神科病室	14	904
私立精神病院	78	10,525
公私立精神病者収容所	81	517
公私立病院精神科病室	10	188
計	189	13,844
神経，瀑布の保養所	50	714
総　計	239	14,561

出典：精神保健福祉行政のあゆみ編集委員会（2000）『精神保健福祉行政のあゆみ』中央法規，7。

なきもの，地方長官が入院の必要を認めるもの等を①の精神病院に入院させることができる（第2条）。

③　地方長官は入院したもの（あるいはその扶養義務者）から入院費の全部又は一部を徴収できる（第5条）。

④　①の精神病院に対し建築・整備の二分の一，運営費の六分の一を国庫が補助をする（第3条）。

　精神病院法により，精神病者の治療を医療機関で行うことを定めたわけだが，財政難のため公立精神科病院の設立は遅々として進まなかった。一方で精神病者は増加し，昭和 6 年厚生省調査では，患者総数 7 万人に対し，収容されている数は約 1 万 5 千人であり，精神病院法による施設を有する府県は 3 府17県であった。[30]　　　　　　　　　　　　　　　　　　　　　　　　（緒方由紀）

▷30　精神保健福祉行政のあゆみ編集委員会（2000）『精神保健福祉行政のあゆみ』中央法規，7。

3-2-3. ライシャワー事件と精神衛生法

　1964年 3 月24日の昼時に東京都赤坂のアメリカ大使館の前でライシャワー大使が車を降りたところ，待ち伏せていた男が刃渡り16センチのナイフでライシャワー大使を刺す事件が起こった。この事件が，ライシャワー事件である。

　この事件は，第二次大戦後の所得倍増政策，さらには，高度経済成長政策をとる日本の資本主義社会がもたらした精神障がい者の排除の結果であり，さらには，その後，精神障がい者差別と排除が深刻になることを予測する大きな事件であった。高度経済成長期とは，1955年から1973年までの19年間をいうが，

この所得倍増計画（政策）は，1960（昭和35）年に，実質国民総生産を10年以内に２倍にすることを目標とするとした計画である。

　この経済成長にとって精神障がい者は，排除しなければならない存在であった。それを端緒にあらわしているのが，戦後の復興当時の1952年に生じた「生産阻害因子キャンペーン」である。「生産阻害因子キャンペーン」では，経済的損失との関連で，精神障がい者が「生産阻害因子」となるといったキャンペーンが展開された。それは，「放火殺人による年34億円と推計される損失中，精神障害者によるものが約26億円にあがる」「生産離脱者とこれらの保護にあたる家族の生産離脱をこれに加えるならば，精神障害者のために社会は，年々1,000億円を下らない額の生産を阻害されている」（厚生省公衆衛生局「わが国の精神衛生の現状並びに問題点」）と，精神障がい者を社会から排除するキャンペーンであった。

　ライシャワー事件が起こった時，この精神障がい者を社会から排除するキャンペーンがマスメディアで激しく生じた。当時の新聞はこの事件を徹底的に取り上げた。その時の「新聞の正義」が，翌日３月25日の朝日新聞の天声人語に良く現れている。「…春になると精神病者とが変質者というのが増えるものだ。毎年毎年同じようなことを繰り返している。今度のライシャワー大使の殺傷事件も春先。精神病者だった。このような危険人物を社会に野放しにしておくということは大変に問題であって，犯人が精神病的であったからといって刑を軽くしたりしてはいけない。」といった論調であった。

　この事件が起こった1965（昭和40）年前後は，欧米では脱施設化が進み，地域ケアへとシフトし始めた時期である。しかし，わが国では1960（昭和35）年に８万５千床であった精神病床を1975（昭和50）年には28万人床に増やし，さらに1985（昭和60）年には36万床へと，25年間に27万５千床も増やした。この流れをおしたのが，ライシャワー事件とその後に生じた精神衛生法の改正である。ライシャワー事件に過敏に反映した当時の政府は，国家公安委員会の臨時委員会を開いて「精神障害者の早期発見のための警察官による家庭訪問」「精神障害者のリストの整備」「精神障害者について保健機関との連絡・協力」「保安処分の早期実施」「精神衛生法の改正をはかり他人に害するおそれがある精神障害者の通報義務を医師に課すこと」などの方針を決めた。

　この決定に沿って，警察庁保安局長は，厚生省公衆衛生局長に対して，「最近精神障害者による重大な犯罪が発生し，治安上これを放置することができない」とし，「精神障害者の収容体制を強化すること」などの申し入れを行った。さらに，ライシャワー事件直後から，政府や警察は，審議会や審査会を通して，精神障がい者に対する法をいかに進めるかの議論を急ピッチで進めた。村上らは「４月21日，精神衛生審議会は，小林法相に，病院の拡充，外来治療の補助，

そして保安処分の実施等の五点を意見具申する。これに対して，27日，警察庁
のライシャワー大使事件調査委員会は『精薄者リスト』の作成計画を発表し，
それぞれ翌日の朝刊に報じられている。また，この頃，警察庁は，各都道府県
警に対して「精神障害者リスト」の作成を指令し，実施されているが，これに
ついて，マスコミは，私たちの調べた限りでは，報道していない。」(村上，藤
田，1980) と述べている[31]。

　これは，まさに，相馬事件をきっかけに精神病者監護法ができ，ライシャワ
ー事件をきっかけに精神衛生法の改正ができたと考えることができるようなも
のであった。

　こうして，この1965年の精神衛生法改正では，警察官等による通報制度が拡
大された。この通報制度は，精神障害者の通報・届け出制度を強化（警察・検
察・保護検察所長）するものであり，当時の法第24条（今日の法第23条）では，
「警察官は，職務を執行するに当たり，異常な挙動その他周囲の事情から判断
して，精神障害のために自身を傷つけ又は他人に害を及ぼすおそれがあると認
められる者を発見したときは，直ちに，その旨を，もよりの保健所長を経て都
道府県知事に通報しなければならない」とされた。また，この改正時に，緊急
措置入院制度が新設された。これは，措置入院の手続きには，2 名の精神保健
指定医の診察が一致することが必要であるが，急速を要し，指定医 2 名が揃わ
ない，保護者に診察することを通知できないなどの場合には，精神保健指定医
1 名の診断で，72時間まで，本人の同意にかかわらず，都道府県知事または政
令指定都市市長の命令により，精神科病院である指定病院に入院させることが
できるとするものである。

　もちろん，この時に，通院医療費公費負担制度や保健所職員による訪問等が
定められたが，ライシャワー事件との関わりで生じた「精神障がい者野放し
論」は，精神障がい者を社会から排除する役割を果たしてきた事実を忘れては
ならない。

（山本耕平）

3-2-4. 報徳会宇都宮病院事件と精神保健法

　1984（昭和59）年 3 月29，栃木県警宇都宮署は宇都宮市にある精神病院・医
療法人報徳会「宇都宮病院」の職員等 5 人を傷害容疑で逮捕した。同病院は同
月14日，看護職員等による患者への暴力（リンチ）・不正入院・無資格診療行
為その他の疑いで家宅捜査を受けていた。宇都宮署の取り調べでは，3 年間で
200人以上の患者の不審死が判明。その内，2 件の死亡事件で職員 5 人が関わ
っていたとしていた。警察は，今回の逮捕で，アルコール中毒との診断で入院
していた A さん（当時35歳）を埋葬（土葬）した遺体を掘り起こして看護職
員の暴力による死亡の事実を突き止めた。だが，これは同病院で多発していた

▷31　村上直之・藤田健一
(1980)「ライシャワー事件
と新聞報道 精神衛生法改
正の社会的過程(1)」『神戸
女学院大学研究所 論集』
27(2)：60-61。

リンチ事件の氷山の一角にしか過ぎなかった。また，このリンチ事件以外に乱診，無資格診療も多数発覚した。

　同病院の医師は，事実上，院長である石川だけで，その他は医療資格の無い看護士や古参患者に医療行為をさせていた。一方，ベッド数は920床に対して948人が入院していたから到底院長だけでは回診はできなかった。さらに石川は，特異な患者が入院すると「あの患者の脳は必ず貰え」と職員に命じ，その患者が死亡すると看護士や看護人に脳を採取するための執刀を命じていた。

　宇都宮病院事件は，日本の精神医療の退廃のシンボルといってよい事件であるが，その20年前の1967年11月に来日した，フルボーン病院（イギリス）の当時の院長デービッド・H・クラークが，WHO顧問として来日し，WHOに対して日本における地域精神衛生の報告」(1968) を行った。この報告では，日本の精神病院には非常に多くの患者が入院しており，長期収容による無欲状態に陥っているとともに，作業療法，社会療法などのリハビリテーションがほとんどなされていないことが指摘されていた。^{*32}

　宇都宮病院長石川文之進は起訴され，1985（昭和60）年3月に禁固1年，罰金30万円の判決を受けた。藤井時夫裁判官は，「石川は病院管理において，第一義的に，なにはさておいても利益を考え，病者の基本的人権を無視した。石川が在院患者に行ったことは，極めて不適切なものだった」と断じた。

　クラーク報告から，おおよそ20年が経過した1984年に，この事件が生じたのである。1984年7月にこの事件が国連差別防止と少数者保護の小委員会で議論され，第一次調査団（ICJ：国際法律家委員会）及びICHP国際医療従事者委員会連合の調査団が，宇都宮病院の調査に入った。この調査に基づく勧告として，1968年のWHO顧問（D・H・クラーク）による報告で指摘された事項が，必要とされる変化をもたらしていないばかりかその大部分は，なお実現されていないことが指摘された。さらに，日本の精神医療制度の現状は，精神障害者の人権及び治療という点において，極めて不十分とみなされなければならないとの結論が提起された。第一次調査団は，宇都宮病院事件は，個別的虐待ではなく，日本における全体的制度であり，精神衛生サービスの新たな方策，そしてまた法的保護の新たな形態の検討が必要であることを指摘したのである。

　さらに，第一次調査結論と勧告は，「入院中手続き及び在院中の患者に対する法的保護の欠如」と「長期にわたる院内治療が大部分を占め，これに比して地域医療及びリハビリテーションが欠如しているという特徴を有する治療システムの欠如」を指摘した。

　こうした第一次調査団（ICJ，ICHP：国際法律家委員会及び国際医療従事者委員会連合調査団）の報告と勧告は，日本の精神衛生法や精神衛生業務への厳しいものであり，政府は，その内容を抜本的変更する必要性を認識し，その変更を促す結果となった。国際的な批判のなかで，1987（昭和62）年の精神保健

▷32　国際法律家委員会編(1996)『精神障害患者の人権』明石書店。

72

法施行となった。精神衛生法（1950年）では，法の目的が，「医療及び保護」であったのが，精神保健法（1987年）ではそれに社会復帰が加わり，「国民の精神健康の保持と増進を図る」「精神障害者の人権保護」「精神障害者リハビリテーションを促進」にその目的をおいた。

　なかでも，入院中の精神障がい者の人権保護との関係では，精神医療審査会が設けられた。これは，任意入院，精神保健指定医と並ぶ法改正の眼目として設けられたものである。さらに，入院時および入院中の当事者の権利擁護との関わりでは「告知義務」が明確にされた。これは，入院形態や入院中の権利について書面で告知するものである。

　しかし，精神医療審査会は，医師がの構成員となっていることや，事務局が都道府県にあることが，本来，オンブズマン制度を見本として開始されたものであるが，十分に第三者性をもっていない現状がある。また，書面告知には，不当に身体や精神の自由を奪われる拘束を制限する目的を与えたが，その後も精神科病院事件が多発していることから，この書面告知が限界をもっていると言わざるを得ない。

　精神保健法により制定されたものに精神保健指定医がある。精神保健指定医は，患者さま本人の心身の保護や，家族や周囲の安全確保を目的とした強制入院など，人権に直接影響のある措置が必要となる時，患者さまの人権擁護のために働く資質を備えている必要がある。

　精神保健指定医は，医師と公務員としての役割をもつ。医師しては，任意入院者の退院制限，措置症状の消退判断，医療保護入院や応急入院の判断，身体拘束や隔離，措置，医療保護入院の定期病状報告，仮退院になどに関する診察や判定の職務がある。さらに，公務員としては，措置入院およびその解除，精神科病院に対する指導監督規定の立入調査，診察，判定，移送時の行動制限，移送時の診察・判定等がある。宇都宮病院事件を受け精神保健法では，精神障がい者の権利を護る医療者として，精神保健指定医を設けたのである。

（山本耕平）

3-2-5.　大和川病院事件と地域移行

　大和川病院は大阪市の南東，奈良県との県境に近い柏原市の大和川沿いに位置する単科精神病院であった。1993（平成 5 ）年に入院中の患者への暴行事件が生じた。その患者は，救急車で他の病院に搬送された。搬送時には，打撲が原因とみられる皮下出血・骨折・脱水症状などがあり意識不明の状態であり，その 7 日後に亡くなった。

　この病院では，1969（昭和44）年には，看護助手が離院しようとした入院中の方にバットでなぐるなどの暴行を加えて死亡させるという事件があった。これが，大和川病院における 1 回目の精神科病院事件であり，第 2 回目が，1979

年に生じている。この事件は、看護者3人による患者暴行致死事件である。この時には、日本精神神経学会が、調査団を派遣し、厳しく批判している。

読売新聞社の記者だった原昌平（2019年退職）は、大和川病院の実態を次のように報道する。

> 大和川病院では、劣悪医療に加えて精神保健福祉法に違反する人権侵害、暴力支配が横行していました。実際は強制入院なのに任意入院を装って、行政への届け出をしない。入院したら一律に3日以上、保護室に隔離し、身体拘束もする。最低3か月は退院させない。鎮静作用の強い薬をたくさん出して薬漬けにする。投薬は、患者を看護詰め所の前に並ばせて番号で呼び、口を開けさせてほうりこむ。[33]

これは、同病院の人権侵害のほんの一部である。原記者は、さらに、

> 大阪府などの調査によって、医療法で定められたスタッフ配置の最低基準に対し、医師数は約40％、看護職員は約30％しかいないことが判明しました。すでに勤めていない元職員らの名前を勝手に使って「幽霊職員」を仕立て上げ、ニセの勤務関係書類を作る手口で、高いランクの看護料（現在の入院基本料）を得ていた不正受給が明らかになり、健康保険法による保険医療機関の指定取り消しが行われました。[34]

大和川病院の経営者（利益者）である安田基隆・安田病院長は、診療報酬をだまし取った詐欺容疑で大阪地検特捜部に逮捕・起訴され、1審・2審で実刑判決を受けたが、上告中に病死した。乱脈経営者だった安田基隆は、精神障がい者を自らの私腹を肥やすための財としてきた。

筆者が、精神保健福祉相談員を務めていた近畿圏の中核市保健所を、職員が訪れ、「県境まで患者を運んできてくれたら、いつでも入院させるから」と電話カードを数枚置いていった。

その時、職員の「家族がいつまでも困っているのはよくないから、とにかく入院させて家族を楽にさせてあげて下さい」という言葉は、日々の多忙な実践を展開しつつも、入院先のない困難な事例を抱えている筆者たちにとって魔力のだった。病院の職員たちは、おそらく、そうした渉外活動をおこなわないといけない労働環境におかれていたに違いない。

本来、保健所から入院を依頼した時には、数か月経過すれば、患者と保健所職員との面談が許可されるが、同病院はそうではなかった。ある時、届いた患者からの手紙の内容が気がかりで、患者面接を申し入れ、実施した当日（1990年の秋）、患者の手首にできた拘束の跡が気がかりで、看護職員に質問したものの回答はなかった。それは、この病院では、入院中の医療や看護に関する疑問を感じた時、精神医療審査会に、その不服を申し立てることができていないことを痛感した時であった。

▷33 読売新聞オンライン，原記者の「医療・福祉のツボ」（2016年5月27日）https://yomidr.yomiuri.co.jp/article/20160526-OYTET50017/2/

▷34 同前。

　大和川病院事件の調査を経て，大阪府精神保健福祉審議会は，2000年5月19日「入院中の精神障害者の権利に関する宣言」を採択した。その前文には「入院中の精神障害者は，適切な医療を受け，安心して治療に専念することができるよう，次の権利を有しています。これらの権利が，精神障害者本人及び医療従事職員，家族をはじめすべての人々に十分に理解され，それが保障されることこそ，精神障害者の人権を尊重した安心してかかれる医療を実現していく上で，欠かせない重要なことであることをここに明らかにします」とある。これは，大和川病院事件への反省から生まれたものであるが，あまりにも当たり前に権利宣言である。

　大和川病院事件を含む精神科病院事件の根幹にあるのは，精神科治療の病院ケア中心主義であり，病院への精神障がい者の囲い込みの発想である。この発想が，病院がもつ権力を揺るぎないものにしてきた。そこでは，大和川病院事件に典型的に表れた病院内の権力支配構造（長期に入院する院長の支配に従順に従う患者たちが，入院直後の患者を支配する構造や，病院に不満を感じつつも働き続けなければならない者たちが，患者を暴力で支配する構造）が，多くの患者の不幸を招くことを余儀なくさせてきたのである。

　今，こうした精神科病院依存から，当事者が地域で生き生きと生活できる地域ケア中心への，精神障がい者の社会参加実践を転換する必要がある。

（山本耕平）

3-2-6.　池田小学校事件と医療観察法

　2001年6月8日，大阪教育大学附属池田小学校に一人の成人男性が侵入し，児童や教員を切りつけるという事件が発生した。[435] 事件後，男性（元死刑囚）は精神科の受診歴ならびに措置入院歴があり，またこれまで何度かの触法行為により服役していたことなども明らかになった。さらに事件直前に，彼は大量服薬したといった供述や，精神障がいのふりをしていたなどの報道がなされた。

　日中の学校で多くの犠牲者を出してしまった事件の社会的衝撃は大きく，[436] 学校の安全管理責任が問われ，また精神障がいは危険であるかのような報道なども多く，地域で暮らす精神障がい者や家族を不安に陥れることになった。[437]

　犯行時男性は，精神疾患の影響等によって十分な責任能力を有していなかったのではないかと，起訴前鑑定ならびに公判中の精神鑑定も実施されたが，裁判所は刑事責任を問うのに十分な責任能力を備えていたとの判断に至り公判が始まった。

■医療観察法の成立

　この事件の影響は大きく，重大な犯罪行為をした精神障がい者に対し，司法的判断を加える処遇が現実のものになるのだが，従来刑法に触れる行為を行っ

▷35　2001年6月8日当時37歳の男性が，大阪教育大学教育学部付属池田小学校に包丁2本を携帯して侵入し，児童8名を殺害，児童13名及び教諭2名を負傷させ現行犯逮捕された。2003年8月28日大阪地裁は建造物侵入，殺人，殺人未遂，銃砲刀剣類所持等取締法違反等により死刑判決を言い渡し，弁護団が控訴したが，翌月に本人が控訴を取り下げ，死刑が確定した。

▷36　事件発生直後，大阪教育大学メンタルサポートチームが設立され，児童，遺族，学校教職員，保護者，救急隊員へのメンタルサポートが開始された。

▷37　「精神障害者への報道配慮を」大阪の児童殺傷事件で家族会声明（2001.6.8，6.18）
全国精神障害者家族会連合会は報道について，精神障害者への配慮や慎重さ，正確さを求める声明を出した。
　声明は，（1）事件の背景や病気の状態が明らかになっていない段階で特定の病名や通院歴，入院歴を報道すべきではない（2）法的責任能力の問題を精神障害の問題に置き換えて報道しない（3）今回の事件と触法精神障害者の処遇問題を安易に結びつけない，ことを求めている。
全国精神障害者家族会連合会「月刊ぜんかれん」2001年7月号。

▷39　1970年代には，法務省の刑事政策の一つとして保安処分（刑事裁判により言い渡される司法処分）が議論されていた。しかし，濫用の危険性や人権侵害のおそれ等の理由により，日本弁護士連合会，日本精神神経学会等の反対意見が強く，法改正には至らなかった。日本精神医学ソーシャルワーカー協会（当時）も，1974（昭和49）年5月第10回大会総会において，保安処分制度に対する反対決議を行った。

▷40　仮に医療観察法が事件前に制度化されていたとしても，当該事件を起こした男性は本制度の対象者には，該当しなかったことはおさえておきたい。

▷41　**心神喪失等の状態で重大な他害行為を行った者の医療及び観察等に関する法律（心神喪失者等医療観察法）**
→巻末キーワード

▷**社会復帰調整官**
→巻末キーワード

た精神障害者は，刑法39条[38]の規定により刑事司法の手続から外され，「精神保健福祉法」に基づく措置入院の手続がとられていた。措置入院における自傷他害のおそれは，厚生労働大臣の定める基準に則り，精神保健指定医が診断して行う。しかし，この医療上の判断にもかかわらず，現実には罪を犯した精神障害者を社会から隔離させることを精神科医療は担っていたともいえる。過去には罪を犯した精神障害者の処遇について医療の判断ではなく，国の責任において司法の判断を加えた制度の整備を求める意見も出されていた[39]。

　1999（平成11）年の精神保健福祉法改正の際に衆参委員会において政府に対し，重大な犯罪を犯した精神障害者の処遇の在り方については，幅広い観点から検討を行うべきだとする附帯決議が付された。これを受けて，法務省と厚生労働省は2001（平成13）年1月から，合同検討会を開催し「精神障害により重大な他害行為を行った者に対して，適切な医療を確保するための方策やその処遇の在り方等について」の検討が始まっていた。その途中で本事件が発生し，法整備に向けての議論が一気に加速した[40]。

　こうした動きを受けて日本で初めての司法精神医療に関する法律として「**心神喪失等の状態で重大な他害行為を行った者の医療及び観察等に関する法律**（＝以下「医療観察法」）」が，第154回国会（平成14年3月）に提出され，衆議院における修正を経て，第156回国会の平成15年7月10日に成立した（平成15年法律第110号。2003年7月16日公布，2005年7月15日施行）[41]。

　医療観察法の仕組みは，心神喪失または心神耗弱の状態で重大な他害行為を行った者（本法では対象者と呼ばれる）に対して，医療や行政ではなく，司法が処遇の決定を行い，指定された医療機関で専門的な治療を行い，医療観察処遇の終了も司法判断で行われる（図3-2参照）。法の目的は，心神喪失又は心神耗弱の状態（精神障害のために善悪の区別がつかないなど，刑事責任を問えない状態）で，重大な他害行為（殺人，放火，強盗，強姦，強制わいせつ，傷害）を行った人に対して，適切な医療を提供し，社会復帰を促進することを第1条でうたっている。さらに，第1条2項で，この法律による処遇に携わる者は，法の対象者が円滑に社会復帰をすることができるように努めなければならないとしている。その業務を担う一人に，対象者の環境調整などを行う**社会復帰調整官**がいる。

　医療観察法の近年の状況として，入院対象者は，2022（令和4）年4月1日現在，818名，病床整備状況は全国34箇所，850床（うち国関係：504床　都道府県関係346床）である。年間の検察官による申立ておよび審判の状況の概要は表3-4，5，6を参照されたい。

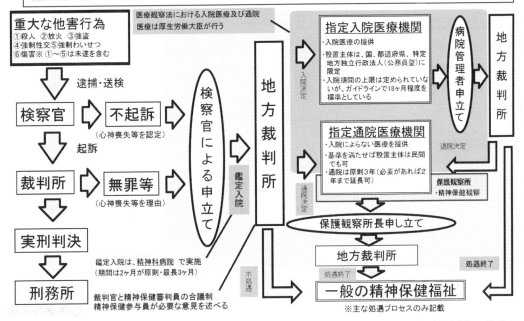

図3-2　心神喪失者等の状態で重大な他害行為を行った者の医療及び観察等に関する法律（医療観察法）の仕組み
出典：厚生労働省。

表3-4　2021（令和3）年度検察官申立人員・地方裁判所の審判の終局処理人員（対象行為別）

対象行為	検察官申立人員				終局処理人員							
			確定裁判						却下			
	総数	不起訴	無罪	全部執行猶予等	総数	入院決定	通院決定	医療を行わない旨の決定	対象行為を行ったとは認められない	心神喪失者等ではない	取下げ	申立て不適法による却下
総数	310	290	3	17	308	237	24	37	―	9	1	―
放火	90	88	―	2	92	71	10	8	―	3	―	―
強制性交等	14	13	―	1	11	6	1	2	―	2	―	―
殺人	84	73	1	10	79	59	8	11	―	―	1	―
傷害	115	109	2	4	120	95	5	16	―	4	―	―
強盗	7	7	―	―	6	6	―	―	―	―	―	―

出典：令和4年版犯罪白書。
注　1　司法統計年報並びに法務省刑事局及び最高裁判所事務総局の各資料による。
　　2　「対象行為」は，一定の刑法の罰条に規定する行為に当たるものをいう（心神喪失者等医療観察法2条1項参照）。
　　3　「放火」は，現住建造物等放火，非現住建造物等放火及び建造物等以外放火に当たる行為（ただし，予備に当たる行為を除く。）をいい，消火妨害に当たる行為を含まない。
　　4　「強制性交等」は，強制わいせつに当たる行為及び平成29年法律第72号による刑法改正前の強姦を含む。
　　5　「殺人」は，殺人予備に当たる行為を含まない。
　　6　「傷害」は，現場助勢に当たる行為を含まない。
　　7　「強盗」は，強盗及び事後強盗に当たる行為（ただし，予備に当たる行為を除く。）をいい，昏酔強盗に当たる行為を含まない。
　　8　「全部執行猶予等」は，懲役又は禁錮の実刑判決であって，執行すべき刑期がないものを含む。
　　9　複数の対象行為が認められた事件は，法定刑の最も重いものに，複数の対象行為の法定刑が同じ場合には対象行為の欄において上に掲げられているものに計上している。

表3-5　医療観察法の入院対象者の主たる疾病状況（令和4年4月1日現在）

		男性	女性	合計
F0	症状性を含む器質性精神障害	11名	2名	13名
F1	精神作用物質使用による精神および行動の障害	36名	1名	37名
F2	統合失調症，統合失調型障害および妄想性障害	491名	172名	663名
F3	気分（感情）障害	31名	13名	44名
F4	神経症性障害，ストレス関連障害および身体表現性障害	2名	2名	4名
F5	生理的障害及び身体的要因に関連した行動症候群	0名	0名	0名
F6	成人のパーソナリティおよび行動の障害	2名	0名	2名
F7	精神遅滞〔知的障害〕	4名	1名	5名
F8	心理的発達の障害	16名	3名	19名
F9	詳細不明の精神障害	2名	0名	2名

注：疾病名は指定入院医療機関による診断（主病名）
　　国際疾病分類第10改訂版（WHO作成）に基づいて分類
出典：厚生労働省HP（医療観察法医療体制整備推進室調）。
　　　https://www.mhlw.go.jp/stf/seisakunitsuite/bunya/hukushi_kaigo/shougaisha
　　　hukushi/sinsin/nyuin.html

表3-6　医療観察法の地方裁判所における審判の終局処理人員
（平成17年7月15日から令和3年12月31日までの状況）

終局処理人員総数	5,715
入院決定	3,932
通院決定	702
医療を行わない旨の決定	866
却下：対象行為を行ったとは認められない	14
却下：心神喪失者等ではない	166
取下げ	32
申立て不適法による却下	3

出典：厚生労働省（犯罪白書の各年ごとのデータを医療観察法医療
　　　体制整備推進室で集計）。
　　　https://www.mhlw.go.jp/stf/seisakunitsuite/bunya/
　　　hukushi_kaigo/shougaishahukushi/sinsin/kettei.html

■医療観察法をめぐる課題

① 法の対象者として，治療適合性のある人と対象者を限定している点

② 指定入院医療機関および病床の整備と通院医療・地域処遇の体制

③ 鑑定入院中の責任の所在

④ 不当な身体拘束に対する手続き補償

⑤ 医療観察制度の対象とはならずに刑事施設に入る精神障がい者の医療的処
　遇（医療刑務所が過剰収容状態のため治療上の限界）

⑥ 刑事施設出所後の精神障がい者の治療体制の充実とともに，刑事政策と精
　神科医療の連携

⑦ 医療観察法附則第3条「精神医療及び精神保健福祉全般の水準の向上を図
　ることが政府の責務である」の実現，などが挙げられる。

　本制度による司法の関与が終了となった医療観察法の対象者は，精神保健福
祉法による精神障害者へと制度を移行する場合が多いことが想定される。医療

観察の専門的治療の目的が社会復帰であるものの，目標とするラインは必ずしも明確にはなっていない。そのうえ，今度は精神保健福祉制度において治療が開始（再開）されることになる。

　池田小学校事件後，社会的防衛の点から急ぎ本制度がはじまったものの，前述のような課題が指摘されている。このように医療観察制度にみられる矛盾だけでなく，他害行為を起こした精神障がい者の治療や対応について，日本の精神保健医療福祉のありようともかかわって残された課題は多いといえよう。

3-2-7.　相模原事件
■相模原事件の経過とその影響

　2016年 7 月26日未明神奈川県相模原市にある障害者施設「神奈川県立津久井やまゆり園」に，かつてその施設に勤務していた元職員が侵入し，所持していた刃物で刺し，入所者19人が死亡，入所者，職員あわせて27人が負傷するという事件が発生した。

　加害者である元職員は，事件の約 5 カ月前の 2 月に緊急措置入院となったが，入院から13日目に措置症状消褪の判断により退院となった。退院後 2 回通院するも治療中断となり，その年の 7 月に事件が起こった。こうした中で「障害者は生きていてもしょうがない」「意思疎通ができない人を刺した」といった加害者の供述が報道された。

　事件の衝撃は大きく，元職員の障害者に対する偏見や優生思想，加害者の責任能力や措置入院制度，再発防止策に関する内容，その後の施設の再建等々，多くの問題が浮き彫りになった。

　政府は，このような事件を二度と起こしてはならないという立場から，直ちに「障害者施設における殺傷事件への対応に関する関係閣僚会議」を開催した。更に，事実関係の徹底した検証と，それを踏まえた再発防止策を関係省庁一丸となって検討するため，厚生労働省を中心に，内閣府，警察庁，法務省，文部科学省のほか，神奈川県，相模原市の関係自治体からも参加し「相模原市の障害者支援施設における事件の検証及び再発防止策検討チーム」を設置し，施設の防犯，容疑者に対する措置入院に係る対応，措置解除後の継続的な支援等について，その時点で把握できた事実関係をもとに検証作業を進め，事件から 3 か月後の2016年 9 月に「中間とりまとめ〜事件の検証を中心として〜」と題した報告書を公表した。そして同年12月「報告書〜再発防止策の提言〜」を公表し，「共生社会の推進」「退院後支援の強化」「社会福祉施設等における職場環境の整備」等の視点から，同様の犯罪を防止するための提言が同チームより出された。再発防止策の論点として次の 5 点が示された。

　　第 1　共生社会の推進に向けた取組
　　第 2　退院後の医療等の継続支援の実施のために必要な対応

▷42　公益社団法人日本精神保健福祉士協会は，会長名で「相模原市の障害者支援施設における事件の検証及び再発防止策検討に関する意見」を公表した（2016年10月31日）。
　また日本弁護士連合会会長は，2016年（平成28年）11月14日に報告書の中身にふれ「現行の措置入院制度の課題のみを再発防止策と結びつけている。このことは，精神障がいのみを本件事件の原因とする印象を与え，精神障がいのある人に対する差別や社会的偏見を助長しかねないだけでなく，医療や福祉に犯罪の予防という保安的側面を背負わせ，障がいのある人に対する監視を強めることになりかねない」と会長名で問題提起を行っている。

第3　措置入院中の診療内容の充実

第4　関係機関等の協力の推進

第5　社会福祉施設等における対応

　当時，精神保健福祉法改正の検討作業中であったが，上記検討チームの提案を受け，措置入院制度をめぐる項目が急遽組み込まれることとなった。その内容を反映したのが「これからの精神保健医療福祉のあり方に関する検討会報告書」2017（平成29）年2月8日付である。

　その中で，措置入院の主な見直し内容として，精神障害者支援地域協議会の設置，措置を行った自治体による退院後支援計画の策定，退院後は支援計画に基づき帰住先の保健所自治体の相談指導，転出後も自治体間での情報提供により切れ目のない支援体制の設置などがまとめられている。それを反映したものが，精神保健福祉法改正案として提出され2017年4月に衆議院で審議入りしたものの結局廃案となり，措置入院をめぐる法改正は実現しなかった。しかしその後，2018年3月障発0327第15号，厚生労働省社会・援護局障害保健福祉部長通知として「措置入院の運用に関するガイドライン」が各都道府県知事・各指定都市市長宛に発出された。ガイドラインで示されているポイントは図3-2のとおりである。

■措置入院制度の問題

　措置入院制度の課題に関しては，今回の相模原殺傷事件に至るまで先の池田小学校事件，兵庫県淡路島5人殺害事件（2015年3月発生）など，社会の安全安心と関連して加害者の措置入院をめぐって問題がつきつけられてきたが，精神保健福祉法において措置入院制度の根本的な変更がなされることはこれまでなかった。精神科医療における措置は行政処分であり，公費医療，精神科救急医療へのアクセスと手段，鑑定診断の担保といった公的な制度である。しかし相模原事件の検証のなかでも，司法と医療の責任分担の不明瞭な部分や非対称性，措置決定基準の曖昧さのほか，入院中の医療の不均質，措置解除基準の曖昧さ，退院後の支援の乏しさなど制度的諸問題の指摘がなされている。

　特に，人口に対する通報件数や措置診察不要件数の地域差（図3-3）は，通報の発出基準や措置診察の要否判断基準，そのあとに続く措置入院の要否判断基準が全国的に統一性に欠けるのではないかということになる。措置入院制度の入口部分では，警察官通報の発出基準を標準化できるかどうかが大きな課題となっていた。2018（平成30）年に出された「措置入院の運用に関するガイドライン」等が，その後の運用に際し，課題の解消となりえているのか検証は必要である。また改正精神保健福祉法のなかで，措置入院者への支援において，退院後生活環境相談員の選任が新しく義務化された（施行は2024〔令和6〕年4月）。受療と退院後のトータルな支援が一層必要とされている。なお，措置

```
┌─────────────────────────────────────────────────────────────┐
│ Ⅰ  警察官通報の受理                                            │
│ ○ 都道府県等の職員は，警察から連絡があった際，「警察官通報であること」「警察官 │
│   が対象者を発見した状況」等を確認。                             │
│   ※ 留意点として，被通報者が警察官に保護・逮捕等されていない状況での通報等 │
│     への対応も明確化                                          │
├─────────────────────────────────────────────────────────────┤
│ Ⅱ  警察官通報の受理後，事前調査と措置診察まで                   │
│ ○ 原則，職員を速やかに被通報者の現在場所に派遣し，面接を行わせ，事前調査の上 │
│   で措置診察の要否を決定。                                     │
│ ○ 事前調査に際しては可能な限り複数名の職員で実施し，専門職による対応が望まし │
│   い。                                                       │
│     措置診察の要否の判断は，都道府県等において，協議・検討の体制を確保し，組織 │
│   的に判断することが適当。                                     │
│ ○ 措置入院の運用に係る体制（特に夜間・休日）の整備が必要。       │
│ ○ 被通報者に精神障害があると疑う根拠となる具体的言動がない場合等，「措置診察 │
│   を行わない決定をすることが考えられる場合」を明確化。           │
├─────────────────────────────────────────────────────────────┤
│ Ⅲ  地域の関係者による協議の場                                 │
│ ○ 都道府県等は，自治体，精神科医療関係者，福祉関係者，障害者団体，家族会，警 │
│   察，消防機関等の地域の関係者による「協議の場」を設け，以下の事項について年に │
│   1～2回程度協議することが望ましい。                           │
│   ・ガイドラインを踏まえた警察官通報等から措置入院までの対応方針 │
│   ・困難事例への対応のあり方など運用に関する課題               │
│   ・移送の運用方法 等                                        │
│             ※「協議の場」では個人情報を取り扱わないよう厳に留意。│
└─────────────────────────────────────────────────────────────┘
```

図3-3　措置入院の運用に関するガイドラインのポイント
出典：厚生労働省HP。https://www.mhlw-houkatsucare-ikou.jp/link/guideline-involuntary_ol.pdf

制度における強制治療の側面は，精神科救急医療の担保に必ずしもなっている
わけではなく，引き続き精神科医療体制の議論が必要であろう。

■施設の再建をめぐって

　2016年9月に神奈川県は，事件後，施設に甚大な被害が及び，適切な支援が
困難であると判断し，津久井やまゆり園の再生に向けて「現在地での全面的建
替え」の方向性を示した。その後，施設の地域移行等を含め，様々な意見が出
されたことを踏まえ，2017年2月，神奈川県障害者施策審議会に，津久井やま
ゆり園再生基本構想策定に関する部会を設置し，津久井やまゆり園の再生につ
いて検討を依頼した。部会は，「意思決定支援」，「安心して安全に生活できる
場の確保」，「地域生活移行の促進」を柱とする検討結果報告書を取りまとめた。
そして，2017年8月に，神奈川県障害者施策審議会において，この部会検討結
果報告書が承認され，同日，会長から知事に提出された。県は，この部会検討
結果報告書の内容を尊重し，2017年10月に「津久井やまゆり園再生基本構想」
を公表した。この間，同じ場所での建て替えか，小規模分散か，施設入所者と
家族，施設職員，行政，多くの関係者それぞれの意見は分かれ揺れた。2021年，
現地に「津久井やまゆり園」，横浜市内に「芹が谷やまゆり園」が完成し，そ
の間仮設の施設での生活を余儀なくされていた多くの利用者の生活が再びスタ
ートした。

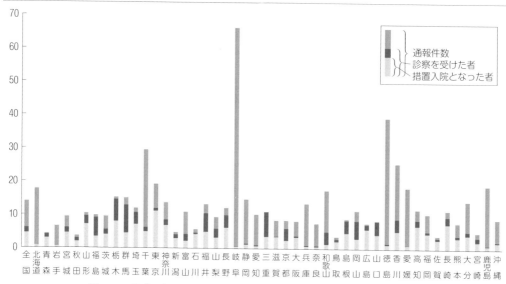

○　各都道府県における人口10万人当たりの①警察官からの通報件数，②警察官からの通報を契機とした精神保健指定医による診察数，③その後の措置入院患者数は，都道府県によって異なる。

（凡例）
通報件数
診察を受けた者
措置入院となった者

図3-4　平成26年度　都道府県別（人口10万対）警察官通報件数と対応状況

出典：厚生労働省 HP。https://www.mhlw.go.jp/file/05-Shingikai-12201000-Shakaiengokyokushougaihokenfukushibu-Kikakuka/sankou1_2.pdf

　ここまでみてきたように，本事件をとおして①障がい者施設内入所者が地域でおかれている状況，②関連してヘイトクライムと優生思想をめぐる問題，③①と②のねじれのありようと関わって措置入院制度を中心とした精神科医療，と整理が可能である。あらためて精神保健福祉に携わる人間として，障がいをもって生きることと人が生きる権利について，ひとりひとりにつきつけられている課題であることと受けとめていかなければならない。

3-3.　精神障がい者の生活と社会的障壁

3-3-1.　欠格条項

　「欠格条項」[46]とは，資格・免許，行為について欠格事由を定め，制限する条項の一部である。つまり，障がいがあることにより，法令（法律，政省令，条例等）で，資格や免許を制限するということである。例えば「○○の資格を取り消すことがある，○○の免許を与えないことがある」といった条文や，選挙，議会の膨張，公共施設の利用を規定で制限するといったことがある。

　ここでの問題のひとつは，障がいがあることや障がい者であることを欠格事由としていることである。障がい者の能力開発の視点や，障害により相対的に低下した身体や精神の機能を補完する機器や技術等により障害者の能力の向上などをめざすことなく，排除することは，障害者基本法の「障害者の自立とあらゆる社会活動への参加」という理念からも外れるものである。障害者差別解

▷46　障害者に係る欠格条項（63制度）一覧として次の資料を参照のこと。
『ノーマライゼーション：障害者の福祉』221，日本障害者リハビリテーション協会（1999）。
https://www.dinf.ne.jp/doc/japanese/prdl/jsrd/norma/n221/n221_01-03.html#D01-03

消法第一条「障害の有無によって分け隔てられることなく，相互に人格と個性を尊重し合いながら共生する社会の実現に資する」とも矛盾する。さらに，障がいを事由に活動を制限することを正当化し，「障がいがある」＝「能力がない，危険である」といった偏見を生み出し，社会的レッテルをつくりだすことにもつながりかねない。

　障害者の欠格条項について，国も障害者が社会活動に参加することを不当に阻む要因とならないよう「障害者対策に関する新長期計画」（平成 5 年 3 月障害者対策推進本部決定）の推進のため，対象となるすべての制度について見直しを行い，その結果に基づき必要と認められる措置をとるものとするとの方向性が出されたのが，1999年「障害者に係る欠格条項の見直しについて」である。以下概要を記す。

障害者に係る欠格条項の見直しについて

1999（平成11）年 8 月 9 日　内閣府障害者施策推進本部決定

　見直しに当たっては，平成10年12月，中央障害者施策推進協議会より出された「障害者に係る欠格条項の見直しについて」を踏まえ，現在の障害及び障害者に係る医学の水準，障害及び障害者の機能を補完する機器の発達等科学技術の水準，先進諸外国における制度のあり方その他の社会環境の変化を踏まえ，制度の趣旨に照らして，現在の障害者に係る欠格条項が真に必要であるか否かを再検討し，必要性の薄いものについては障害者に係る欠格条項を廃止するものとする。

　上記再検討の結果，身体又は精神の障害を理由とした欠格，制限等が真に必要と認められるものについては，次項に掲げるところにより対処するものとする。
欠格，制限等が真に必要と認められる制度については，次に掲げるところにより対処する。

　対処の方向
　i　欠格，制限等の対象の厳密な規定への改正
　　　・現在の医学・科学技術の水準を踏まえて，対象者を厳密に規定する。
　　　・本人の能力等（心身の機能を含む）の状況が業務遂行に適するか否かが判断されるべきものであるので，その判断基準を明確にする。
　ii　絶対的欠格から相対的欠格への改正
　　　・客観的な障害程度の判断，補助者，福祉用具等の補助的な手段の活用，一定の条件の付与等により，業務遂行が可能となる場合があることも考慮されるべきであり，その対応策として絶対的欠格事由を定めているものは相対的欠格事由に改めることを原則とする。
　iii　障害者を表す規定から障害者を特定しない規定への改正
　　　・欠格事由として「障害者」「○○障害を有する者」等という規定から，

▷47　欠格条項の見直しに
係る進捗状況（平成16年6
月）が，内閣府ホームペー
ジに掲載されている。63項
目中，2004年時点で措置済
みは63。
https://www8.cao.go.jp/
shougai/suishin/minaosi/
sinchoku.html
▷48　障害者の欠格条項に
関する経過と問題点は，下
記の資料を参照のこと。
臼井久実子・瀬山紀子
(2022)「増大する『心身の
故障』――2020年障害者欠
格条項調査報告」『賃金と
社会保障』1797：4-14。

　　　ア　「心身の故障のため業務に支障があると認められる者」等の規定への
　　　　改正。

　　　イ　視覚，聴覚，言語機能，運動機能，精神機能等身体又は精神の機能に
　　　　着目した規定への改正。（機能の程度について，点字，拡大器，手話
　　　　等の機能補完技術・機器の活用及び補助者の配置の可能性を考慮す
　　　　る。）

　iv　資格・免許等の回復規定の明確化
　　　・資格・免許等を取得した後に欠格事由に該当したことをもって，資格・免
　　　　許等の取消，停止等を行う規定を有する制度にあっては，当該事由が止ん
　　　　だ時の資格・免許等の回復に関する規定を整備する。

　　　2002（平成14）年「障害者等に係る欠格事由の適正化等を図るための関係法
律の整備に関する法律」が成立した。欠格条項見直しの対象となったのが63制
度であった。[47]

　　他方，成年後見制度を利用したことで，参政権や仕事を失うなど成年後見制
度にかかわる欠格条項が増加した。2019年に「成年被後見人等の権利の制限に
係る措置の適正化等を図るための関係法律の整備に関する法律」が成立し，成
年後見制度と連動した欠格条項関連において，公務員法，警備業法など約180
の法律から削除された。しかし「心身の故障」「精神の機能障害」を事由とす
る欠格条項が新設されるなど，新たに課題が指摘されている。[48]（緒方由紀）

3-3-2. 強制不妊手術（旧優生保護法）

　　旧優生保護法は，第二次世界大戦後に制定された現行憲法下において，1948
年に成立した法律である。同法第1条では，「不良な子孫の出生を防止すると
ともに，母性の生命健康を保護すること」を目的とし，優生手術（不妊手術）
及び人工妊娠中絶（以下，両手術を併せて「優生手術等」という。）について
規定していた。

　　この「不良な子孫の出生を防止するとともに，母性の生命健康を保護するこ
と」という目的にある「不良な子孫」とは何であるのかを問う必要がある。こ
れは，そもそも優生思想で問われてきたことであるが，法で「不良な子孫」と
いう語を用いる時，国家がこの人は不良であると判断する基準をもつことを意
味する。

　　その基準を設ける時，根底に流れるのが，優生思想であり，それが基礎とな
る優生政策である。この優生政策は，富国強兵政策と深く関わることを認識し
なければならない。「不良な子孫」とは，遺伝性疾患，ハンセン病，精神障が
い等を有する人をいう。この人たちは，富国強兵，つまり，国を富ませ，強い
軍隊を持つ政策にとっては不良かつ不要な存在とみなされてきた。

　その最も象徴的なものが，ナチス・ドイツである。アドルフ・ヒトラーは，ドイツ民族は精神・肉体とも遺伝的に優れていると主張し，ナチスが政権をとると，「遺伝病の子孫の出生を予防する法律」，通称「断種法」ができあがった。この法律の下で，遺伝病とされていた知的障がいや精神がいなどのある人が強制的に不妊手術を受けてきたのである。

　ただ，ここで，重視しなければならないのは，日本で，旧優生保護法ができたのは，第二次世界大戦後であり，現憲法下である。この法のもとで，厚労省の報告では1954年から1996年までの優生保護法に基づく優生手術（不妊手術）の全件数が 2 万5000件と報告されている。

　日本では，ヤミ堕胎による母性保護を目的とする議員立法として成立した旧優生保護のもとで，多くの障がい者から，第 3 条（本人の同意・医師の認定）第 4 条（医師の申請・審査会決定）により，子を産み・育てる権利が奪ってきたのである。日本弁護士連合会は，「同法は現行憲法の下にありながら『優生上の見地から不良な子孫の出生を防止する』（第 1 条）ことを目的として掲げ，障害のある人等の生存そのものを否定し，憲法第13条及び第14条第 1 項等に反する極めて非人道的かつ差別的な内容により，長年にわたり人権侵害を続けてきた」と，その違法性を指摘する。この違憲性に対して，日本弁護士連合会は，「同法は現行憲法の下にありながら，『優生上の見地から不良な子孫の出生を防止する』（第 1 条）ことを目的として掲げ，障害のある人等の生存そのものを否定し，憲法第13条及び第14条第 1 項等に反する極めて非人道的かつ差別的な内容により，長年にわたり人権侵害を続けてきた」と指摘する。

　他者と平等に生きる権利を奪われてきた障がい者が国家賠償を求めることは至極当たり前のことである。ここで重視しなければならないのは，現憲法の下で，障がいをもつことで，平等に生きる権利が奪われてきた事実である。

　今，この法を施行するにあたって医師が果たしてきた役割を検証する必要がある。優生保護法第 4 条の医師の申請による強制手術への医師は，申請者としても，都道府県の優生保護審査会のメンバーとしても関わってきた。

　仙台，東京，大阪，札幌，神戸の各地方裁判所では，旧優生保護法自体または同法に基づく不妊手術が違憲であることを認めてきた。また，2022年 2 月22日，大阪高等裁判所第 5 民事部は，旧優生保護法に基づいて実施された強制不妊手術に関する国家賠償請求訴訟の控訴審において，国に対し，被害者である控訴人らに対して賠償金の支払を命じる判決を言い渡した。

　この法では，医師が，その人が，社会にとって必要な人間であるか否かを判断させられてきた。その仕組みは，ナチス・ドイツにおいても同様であった。ドイツ全国の精神科病院施設から，精神障がい者のリストアップを課せられた

昭和23年優生保護法の制定（議員立法）
◆ 議員立法により全会一致で成立。
◆ 人口過剰問題やヤミ堕胎の増加を背景に，優生思想の下，不良な子孫を出生することを防止するとともに，母性の生命健康を保護することを目的として，優生手術（不妊手術）や人工妊娠中絶等について規定。

平成8年優生保護法を母体保護法に改正（議員立法）
◆ 障害者の権利の実現に向けた取組が進められる中，障害者を差別する優生思想を排除するため，法律名を改正するとともに，遺伝性精神疾患等を理由とする優生手術（不妊手術）及び人工妊娠中絶に関する規定を削除した。

【法の概要及び件数（昭和24年から平成8年）】
◆ 遺伝性疾患等を理由とした優生手術（不妊手術）として，本人同意の有無等に基づいて3類型を規定。
◆ 本人の同意によらないものは，都道府県に設置された「優生保護審査会」にて，審査・決定。
◆ 本法の定めによらない不妊手術は禁止。
※旧優生保護法第3条に母体保護を理由とする手術の規定があったが，これらは平成8年改正後の母体保護法においても「母体の健康を著しく害するおそれのある」場合として認められている。

本人同意不要		本人同意	
審査会決定	保護者同意審査会決定		
4条	12条	3条	
遺伝性疾患	非遺伝性疾患	遺伝性疾患等	らい疾患
14,566件	1,909件	6,967件	1,551件

約1万6,500件 　　　　　約8,500件
約2万5,000件

（優生手術の対象疾患の類型）
▶4条（医師の申請・審査会決定）
・本人の遺伝性の精神病・精神薄弱，顕著な遺伝性身体疾患等を理由とした手術。
・医師に申請義務がある。
・公益上の必要性が審査要件。
▶12条（医師の申請・保護者同意・審査会決定）
・本人の非遺伝性の精神病・精神薄弱を理由とした手術。
・本人保護の必要性が審査要件。
▶3条（本人同意・医師の認定）
・本人，配偶者の遺伝性精神病質，遺伝性身体疾患等を理由とした手術。
・四親等以内の血族の遺伝性精神病，遺伝性精神薄弱等を理由とした手術。
・らい疾患を理由とした手術。

図3-5 旧優生保護法について
出典：厚生省「旧優生保護法一時金支給法に係る経緯等」。

精神科医たちは，「安楽死」に該当する者を選び，抹殺施設へと移送された。ドイツ国内の精神科病院のうち，総計で6か所の施設にシャワールームを装ったガス室が付設され，移送された障がい者はそこで殺害された。ここでも，精神科医は，殺害する精神障がい者を選択してきたのである。　　　　（山本耕平）

3-3-3.「保健体育」の教科書

　高校学習指導要領が改訂され2022年度より，保健体育の授業で「精神疾患の予防と回復」の項目が追加された[49]。精神疾患は若い世代に発症しやすいにもかかわらず，これまで正しい知識を学ぶ機会が学校教育のなかで位置付けられてこなかったことがその背景にある。**学習指導要領**の改訂には精神科医など精神保健の専門家も携わり，学校現場での実践と研究といったそれぞれの観点から議論，検討が行われた。

　新学習指導要領に示された精神疾患に関する項目では，うつ病，統合失調症，不安症，摂食障害について，具体名を挙げて理解できるように指導すること。また，不調の早期発見と支援の重要性，回復可能性，専門家への相談や早期の治療などを受けやすい社会環境を整えることが重要であることを理解できるよ

▷49 文部科学省『高等学校学習指導要領（平成30年告示）解説 保健体育編』平成30年7月，197-200。
▷学習指導要領
→巻末キーワード

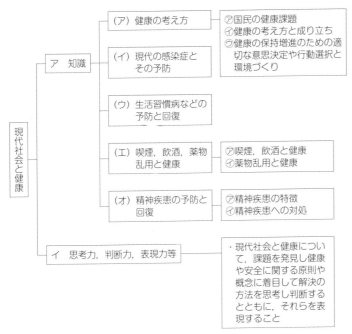

図3-6　保健体育　保健　（1）現代社会と健康　内容
出典：文部科学省『高等学校学習指導要領（平成30年告示）解説　保健体育編』平成30年7月，200。

う求めている。

　教科書に精神疾患の症状や対処が記載されるのは約40年ぶりであり，吉岡，中根は，1950年以降の中学，高校の保健体育の教科書における統合失調症を中心とした記載について調査を行っている。時代にみる病気の説明や症状の記載として，「精神病が周囲に理解できないような言動が見られる」等の記載は，精神疾患に関する社会の理解と受け止めとも重なっていたものと思われる。

　今回の改訂を機に，メンタルヘルスリテラシーの獲得といった側面からも，正しい知識を獲得し，適切な理解と態度を身につけ，行動していくことを学校教育において展開することが期待されている。そのためには，教育現場で広く活用できる教材や教授法についても，地域精神保健医療との連携や学校へのバックアップ体制のなかで開発していくことが求められる。そして，今回新規項目である「精神疾患の予防と回復」との関連において，精神の不調は，身近に起こることでもあり，さらには自分のこととして関心をもつことができるようなコンテンツも必要である。そして，従来の学校保健の枠にとどまらず，自身が気軽に相談ができる場所があること。そうした場所は「誰に何を相談してよいのかわからない」状態から，援助希求を促進させること，さらに社会の中で援助行動要請の介入の仕組みをつくるうえでも重要な場所となる。

（緒方由紀）

表3−7　小学校・中学校・高等学校と系統的に行う心の健康に関する教育内容―新学習指導要領の記述（2020年度より順次施行）

心の健康 （小学校）	（ア）心の発達	・年齢に伴う発達
	（イ）心と体の密接な関係	・心と体は深く影響し合っていること
	（ウ）不安や悩みへの対処	・自己に合った方法による適切な対処
心身の機能の 発達と心の健康 （中学校）	（ウ）精神機能の発達と自己形成	・生活経験などの影響を受けて発達する精神機能 ・自己の認識の深まりと自己形成
	（エ）欲求やストレスへの対処と 心の健康	・精神と身体の相互作用 ・欲求やストレスの心身への影響と適切な対処 ・ストレスへの対処の方法
現代社会と健康 （高等学校）	（オ）精神疾患の予防と回復	㋐精神疾患の特徴 ㋑精神疾患への対処

出典：小塩靖崇（2022）「高校における精神疾患授業のあり方――日本学校保健会による精神疾患に関する指導参考資料の紹介」『精神医学』64(9)：1212。

図3−7
出典：『朝日新聞』（2022年5月17日朝刊）。

3-3-4. 古典的差別・偏見から現代的差別・偏見へ

　偏見や差別の問題は，どの時代においてもあらゆる社会の中で存在する。グローバル社会において，従来の価値観に縛られることなく一人ひとりの多様性を認めあうことが大事であるとされている。しかし実際には社会的孤立状態にある人や，人間関係の中で抑圧され生きづらさを抱えている人も少なくない。

　2015年国連で採択された「持続可能な開発のための2030アジェンダ」において，SDGsの理念として「誰一人取り残さない：no one will be left behind」と明記されている。誰一人取り残さないために，「すべての国，すべての人々および社会のすべての部分で満たされること，そしてすべての国とステークホルダーは，最も遅れているところに第一に手を伸ばすべく努力する」とあるように，個人，集団組織等に社会的な責務として求められているのは，身近なと

▷53　池上知子（2014）「展望　差別・偏見研究の変遷と新たな展開――悲観論から楽観論へ」『教育心理学年報』53：133-146。

▷54　SDGs（Sustainable Development Goals，持続可能な開発目標）

ころにある偏見や差別に気づいていくことである。

　もちろん「差別をしてはいけない」ということを多くの人は学習し知っている。また「自分は差別をしていない」と言う場合であっても気づかずに他者の人権を侵していることもありえる。差別とは，ヘイトスピーチのように特定の集団や個人に対して攻撃をしたり，SNSで嫌悪を表現したりすることだけではない。差別，偏見，ステレオタイプの概念を下記に簡潔に整理した。[55]

差別 discrimination	偏見 prejudice	ステレオタイプ stereotype
集団間関係の文脈において用いられる概念。特定の集団やその構成員に対し公正さを欠く不当な扱いをすること。	対象に対する否定態度を指し，対象集団に関する否定的内容の信念や感情，行為意図を含む。誤った知識や過度の一般化によってもたらされる悪感情。	偏見の認知基盤をなすもの。特定の社会集団に対して抱かれる集約的イメージ。

▷55　社会心理学における池上の整理による。池上知子（2014）「展望　差別・偏見研究の変遷と新たな展開——悲観論から楽観論へ」『教育心理学年報』53：134。

■アンコンシャス・バイアス

　無自覚，無意識の偏見としてアンコンシャス・バイアスという概念がある。これは心理学の概念である「認知バイアス」の一つで，無意識の偏見や思い込みから偏った見方をしてしまうことである。「無意識バイアス」「潜在的ステレオタイプ」とも呼ばれている。「無意識」それ自体によいとかわるいと判断できるものではないが，アンコンシャス・バイアスに起因する発言や行動は，第三者に不快な感情を与えたり，傷つけたりすることが起こりえる。また，自分自身や相手の可能性やキャリアを狭めたりゆがめたりすることもあり，企業など組織イメージを損ねる可能性もあり，リスクマネジメント上の課題ともなっている。[56]

　アンコンシャス・バイアスについての理解においては，他者や他の集団に対する不適切な思い込みがハラスメントや差別の温床となることに広く自覚していくことが必要であろう。行為者本人が気づいていないがゆえに，事態が容易に改善されないことを言い換えているからである。

▷56　内閣府男女共同参画局では，令和3年度，4年度に「性別による無意識の思い込み（アンコンシャス・バイアス）に関する調査」を実施し結果の公表，チェックリストや動画による啓発活動を行っている。

■古典的差別・偏見と現代的差別・偏見

　古典的差別とは，歴史的にみれば「あからさまな偏見」であり，例えば，ある集団の成員に対する民族性や性別など生物学的属性に基づき侮蔑や嫌悪を表明することである。それに対し，現代的偏見と呼ばれ社会的属性に関するものがある。その原因となる属性が個人の生活習慣や個人の選択によるもので，制御可能であることから制御可能型偏見と呼ばれることもあり，例えば，物質依存，性的マイノリティなどがその対象となる。

　しかし現代的偏見・差別は「とらえにくい偏見」でもあり，あからさまな嫌悪の表出ではなく，ある集団に対する偏見や差別が存在することを否定し，その集団の成員を保護する必要はないとの信念をもつ。マイノリティの集団に対

▷57 バックラッシュとは,
英語で反動, 揺り戻しを意
味する。社会学では, 社会
的マイノリティに対する平
等の推進や地位向上などに
反発する行為等を指す。

し人権に配慮されているのに, 困窮状況を過剰に差別のせいに優遇されている
といったバックラッシュ[57]により責めるといったことも一例である。他には, 差
別が起こっていることに関わらないというタイプの差別で, aversive racism
(暗黙的差別, 回避的差別) と呼ばれるものも存在する。

■差別・偏見への挑戦

　差別・偏見への対応は必要であるものの, そもそもステレオタイプとして刷
り込まれている意識や感情に関して, 抑制したり変容させたりすることにおの
ずと限界がある。それでも, これまで偏見や差別の解消のためには個人と個人
の交流が効果的であると言われてきた。最近心理学の分野では, 相手の集団所
属性を意識しつつ接触した方が効果的であると集団間友情 (cross-group friend-
ship) と呼ばれる交流, さらに直接的な接触ではなく, 間接的な接触の効用に
ついて, 注目されている。その一つが拡張接触 (extended contact) であり, 自
分の所属する集団 (内集団) のメンバーの中に, 他の集団 (外集団) のメンバー
と親しい関係にある者がいることを単に知るだけで, その外集団に対する態
度が好意的になるというものである[58]

▷58 池上知子 (2014)
「展望 差別・偏見研究の
変遷と新たな展開──悲観
論から楽観論へ」『教育心
理学年報』53：140-141。

　このように, 人が人を理解するための阻害要因と促進要因を学際的研究から
かつ社会実装的に明らかにしていくことは今後望まれる点であろう。
　また, 差別や偏見に対して, 人として誰もがあたりまえの権利を有している
といった視点に立ち, 「公正」の実現のために社会的に関わるという姿勢が,
ともすれば, 弱い人へのサポートといった「保護的ケア」にすり替わってしま
うことがある。それは, 十分な人権の尊重にはなっていないことに自覚的であ
りたい。
(緒方由紀)

3-3-5. コンフリクトの種類とレベル (ミクロ・メゾ・マクロ)

　コンフリクトとは, 自分および自分以外のものと対峙し, 意見が一致しない,
同意できない場合など対立, 葛藤, 摩擦, 紛争と表現されるように一種の緊張
状態にあることと, それを当事者が知覚している状態である。
　社会心理学者のK・レヴィン (Kurt Lewin) は, コンフリクトの状態とは,
対象に接近したいという欲求 (接近欲求) と, 対象から逃れたいという欲求
(回避欲求) の場合が存在すると仮定し, 接近と回避欲求による3種類のコン
フリクトを例示している。
　　「接近─接近」コンフリクトの中身は, 接近したいという対象が同時に複
　　　数存在するが, そのなかから選ぶことができないという状態。
　　「回避─回避」コンフリクトの中身は, 近づきたくないあるいは回避した
　　　い対象に挟まれた状態。
　　「接近─回避」コンフリクトの中身は一つの対象は接近したいが, 同時に

回避の欲求も引きおこしている状態。

コンフリクトは個人内の対立葛藤状態レベルのものから，対人間で生じるもの，集団間で生じる対立，さらに紛争にまで発展するマクロなレベルのものも存在する。コンフリクトを取扱う分野は，政治学，社会学，工学，経営学などと幅広い。[59]

松尾らの整理によると，集団内のコンフリクトには次のようにまとめられる。[60]

① 対人コンフリクト（感情的コンフリクト）：メンバー間の感情的不一致（怒り，苛立ち，敵意）

② プロセスコンフリクト：仕事を遂行する方法をめぐる不一致（役割，責任，資源配分）

③ タスクコンフリクト（認知的コンフリクト）：課題に対する考え方，見方，意見の不一致

コンフリクトが生じている状態において，それ自体を拒否するというよりは，リスクコミュニケーション（個人とグループ，組織の間で情報や意見を交換する相互作用のプロセス）の手法により，物事を前進させていくことと，関係づくりのきっかけとすることに発想を転換させていくことが可能である。社会心理学者のR・リッカート，J・G・リッカートは，コンフリクトからみた社会システムを4段階に想定し，それぞれの段階ごとの社会のありようを検証している。成熟した社会では，コンフリクトが合意形成にいたった後も，協力関係のもとでさらなる努力がなされることを紹介している。[61]

地域社会には様々な問題が存在し，独自の地域課題に対する解決のプロセスの一部としてコンフリクトの解消を挙げることができる。さらに地域には様々な利害関係者が存在する。そうしたマルチステークホルダーとなる人たちの対話の場をどうつくりだすかも同時に問われている。

次節では地域における施設コンフリクトの実際を取り上げる。

（緒方由紀）

3-3-6. 人権侵害としての施設コンフリクト

施設コンフリクトは，社会福祉施設の新設などにあたり，地域社会の強力な反対運動で，その計画が頓挫したり，地域の反対を受け入れるために計画に大きな譲歩を余儀なくされたりする施設と地域の間に生じる葛藤状態を意味する。

各地で起ってきた施設の建設に対して激しい反対運動は，一つは，社会福祉施設の増設は必要であり賛成するが，精神障がい者が地域で暮らし働くことは必要であろうかといった意見から生じるものがある。大阪市立（現在は公立）大学の野村恭代が，全国精神障害者地域生活支援協議会（東京都杉並区）に加入している施設や事業所を対象に実施した調査では，施設と地域とのコンフリクトを，聞き取ったものとして「家の周囲に柵を設置してくれ」「入所者の[62]

▷59　そのほか，古川孝順・庄司洋子・三本松政之編（1993）『社会福祉施設——地域社会コンフリクト』誠信書房。
野村恭代（2018）『施設コンフリクト——対立から合意形成へのマネジメント』幻冬舎。
▷60　松尾睦（2003）『内部競争のマネジメント』白桃書房，63。
▷61　R・リッカート／J・G・リッカート，三隅二不二監訳（1988）『コンフリクトの行動科学——対立管理の新しいアプローチ』ダイヤモンド社。
▷62　野村泰代・米田亜希・小島一哉・生田英輔（2021）「社会福祉施設へのコンフリクトの実態」『都市防災研究論文集』8。

▷63　日本学術会議精神障害者と共生特別委員会（2003）「精神障害者との共生特別委員会報告書」『精神障がい者との共生社会の構築を目指して』。

名簿を毎月提出してくれ」との要望や施設に水道を通してもらえない，地域住民が反対署名に回っていた等々を報告している。この研究は，精神障がい者が，病院から退院し，地域で暮し，働くことを保障するためには，当事者が働き，暮らす場を充実させる必要があるが，精神障がい者は，危険な存在であるとの無理解や偏見は歴然として残っていることこと示している。

その調査では，苦情や反対の理由（複数回答）として，「利用者への危険視や不安」が13件ともっとも多く，「治安上の不安」（6件），「説明などの手続きが不十分」（4件），「住環境の悪化」「不動産価値が下がる」「事前了解をとっていない」（いずれも3件）と続いている。

日本学術会議は，「精神障害者については，『ノーマライゼーション』は必ずしも十分には実現しているとは言えない。身体障害者や知的障害者の場合とは違って，社会はある種の無理解と偏見に基づき差別的な対応を示しているというのが厳然たる事実である」と，精神障がい者との共生社会特別委員会の審議結果を報告している[63]。

ここで指摘する「ある種の無理解と偏見」は，まさに，精神障がいとはどのようなものであるのかを知ることが損なわれている，あるいは不足しているが故に生じるものである。その無理解と偏見こそが，精神障がい者の危険視や不安の要因となっている。

それには，啓発とともに，共生が可能となる地域そのものを創り出す事業支援が必要となる。今，精神障がい者支援は，精神障がい者を対象とする就労自立や居住支援を中心とする支援が重点を占めており，地域そのものを創り上げる支援は，まだ十分ではない。地域ネットワークの充実はもちろんのことながら，精神障がい者と地域住民が共生できる地域社会そのものを創り上げることを目指さなければならない。

第二に，病院から地域へと精神障がい者の支援の場が大きく変わりつつある今，重度精神障がい者や犯罪性のある精神障がい者を含めた当事者支援を確実に行える地域支援体制を創り上げる必要がある。この地域支援体制が整うならば，地域住民も精神障がい者と共に地域生活を送ることに不安を抱くことがなくなろう。

長く続いてきた病院への隔離収容の生活は，精神障害者から思想・表現の自由などの自由権，個人が同等に取り扱われる平等権，健康で文化的な生活が出来る生存権などの社会権，国政や自治体の選挙に参加できる参政権，賠償を請求権などの基本的人権等に深刻な制限を生じさせ，精神障害者を地域から排除してきた。

隔離収容がひとつの要因となり「特異な人々」としてのスティグマを，より強固なものとしたのが「社会的入院」である。精神障害のある人や家族に向け

られたスティグマは，精神科医療及び保健・「福祉」の意図的な隔離政策が基礎となり生み出されたものである。強固なスティグマは，支援抑制を植えつけ，彼らをパワーレスな状況においてきた。隔離政策の対象となってきたハンセン氏病やHIV等においても同様の状況が存在する。

　地域生活は，誰にとってもストレスの多いものである。精神障害者にとっては特に再燃の可能性を高めるストレスがあらゆる生活の場面に散在している。精神障害者のケアマネジメントを行う際に，24時間365日，いつ起こるかわからない危機状態に誰がどう対応するのかが計画化されなければならない。

　この危機介入との関わりで，従来介護者の旅行等の都合で精神障害を持つ人を一定期間引き受ける機能しかなかったショートステイについて，当事者が入院せずに一時期家族と離れて過ごす場所として活用する等，濃厚な医療を代替する機能がショートステイ施設に必要とされる事態も生じる。しかし，現行のショートステイ施設にはそのような機能や人の配置がない。いま，地域住民も当事者も安心できる為には，医療的機能を持たせないまでも，危機回避の場としてショートステイ施設を整備しなければならない。

　そうした場の整備が，精神障がい者が安心して地域生活を送ることを可能とするとともに，地域住民に安心を保障することになる。

　精神障がい者の人権を守り，施設コンフリクトを解決するのは，精神障がい者も地域住民も安心できる場や制度，資源を創り上げることなしに実現できない。

（山本耕平）

3-3-7．アルコール・薬物問題の取締法と刑罰の優先

　アルコール依存症は飲酒のコントロール障害，薬物依存症は薬物摂取のコントロール障害があり，結果として，失職等による経済的問題や酩酊時の事件・事故による社会的問題を引き起こすことが少なくない。彼らは，何度もやめようと決心する。しかし，上手くいかない。

　1988（昭和63）年，国連は，「麻薬及び向精神薬の不正取引の防止に関する国際連合条約」を採択し，日本を含むほとんどの国が批准している。2016（平成28）年，国連麻薬特別総会は，「本来，健康と福祉の向上のための薬物規制が，薬物使用者を孤立化させ，偏見を強化している。収監されている薬物使用者の治療へのアクセスを促進すべき」との声明を採択した[64]。社会から薬物を排除するという取り決めが，薬物使用者への厳罰化政策を促進し，結果として薬物依存症者を社会から排除していった[65]。実は「困った人は，困っている人」なのだ。

（1）日本の状況

　日本はどうなのか。2007（平成19）年，道路交通法が改正され，飲酒運転が

▷64　国連麻薬特別総会決議文
https://documents-dds-ny.un.org/doc/UNDOC/GEN/N16/110/24/PDF/N1611024.pdf?OpenElement
▷65　社会的排除と社会的包摂
社会的排除は英訳するとsocial exclusionであり，ソーシャルワークの志向するsocial inclusion（社会的包摂）社会の対極にある社会像を意味する。

表3-8　年度別覚醒剤取締法違反出所者数及び2年以内再入者数

	2014年度	2015年度	2016年度	2017年度	2018年度
出所受刑者数	6,456	6,184	6,144	6,134	5,982
2年以内再入者数	1,338 (20.7)	1,187 (19.2)	1,149 (18.7)	1,061 (17.3)	957 (16.0)

（　）内数値は，出所受刑者数に占める2年以内再入社数の割合
出典：法務省「再犯防止推進白書」（2020年）より抜粋。

▷66　飲酒死亡事故件数
数字は，警察庁ホームペー
ジ
https://www.npa.go.jp/
bureau/traffic/insyu/
img/01sibouzikosuii.pdf

▷67　アルコール依存回復
プログラム
山形刑務所，前橋刑務所，
市原刑務所，府中刑務所，
福井刑務所，京都刑務所，
加古川刑務所，松山刑務所，
沖縄刑務所を実施指定庁に
指定している。1単元60-
90分，12単元で構成し，期
間は概ね6か月である。

▷68　前澤幸喜（2010）
「刑事施設における飲酒運
転対策について」『日本ア
ルコール関連問題学会雑
誌』19-21。

▷69　松本俊彦（2019）
「ハーム・リダクションの
理念とわが国における可能
性と課題」『精神神経学雑
誌』121（12）：914-925。

▷70　薬物法
薬物使用の罪で，3年以下
の懲役または禁固を言い渡
す場合，刑の一部執行が猶
予出来る。猶予期間中は，
保護観察に付され，「薬物
乱用防止プログラム」の受
講と簡易薬物検出検査を受
けることとなっている。こ
の検査は，取締りを目的と
したものではなく，受刑者
の自主的な努力を支持する
ことを目的としている。

厳罰化された。法施行年に434件であった飲酒死亡事故は，2022（令和4）年に，120件へと激減した。[66] 飲酒運転事犯者には，厳罰化だけでなく，断酒の教育や治療を必要とする者も少なからず存在する。2005（平成17）年に監獄法から改正された「刑事施設及び受刑者の処遇等に関する法律」では，受刑者に対する改善指導が新たに創設された。法第103条では，その対象を「麻薬，覚せい剤その他の薬物に対する依存があること」と規定している。

2016（平成28）年以降，刑事施設は，法務省により標準化された「アルコール依存回復プログラム[67]」の運用を開始している。この取り組みの効果は，公に報告されていない。前澤は，すでにアルコール依存症のレベルにあると思われる者については，再犯防止ではなく，アルコール依存の問題に焦点化した指導の必要性があると指摘している。[68]

覚醒剤は，覚醒剤取締法により，使用の禁止（第19条）だけでなく，所持（第14条の1）しているだけでも，10年以下の懲役の対象となる。合法薬物であるアルコールと違う。表3-8のとおり，覚醒剤取締法違反の再犯率は，極めて高い。覚醒剤検挙者の刑務所再入所率の高さから，松本は，「刑事司法手続きが覚醒剤使用者の再犯防止には役立っていない可能性，それどころかかえって回復を阻害している可能性すら疑わせる」と述べている。[69] 2013（平成25）年，「薬物使用等の罪を犯した者に対する刑の一部の執行猶予に関する制度（以下，薬物法[70]）」が成立し，2016（平成28）年から「刑の一部執行猶予制度」が始まる。薬物法は，懲役刑や禁固刑の期間の一部を猶予し，猶予期間中に薬物再乱用防止プログラムへ参加することで，地域生活のなかで薬物を使用しない暮らしの実現を図ることを目的としている。このプログラムは，コアプログラムとステップアッププログラムから構成され，前者は，薬物依存症に関する正しい知識を学び，後者はそのことを実践し振り返る内容となっている。また，再犯防止白書によると，保護観察の期間中，ダルク等の民間施設や精神保健福祉センター等との連携事例の報告もあり，司法と関連する精神保健福祉機関の連携が作られつつある。

(2)　諸外国における薬物依存症対策

覚醒剤を所持，及び使用していた場合，日本は刑事司法制度の枠内で対応するが，諸外国の刑事司法制度は，治療を奨励するために，保健・社会サービス

と密接に連携している。ここでは，刑事罰の具体的な代替え手段であるドラッグコートと起訴の停止等について説明する。

① ドラッグコート

　ドラッグコート⁴⁷¹とは，薬物事犯を特別に扱う裁判所のことである。ドラッグコートには，2つのタイプがある。一つは，被告人が有罪（判決）を認めることを前提とし，プログラムが提供された後，刑の執行を猶予，あるいは中断し，手続が完了すると刑の免除や減刑がなされる。もう一つは，有罪判決を受ける前に，ドラッグコートに参加する人々へプログラムが提供され，そのプログラムを完了できない場合のみ起訴される。

② 起訴の停止等

　検察官は，被告人が治療に応じることを条件に訴訟を中断することが出来る。この場合，公判審理が進行しない。この条件を遵守する期間は，国によって異なり 6 か月以下から 3 年以上までである。また，条件には，医学的・心理学的治療や特別な治療プログラムへの参加が含まれる。被告人が定められた条件を遵守することにより起訴は棄却されるが，条件に違反した場合，元の犯罪で起訴される可能性がある。

　このように，薬物依存症者を罰せられる存在ではなく，健康面の課題を抱える人と捉え，治療と社会参加の統合ケアが構築されている。　　　（塩満　卓）

3-3-8.　自己責任論と受療への障壁

　自己責任論とは，努力した者はその結果として裕福になり，努力しなかった者はその結果として貧困に陥るという考え方である。この考え方では，貧困や病気は，自己責任であるとみなされる。

　そもそも，精神科疾患の発症は，自己に責任があり生じるものではない。精神疾患と濃厚な関係にある自殺と社会との関わりをみよう。

　自殺率の長期推移をみると1997（平成 9）年に極端に自殺率が高くなっている。これは，失業率と深く関係している。高度経済成長が終結し，1980年後半より，日本の社会は不安定な新自由主義社会になっていった。1998年には，景気が一層厳しさを増す中で，雇用失業情勢も更に厳しさを増し，3 月には完全失業率が3.9％と既往最高となった。

　こうした社会情勢と自殺率の高まりが無関係ではない。さらに，この自殺と深い関係にあるのが，うつ病である。自殺に至る前に，死を考え，何回も死のうする段階がある。その死を考え，死のうとすることは，うつ病の診断基準の一つでもある。「死にたい」と思う気持ちが大きくなった時，イライラ感が強くなり，時には自分自身の身辺整理をするようなこともある。うつ病は，高い

▷71　世界初のドラッグコートは，1989年にアメリカのフロリダ州で始まり，現在では多くの国々で実施されている。ドラッグコートを詳述すると，裁判手続［（起訴（裁判前）→裁判（判決）→自由刑（懲役刑・禁固刑）］の中に薬物依存症の治療及び支援サービスを取り入れることの適否を判断する特別な裁判所のことである。

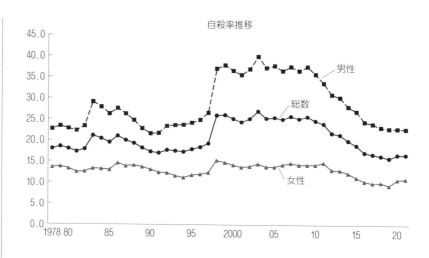

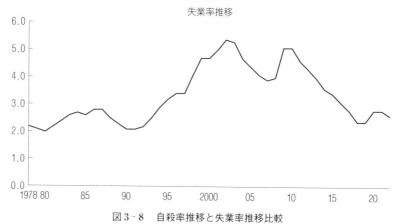

図3-8　自殺率推移と失業率推移比較
出典：令和4年版自殺対策白書。

　ストレスが積み重なっている状態で引き起こされる。

　それは，人間関係の悪化やなんらかの人生上の躓き，仕事疲れなどが持続している状態でも生じる。こうした状態は，自己の責任で生じるのではない。今日の競争社会のなかでは，学業や仕事での他者との競争が余儀なくされることがある。その競争のなかで，他者に負けると「結果が出ないのは自分の頑張りが足りないからだ」「自分が甘えているから成績が伸びないのだ」「あの人に負けるのは，自分に責任があるのだ」と，自己に責任を課すことが多くなる。

　とっても生きていくのが苦しくなった時，専門家は，精神科を受診し，自分の思いを吐き出すことが，なにより必要であると考えよう。しかし，当事者は，自分の弱さを他者に告げることになると考え，どうしても受診を拒否しがちになる。さらに，周囲の人が，落ち込んでいるのをみた時，誰もが，励ますのが必要と考え，一度は，「もっと気持ちをしっかりもちなさい」や「気持ちの問題だから」声掛けをした体験があるのではなかろうか。ただ，そうした声掛けは，本人をより窮地に陥れる。

　今，なによりも必要なのは，私たちの社会は，自己責任を追及するのが得意

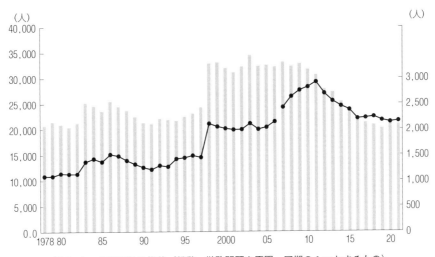

図 3‑9　自殺者数の推移（総数，勤務問題を原因・同期の 1 つとするもの）
出典：令和 4 年版　過労死等防止対策白書。

な社会であり，社会の責任を追及するのが苦手あるいは拒絶する社会であることを認識し，個々人の生きづらさを克服するために必要な社会的な手立てを創り出すことが必要である。

　その為には，精神疾患に対する正しい認識が必要である。最も重要な正しい理解は「精神疾患は誰でもなりうる病気である」という理解である。もし，本人にいつもと違う様子がある時，家族が，本人と話し，一刻も早く受診できるようにしなければならない。

　さらに，自己責任を追及する職場の課題も，受療の障壁となっている。今日，精神障がい故の労災申請が増えているが，図 3‑9 をみると，2007（平成19）年以降，自殺者のなかでも勤務問題を原因とした者の増加が著しく，職場の環境が悪く，過重労働になっていることやハラスメントを指摘することができる。こうした場合，必然的に心の危機が生じるが，そうした職場では，当事者の苦しさを受け止め適切な支援を行うのではなく，本人の頑張り不足にその原因を求めることがある。

　職場で，信頼関係がない時には，安心して相談することができずに，懸命に自分のことを護ろうとし，より危機状態に陥り，精神疾患を発症させることがある。しかし，働きづらい職場で同僚や上司とのコミュニケーションに緊張ある時，自身から受療や休暇を申し出づらく受療が遅くなる。

　こうした自己責任は，家族を襲を襲った時，「自分の子育てが悪く，感じやすい子に育ててしまった」「精神科に行かなければならなくなってしまったのは，自分の所為だ」と，家族が，自分の子育てや家族関係を悔い，なんとか自分の力でなんとかならないかと苦闘し，ストレスを高める。この苦闘やストレスが，早期の受診の障壁となるのである。　　　　　　　　　　　（山本耕平）

参考文献

小俣和一郎（2000）『精神病院の起源近代篇』太田出版.

小俣和一郎（2002）『近代精神医学の成立――鎖開放からナチズムへ』人文書院.

小俣和一郎（2020）『精神医学の近現代史――歴史の潮流を読み解く』誠信書房.

岡田靖雄（1972）『差別の論理――魔女裁判から保安処分へ』勁草書房.

E・クレペリン，岡不二太郎訳編（2000）『精神医学百年史――人文史への寄与　改訂第2版』創造出版.

マックスウエル・ジョーンズ，鈴木純一訳（1976）『社会精神医学の臨床――治療共同体を超えて』岩崎学術出版社.

新福尚隆・浅井邦彦編（2002）『改訂世界の精神保健医療――現状理解と今後の展望』へるす出版.

仙波恒雄監訳，高橋光彦翻訳（1980）『アメリカの精神医療』星和書店．(The Group for the Advancement of Psychiatry（1978） *The Chronic Mental Patient in the Community*.)

中井久夫（1999）『西欧精神医学背景史』みすず書房.

松原三郎・佐々木一編（2010）『専門医のための精神科臨床リュミエール　22　世界における精神科医療改革』中山書店.

森島恒雄（1970）『魔女狩り』岩波新書.

コラム ③

地域コンフリクトのなかで

山本哲士

社会福祉法人一麦会（麦の郷）　事務局次長　ソーシャル　ファーム　ピネル管理者

今から約25年前，麦の郷のグループホーム開設時に地域からの反対運動があった。この反対運動は，毎年，地域自治会とともに，「夏祭り」と「花見交流会」を共催で行い，自治会活動に積極的に参加する地域との様々な関係作りを行う契機となった。自治会では役員を担い，年1回の溝掃除では，軽ダンプでヘドロを回収する等々の実践を通して地域の中に入り込んでいった。

地域の人にとっては，よそ者である私たちに警戒心を持つことは当然の感情ともいえる。地域との交流や自治会での活動は，障害をもつメンバーが，偏見の眼差しの下におかれることを克服する実践となってきた。その実践の継続は，少しずつ潮目を変えていった。

そのなかでは，地域に住む障害者で麦の郷に係っていない人のことが，地域の民生委員等から相談を受け新たな支援が開始されたり，地域でおこる障がい者に係るなんらかの苦情の調整を行い，地域住民と私たちの間に「お互い様」の関係が生まれてきた。

地域の抱えている課題に，麦の郷スタッフが，民生委員や地域住民と共に向き合い，地域住民の高齢化に対して，地域から提供された民家を改築して居場所づくりを行う等の新たな資源づくりを進めてきた。とはいえ，障害をもつメンバーが，地域で「迷惑」をかけてしまうことも皆無ではなかった。その時，今までの激しい攻撃が，事情を説明し理解へとなってきた。この関係性も新たな資源である。

ただ，約10年前，同じ地域に新しいグループホームを建設しようとした際，反対運動が起きた。「まだあかんのか！」と，ショックを受けたが，私と一緒に地域を耕してきた同僚が，丁寧に地域1軒1軒を回ったり，住民と飲みに行き関係づくりを行い，反対をしていた住民の理解を得てきた。もちろん，偏見・差別が無くなったわけではない。根が深い問題であり，マニュアルもなく，地域によっても関わり方は異なる。さらに，地域を耕す

ことは，事業所として行政から指摘される課題でもない。しかし，この活動がもたらす効果は，障害をもつメンバーだけではなく，地域住民にも及ぶ。地域の空気を変える実践は，一人では何もできず，根気強く泥臭く行うものであり，共に実践する仲間が必要である。福祉は，「人」が創り出し，「人」が発展させるものである。

ひきこもり当事者と事件

山本耕平

佛教大学　本書の編著者

　筆者が，保健所で勤務していた頃，社会を揺るがす大きな事件が起こった。それは，2000年に発覚した新潟女児監禁事件である。9年間にわたり女児を監禁していた本人がひきこもり当事者であったことから，ひきこもり＝危険な存在であるといった偏見が社会を襲った。それは，精神保健福祉法第34条（移送制度）を定める促進要因になった。

　ひきこもり当事者は，社会で生じる事件がひきこもりと関わり論じられる度に，自らに向けられる社会の厳しい批判的な目を感じ，自らを否定する。ひきこもりと重大な事件が直接的な関係をもつことを証明するなんらのデータは存在しない。にもかかわらず，ひきこもり当事者と事件を関わらせ論じる社会の動きがある。そのなかで生じるのは，当事者を社会から排除する動きである。「ひきこもりは，社会の害毒である」とでも言うかのような動きがそこにある。

　数年前，あるひきこもり当事者は，警察の訪問を受けた。それは，彼の家の近くで，凶器を持ち，若い女性を追いかける事件が生じたことがきっかけだった。その事件が起きる数年前から，インターネットでナイフを購入している彼の姿をみていた両親は，その事件と彼の姿を関わらせ過度に心配し警察に相談し，その訪問となった。もちろん，彼は，その事件とは無関係であった。彼は，その後，自分を信じられない親の存在を否定するようになった。

　別の当事者は，夜遅く人の目がない時，散歩に出ることができるようになってきた。彼は，誰もいない夜の公園で，一人の時間を過ごしていた。その時，夜間の警ら中の警察官に職務質問を受けた。もちろん，彼は，警察官の質問にハキハキと答えられなかった。疑問をもった警察官は，彼が示す自宅まで彼と同行し，家族から状況を聞き，家族に注意を与えた。ようやく外に出ることに興味をもった彼からその興味が失せた。

　なんらかの「事件」が生じた時，それがセンセーショナルに報道され，こうした「取り締まり」が強化される感がしてならない。彼や彼女たちは，懸命に自身の人生と向き合っている。私たち，精神保健福祉士（精神保健福祉ソーシャルワーカー）は，専門職として，ひきこもり当事者が，社会の諸矛盾と向き合う力を獲得する支援を行う。その一つに，ひきこもりに対する偏見や差別と向き合い，当事者が，その力を獲得できうる社会を築き上げる仕事がある。今，その社会は，ひきこもりの責任が社会にあることを認めようとしない。ひきこもりの責任を当事者や家族に求め，ひきこもりを克服する条件整備を行わないなかで，社会はやせ細っていく。

コラム ⑤

依存症者のソーシャルワーク実践

入江　泰

NPO法人　京都マック　生活支援員

京都マックは，依存症の回復支援施設です。ここでは，依存症の人が毎日集まり，ミーティング（MT）を中心とした，回復のプログラムを受けています。依存症とは，物質や行動を上手にコントロールができなくなる病気です。京都マックの場合は，アルコール，薬物，ギャンブル，摂食，買物，クレプト（病的窃盗）など，様々な依存症の人を対象としています。運営は，回復した当事者が中心となり，それに福祉専門職が加わり，それぞれ協力し合って，支援を行っています。

MTは，10名前後のグループになり，自分の体験や感情を言葉にして，振り返ります。他の人は，意見や反論せず，静かに聞きます。MT以外では，調理の実践活動，レクリエーションや社会見学，スポーツ等も行い，皆で同じ時間を過ごします。

3年半ほど利用されたAさんは，アルコール依存症でした。精神科病院の入退院を繰り返して，京都マックにたどり着きました。私は，初回面接から担当しました。「人前にでると，緊張します」と話されていました。学校も仕事も長続きさせず，お酒を飲むと，緊張が和らぐことを覚えてから，飲酒の量も増え，次第にコントロールできなくなり，依存症となったようでした。

MTでは，しっかりと自分の話をされ，自身の悩みを客観的に捉えておられました。一方で，MT以外では，集団で何かをするのが苦手で，不参加を決め込み，職員から参加を促されていました。

経済的に厳しかったため，生活保護の申請に私も同行しました。Aさんは，硬い表情でしたが，役所の担当者に受け答えをして，不明なこともしっかりと質問をされていました。

Aさんが調子を崩された時，私が入院の段取りをしました。病院の相談員に連絡をして，入院の日時を決め，私の運転で，Aさんを病院まで送りました。主治医に，Aさんの状況を伝える役割もあったのです。

また，「私はどう生きたらいいんですか？」「人はなぜ働くのですか？」「異性に好かれるにはどうしたらいいですか？」等々，簡単に答えられない問いをよく投げかけられました。返答に困りながら，お互い語り合ったことも覚えています。

Aさんは，現在，地域で一人暮らしをして，自助グループと作業所に通っておられます。「緊張や悩みはありますけど，少しはマシになりました。」時々，OBとして遊びに来られ，そんな話を聞くのが，私の楽しみの一つになっています。

第4章

精神障害者の生活実態

　本章では，日本の精神障がい者の生活実態について，以下３つの観点から学ぶ。１つは，日本の精神科医療の特異性について学ぶ。日本は，諸外国と比べ，著しく入院期間が長く，強制入院の比率が高い。なぜ，そうなのか。歴史的・制度的にその背景を理解し，社会的入院が再生産されている実態を構造的に捉える。

　２つめは，精神障がい者の生活の責を一身に負わされている家族にについて学ぶ。とりわけ，保護義務者の歴史とその任務，そこから生まれる家族の労苦を理解する。家族を自己実現の主体と捉え，ケアの脱家族化を目指す実践を考える。

　３つめは，精神障がい者の生活実態についてである。精神障がい者の生活のしづらさを理解し，家族との同居率，8050問題について理解する。精神障がい者に対する所得保障，就労支援について学ぶ。

4-1. 日本における精神科医療の特異性

　なぜ，日本の精神科病床数は世界で最も多いのか。なぜ，日本の精神障がい者の入院期間は，世界で最も長い期間となるのか。このふたつの問いに対する解は，本節の見出し「日本における精神科医療の特異性」にある。精神保健福祉士は，目の前のクライエントやその家族への働きかけだけではなく，地域社会への働きかけ，そして制度政策の改善を求める働きかけ，即ちミクロ・メゾ・マクロの3つのレベルでソーシャルワーク実践を行う。世界一の病床数，世界一長い入院期間という精神科医療の実態は，マクロ政策に原因がある。精神科医療の歴史を概観し，全制的施設としての精神科病院，施設症[d]，平均在院日数と強制入院に関する国際比較，日本の精神科医療に対する国際的な批判，精神科特例と精神病院ブーム，患者の人権と精神医療審査会，隔離・身体拘束と多剤併用の視点から考えてみたい。また，社会的入院問題に関する国の立法不作為及び行政不作為を問い，2020年9月に提訴した精神医療国家賠償訴訟の意義について，精神保健福祉士の社会的使命から考える。

4-1-1. 全制的施設としての精神科病院

　いずれの国においても，精神科病院は，治安対策としての全制的施設であった[q1]。精神科病院の脱施設化は，1960年代から始まる。それをあと押ししたのは，治療薬の開発と精神衛生運動である。1950年代には，向精神病薬が開発され，精神症状のコントロールを一定程度可能とした。精神科治療の主流は，電気ショック等のショック療法[d]から薬物療法へと移行した[q2]。また，精神衛生運動の拡がりもあり，全制的施設である精神科病院への批判も高まっていった。アメリカでは，1963年のケネディ大統領教書[d]により，全米の州立精神病院を解体し，地域に精神保健センターを設立し，地域ケアへと政策転換した。脱施設化の始まりである。現実は，ベトナム戦争の戦費拡大により予定数の精神保健センターを設立出来ずに，患者のホームレス化もみられた。図4-1で明らかなように，日本と韓国を除く諸外国は，1960年代以降，急激に精神科病床数を減少させている。先進国のなかで，日本のみが特殊な傾向を示している。脱施設化は，世界的拡がりをみせたのである。薬物療法の登場は，支援者との対話を円滑にした。精神症状や生活のしづらさを支援者と共有することが可能となり，全制的施設で処遇する必要性がなくなった。

　全制的施設でのケアと地域ケアでは，何が違うのか。精神科病院を含む全制的施設は，住まい，労働，仲間，食事，文化活動，医療という生活の構成要素すべてが，施設のなかで完結する[q3]。施設における支援者との関係性は，管理する側とされる側という非対称的な関係となる。支援者のケアはパターナリステ

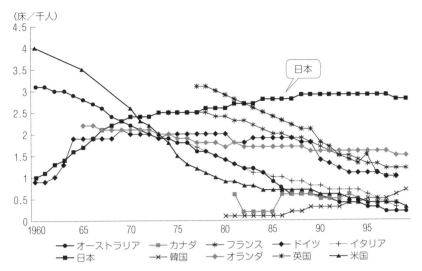

図 4 - 1　諸外国における精神病床数の推移
出典：厚労省 HP。https:www.mhlw.go.jp/shingi/2002/01/s0128-7o.html

ィックとなり，本人はケアの客体となる。

　他方，地域ケアは，労働，仲間，食事，文化活動，医療という生活の構成要素が生活圏域に点在し，本人が自律的に利用していくことを志向するケアである。地域ケアでの支援者と当事者の関係性は，全制的施設の主体と客体の関係ではなく，主体と主体の関係となる。支援者には，当事者に対し，支援の方法や課題を詳細に説明するアカウンタビリティ（説明責任）と自己決定を尊重する態度が求められる。諸外国の脱施設化後の地域ケアシステムについては，第3章第1節を参照して欲しい。

　全制的施設を当事者の立場から考えると，何を食べるか，どう過ごすか，いつ寝るか，といった一日のプログラムは，すべて支援する側に決定される。つまり，生活のあらゆる場面に対して自己決定する機会が奪われ，結果責任を負うことがない暮らしである。

　本書で学ぶ学生は，授業のあとに誰と昼食をどこで食べるか，アルバイトまでの時間をどう過ごすか，課題リポートをいつ作成するか等々，を自身でマネジメントし実行している。時に失敗し，それらの経験値を通して，次に同じような事態が発生した時に，その失敗を生かしていく。そのような暮らしの対極にあるのが，全制的施設の毎日である。

4-1-2. 施 設 症

　精神科病院という全制的施設で長期に入院すると，施設症（institutionalism）[4]になるといわれる。日本で初めて鉄格子のない，閉鎖病棟のない精神科病院をつくった石川信義は，勤務医として着任した精神科病院での体験を以下のように記している。この石川の体験は，入院後の患者が，医師との関わりから退院

▷4　古屋は，精神科領域における施設症について以下のように定義している。「長期の入院により地域社会から隔絶され，環境からの適切な刺激がなく，生育過程で獲得してきた日常習慣や生活能力が低下し，地域で生活することへの不安から，症状は安定していても，退院の意欲を無くしている状態」。
出典：古屋龍太（2015）『精神科病院脱施設化論』批評社，179。

をそして人生をも諦めていくプロセスを如実に表している。

「出せ」「出さない」の押し問答

　私が病棟へ入ったとたん，何人もの若い患者に囲まれた。「先生，ここから出して下さい」，「外泊，いつですか？」，「退院させて！」すがりつかんばかりの患者の声に，戸惑った。その一人ひとりを面接室に呼んで説得を試みた。「君はまだ，具合悪いだろ」，「もう少しよくなったら」。だが，彼らは私の説得に耳を傾けようとはしない。退院させて，の一点ばりなのだ。

　「俺，病気なんかじゃありません」，「いや，私の目から見ると，君はね，病気だ」，「大丈夫です，出してください」，「君はそのうち，自分が病気だってことがわかる。だからそれまで…」

　どこまでいっても果てしがなかった。彼らは鍵の外へ出たい一心だった。私は押し問答に疲れ果て，彼らの気持ちがわかっているつもりでもうんざりしてくる。「今日はこれで終わりにしよう」冷たくつっぱねてみたり，あげくの果ては，「もうかんべんしてくれよ」と，こっちがお願いする始末だ。翌日，病棟へ行くと，待ちかねたように同じ患者たちが走りよってくる。「先生，退院させて」，「先生，ここから出して！」。またか，と私は閉口する。…中略…
病棟には，おとなしい患者も大勢いた。彼らは，「出してくれ」も「退院させて」も言ってこない。とうにあきらめているのだった。彼らはあきらめ，決められた通りの日課，決められた通りの生活を黙って送っていた。

　「うるさい連中だって，先生，一，二ヶ月もすれば，みんなああなるもんですよ」経験ある看護師が私にそっと耳うちしてくれた。「先生は，だから，そのうちにそのうちにと言ってくだされば…」。たしかにそうだった。うるさい連中も，やがては沈黙し，静かになっていった。

出典：石川信義（1990）『心病める人たち』岩波新書より抜粋。

▷5　Wing, J. K. and Brown, G. W (1970) Institutionalism and Schizophrenia. A comparative study of three mental hospitals 1960-1968. Cambridge University Press.
▷施設症
→巻末キーワード
▷医原病
→巻末キーワード

　ウィングとブラウン（Wing & Brown, 1970）は，1960年から1968年にかけてロンドンの３つの病院で実施した調査結果を著書『施設症と統合失調症（*Institutionalism and Schizophrenia*）』で，感情の平板化や自閉，乏しい言語表現は，精神科病院の刺激の少ない環境が影響していると論じている。つまり，**施設症**は長期に渡り受動的な生活を強いられることで起こる**医原病**であると考えられる。

4-1-3. 平均在院日数と強制入院に関する国際比較

　では，日本の精神科への入院期間は，国際比較のなかでどうなっているのか。表４-１のとおり，日本は，病床数だけではなく，平均在院日数も極めて突出していることが分かる。

表4-1　国別精神病床数と平均在院日数推移

	2012年 精神病床数（床／千人）	2014年 平均在院日数（日）
日　本	2.7	285
ベルギー	1.7	10.1
フランス	0.9	5.8
ドイツ	1.3	24.2
イタリア	0.1	13.9
イギリス	0.5	42.3
韓　国	0.9	124.9

＊各国により定義が異なる
資料：OECD Health Data2015
出典：2018年厚生労働省資料。

表4-2　日本及び欧州諸国における強制入院患者割合及び入院基準等

	調査年	非自発入院者割合（％）	人口100万人対	非自発入院法的基準	非自発入院の決定権者
日　本	2021	50.5	1,039人	危険性 or 治療必要性	非医療 or 医療
ベルギー	1998	5.8	47人	危険性	非医療
フランス	1999	12.5	11人	危険性	非医療
ドイツ	2000	17.7	175人	危険性	非医療
イタリア	NA*	12.1	NA*	治療の必要性	非医療
イギリス	1999	13.5	48人	危険性 or 治療必要性	非医療 or 医療

出典：Saize, H. J., et al.（2004）Epidemiology of involuntary placement of mentally ill people across the European Union, Br J Psychiatry: 184, 163-168及び令和3年度精神保健福祉資料をもとに作成（*NA は Not available の略）。

　表4-2は，ヨーロッパ諸国と日本の強制入院（非自発的入院）患者が精神科入院者に占める割合と人口比，強制入院の基準，決定権者をまとめたものである。日本は，強制入院の比率が5割を超え，強制入院となっている患者数も他国に比べて著しく多い。ドイツを除くと強制入院患者数の桁が2桁違う。この2つの表から，欧州諸国の入院治療は，急性期治療（Acute Care）という位置づけであるのに対して，日本の入院治療は，長期入院（Long Term Care）であり，且つ強制入院の比率が著しく高い。また，強制入院に係る決定権者は，非医療となっている国が多い。表4-2にある日本の決定権者「非医療」は，都道府県知事による措置入院と地方裁判所による医療観察法の入院である。決定権者「医療」による入院は，医療保護入院である。

　図4-2は，2002年以降20年間の日本の措置入院，医療保護入院，任意入院等，入院形態別入院患者数の経年的変化を表したものである。1988（昭和63）年の精神保健法により，任意入院を原則とすることとなった。しかしながら，任意入院の比率は低下し続け，2021年には強制入院患者数が5割を超えている。強制入院は，本人の意に反する入院形態である。バイスティックの7つの原則のひとつであり，日本精神保健福祉士協会の「精神保健福祉士の倫理綱領において，「クライエントへの責務」として明記されている「自己決定」という援

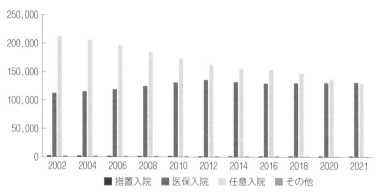

図4-2 入院形態別入院患者数年次推移

注：措置入院は緊急措置入院を含む。その他入院は，応急入院，鑑定入院，医療観察法
　による入院を含む。
出典：2002～2021年の精神保健福祉資料をもとに筆者作成。

助原則を持つ精神保健福祉士にとって，強制入院時の関わりは矛盾を抱える場
となる。強制入院や長期入院が当然視される日本の精神科医療の常識は，世界
の非常識である。学生にとっても現任の精神保健福祉士にとっても，問い続け
なければならないテーマである。なお，入院患者数の減少は，2011年以降，毎
年2万人を超える精神科病床入院患者が死亡退院[▷6]していることの影響が大きい。

4-1-4. 日本の精神科医療に対する国際的な批判

　では，日本の精神医療が変わるチャンスは無かったのか。表4-3は，約半
世紀の間，日本の精神科医療に対する主な国際的な批判である。最も新しい国
連障害者権利委員会の総括所見における指摘事項のみならず，半世紀以上前の
クラーク勧告の指摘事項についても改善されていない項目が多い。

　クラーク勧告とは，精神科医D・H・クラーク[▷7]の作成したリポートのことで
ある。日本政府は，地域精神衛生を推進していくためにWHOへ専門家の派
遣を要望した。WHOは，イギリスの精神医療改革で実績のあるD・H・クラ
ークの派遣を決定した。来日した彼は，複数の精神科病院や行政機関を訪問・
調査し，1968年に「クラーク勧告」としてまとめた。勧告の柱は，①日本の
精神科医療は民間が中心であること，②閉鎖病棟が多いこと，③患者は，長
期入院により施設症化していること，の3点に集約される。また，積極的なリ
ハビリテーションに関する改善策も提示している。

　ICJ勧告[▷8]は，1984年の宇都宮病院事件[▷9]を契機に，1985年5月に国連の諮問機
関であるICJ（国際法律家委員会）とICHP（国際医療職専門委員会）が来日
し，精神科病院の視察や関係者からの意見聴取を行い作成したレポートのこと
である。「現状」と「直ちにとるべき手段」に分けて記されている。「現状」に
ついて，①1968年のクラーク勧告の大部分は未だ実現されていない。②私立

▷6　死亡退院者数の推計
数は，精神保健福祉資料
（630調査）の死亡退院者数
に12（か月）を乗じた推計
数である。

▷7　D・H・クラークは，
ケンブリッジのフルボーン
病院の院長であり，精神医
療改革で実績をあげた臨床
家である。クラーク勧告の
詳細は，以下の文献を参照
のこと。デービッド・H・
クラーク，加藤正明訳
（1969）「日本における地域
精神衛生──WHOへの報
告」『精神衛生資料』16
（3）：165-191。

▷8　詳しくは，以下の図
書を参照のこと。国際法律
家委員会編（広田伊蘇夫，
永野貫太郎監訳）『精神障
害患者の人権─国際法律家
委員会レポート』明石書店，
1996年。

▷9　宇都宮病院事件につ
いては，第3章第2節を参
照のこと。

表 4 - 3　日本の精神科医療に関する主な国際的批判

レポート名	概　要
クラーク勧告 （1968年）	日本の精神科病院は，その多くが私立経営であるという点で，ヨーロッパや米国と異なる。多くの病棟が必要以上に閉鎖されている。多数の精神分裂病患者が精神科病院にたまっており，患者は長期収容による無欲常態に陥っている。
ICJ 勧告 （1985年）	① 全ての強制入院に関して独立した審査機関の設置，② 全ての入院者に対して不服申立権限を有していることの告知，③ 家族や弁護士等の代理人と自由に連絡できるようにする，これらの観点から精神衛生法を改正すること。そして，④ 早期退院に向けた集中的治療形態の確立及び地域リハビリテーションプログラムを発展させるために予算措置を行い，⑤ ソーシャルワーカーや作業療法士等の精神医療従事者に対する外来治療に向けた再教育とトレーニングを行うこと。
ルコント・レポート （2002年）	日本では，入院する必要のない人が多数入院している。彼らの多くは，人間関係のスキル，ADL（日常生活動作），問題解決の能力をなくした施設症化されている。日本では，家族と医師による入院決定が可能であり，公正な手続きが欠けている。本人の意思に反して無期限に入院させる現実は，改革を要する。入院の代わりに地域ベースの治療に予算を振り向け，職員も地域への再配置を行う。病院は一時的な治療のためのものであり，入院か否かを判断するのは病院ではなく地域機関であるべき。
国連障害者権利委員会対日審査による総括所見（2022年）	非自発的入院による自由の剥奪を認める全ての法規定並びに非合意の精神科治療を認める全ての法規定を廃止すること。あらゆる形態の強制治療，虐待の防止のための，独立した監視の仕組みを設置すること。期限の定めのない入院を終わらせるため，入院している全ての事例を見直し，自立した生活を促進すること。一般医療と区別した精神科医療制度の廃止するために，法的及び政策的対策を講じること。

出典：筆者作成。

精神科病院への行政コントロールは及ばず，3分の2は施錠され，長期間の入院となっている。③ 法制度は，患者への身体的虐待，正当化しえない拘禁を許容し，④ 入院患者の通信・面会を不可能としている。⑤ 日本が批准している国際人権規約B規約（自由権規約）は，精神障がい者に保障されていない。と現状を指摘している。そのうえで，「直ちにとるべき手段」として，精神衛生法の改正を求め，隔離・収容処遇から地域ケアへの転換を迫る勧告となっている。

　ルコント・リポートは，世界初のACT[10]とされるマディソンモデルのコーディネーター，D・ルコントによるリポートである。マディソンモデルはACTの起源とされている。どうやってマディソンモデルは生まれたのか。1960年代後半，米国ウィスコンシン州デーン郡マディソン市にあるメンドータ州立病院では，退院後の生活スキルを獲得する院内プログラムを始めた。しかし院内で身につけたスキルは，地域生活では発揮できず，再発再入院という回転ドア現象[11]がみられた。そこで，院内でのプログラムではなく，生活している地域で必要な支援を継続的に提供していくことが重要であるという仮説を立てた。そのために，多職種で構成される病院の職員を再教育し，新たに設立した地域の支援機関へ配置換えを行い，地域でのサポートシステムを構築した。このサポー

▷10　ACT Assertive Community Treatment の略で，包括的地域生活支援と訳される。英国では，AOT（Assertive Outreach Treatment）と名称を変更している。

▷11　回転ドア現象とは，精神症状が軽減し精神科病院を退院しても，短期間で再発し再入院を繰り返すこと。

表4-4　障害者権利委員会・日本政府・日本障害フォーラムの取り組み

年／月	国連障害者権利委員会と日本政府，日本障害フォーラム（NGO）の動き
2006年12月	障害者権利条約の採択（第61回国連総会：全ての障害者の尊厳と権利保障）
2007年9月	日本政府権利条約に署名
2008年10月	障害者自立支援法応益負担違憲訴訟（原告71名）
2009年12月	障がい者制度改革推進本部を内閣府に設置（障がい者制度改革推進会議の設置）
2010年1月	基本合意文書（障害者自立支援法廃止，介護保険優先原則廃止，障害程度区分廃止等）
2011年8月	障害者基本法の改正
2011年8月	障害者総合支援法の骨格に関する総合福祉部会の提言（骨格提言）
2012年6月	障害者総合支援法の制定
2013年6月	障害者差別解消法の制定，障害者雇用促進法改正，精神保健福祉法改正
2014年1月	日本政府権利条約を批准（加盟193国中140番目の締約国）
2016年6月	日本政府による政府報告書を権利委員会へ提出
2019年6月	日本障害フォーラム（NGO）によるパラレルレポートの権利委員会への提出
2019年10月	障害者権利委員会による日本政府への事前質問事項
2020年12月	日本政府による事前質問事項への回答
2021年3月	日本障害フォーラム（NGO）による総括所見用パラレルレポートの提出
2022年8月	障害者権利委員会と日本政府の建設的対話（対日審査）
2022年9月	障害者権利委員会対日審査による総括所見

出典：筆者作成。

▷12　PACT
正式名称は，Program of Assertive Community Treatment（包括的地域生活支援と訳される）。ACTが医療・保健・福祉の包括的訪問系サービスであるのに対して，PACTは日中活動やケースマネジメント等も含み，地域生活支援サービスの総体を意味している。
▷13　平成12年度厚生科学研究 障害保健福祉総合研究事業外国人研究者招へい報告書 デイビッド・ルコントレポート 厚生労働科学研究・研究推進事業 障害保健福祉研究情報システム（DINF）
▷14　障害者権利委員会の総括所見の外務省訳は以下を参照のこと。
https://www.mofa.go.jp/mofaj/gaiko/jinken/index_shogaisha.html
▷15　裁判所の和解勧告に応じ，障害者自立支援法応益負担違憲訴訟の原告と被告国との間で，基本合意文書は，交わされた。文書に

トシステムをPACT[412]と呼ぶ。マディソンモデルは，ニーズに基づき複数のプログラムが協働し，包括的な支援を受けることが可能である。最も多くの支援を行っている機関の専門職がケースマネージャーとなり，サービスのコーディネイトを行っている。提供されるサービスは，アウトリーチ，デイサービス，危機介入，精神科入院，援助付き雇用，ケア付き住居，ピアサポート，服薬サービス等，多岐に渡る。マディソン市は，精神保健総予算の85％を地域ケアに，15％を入院治療へと組み替えた。その結果，平均入院日数は，任意入院で約5日，強制入院で約15日となっている。

2000年9月，D・ルコントは，厚生労働省の補助金を受けた研究チームに招聘され，全国の精神医療保健福祉施設を視察した[413]。そのうえで，①予算を入院偏重から地域ケアへ移動し，②病院職員を再教育し地域ケアの職員へと配置換えし，③多数の精神障がい者を対象とする包括的地域生活支援システムを構築すべきというレポートを作成した。

2022年9月，国連の障害者権利委員会は，日本政府あてに総括所見を発出した[414]。障害者権利条約を批准すると，国連による定期的な審査を受ける。表4-4は，障害者権利条約と国連障害者権利委員会，日本政府及び日本障害フォーラムのこれまでの取り組みを整理したものである。障害者権利条約は，世界の障害者団体の積極的な関与により国連で採択された。その時の障害者団体のスローガン「私たち抜きに私たちのことを決めないで！（Nothing About Us Without Us!）」は，障害者をケアの客体から権利主体へと位置づけた。

日本政府は2007年に障害者権利条約に署名した。「障がい者制度改革推進会

議」における議論の出発点は，障害者自立支援法応益負担違憲訴訟に伴う被告国と原告との間で交わされた2010年1月の基本合意文書である。2011年8月には，「骨格提言[16]」を発出した。基本合意での事項以外の主なポイントは，① 医学モデルから社会モデルへの転換，② 対 GDP 比の障害関連予算を OECD 諸国並みへ現状から倍増すること，③ 障害施設の経営悪化をもたらしている「常勤換算方式」の廃止，の3点である。

　2014年に日本政府は，障害者権利条約を批准した。締約国は，条約批准後に国連障害者権利委員会から6年ごとに対面での審査を受けなければならない。審査では，締約国の法制度や障害福祉の実践が条約との整合性があるかどうかが問われる。対面審査を受ける事前の準備段階として，政府と非政府組織（NGO）は，障害者権利委員会あてに報告書の提出が義務づけられている[17]。その報告書を2回ずつ行い，審査を受け，総括所見が発出される仕組みとなっている。

　精神医療に関する総括所見は，① 強制入院の廃止，② 精神医療を審査する独立した機関の設置，③ 長期入院防止と長期入院者の退院促進，④ 精神医療を一般医療と統合化，の4点である。

　日本には約150万の病床数があり，そのうち約32万床を精神科病床が占めている[18]。病床数全体の約2割が精神科病床数である。2020年度の入院医療費の総額16兆3353億円のなかで，精神科の入院費は，1兆3365億円であり，すべての入院医療費の8.2％に過ぎない[19]。入院患者ひとりあたりの診療報酬は，一般科の2分の1以下にとどまっている。なぜ，そのように低い報酬設定となったのか。次に見ていきたい。

4-1-5. 精神科特例と精神病院ブーム

　1960年代以降，諸外国は，隔離・収容処遇から脱施設化へと政策転換し始めた。日本はそれ以降においても，図4-1でみたとおり，新たな精神科病院の開業や病床の増床により精神科病床数を増やし続けた。人口1万人あたりの精神科病床数は，昭和30年代から急激な量的拡大をみせている。1955（昭和30）年に260であった病院数は，10年後の1965（昭和40）年には，756と3倍となり，病床数も13万床増えている。いわゆる「精神病院ブーム」の始まりである。なぜ，精神科病院と病床数は増え続けたのか。その背景を探ってみることとしたい。

　表4-5に「精神病院ブーム」に影響のあった施策を整理した。1954年に第1回の精神衛生実態調査が実施され，入院治療の必要者数46万人に対して，入院者数3.7万人と推計され，精神科病床数の増床は喫緊の課題とされた。同年，公立病院設立・増床に対する国庫補助事業の対象が法人立（民間）の病院にも適用されることとなる。また，1960年には，医療金融公庫が発足し，病院建設

は，① 応益負担の廃止，② 障がい者制度改革推進本部の設置，③ 介護保険優先原則の廃止，④ 障害者程度区分制度の廃止等が記されている。文書は，以下の厚生労働省ホームページを参照されたい。
https://www.mhlw.go.jp/bunya/shougaihoken/jiritsushienhou/2010/01/dl/100107-1b.pdf

▷16　障がい者制度改革推進会議福祉部会が発出した「障害者総合福祉法の骨格に関する総合福祉部会の提言（骨格提言）」は，当事者と実践者，研究者による集団的討議を経てとりまとめられた。資料及び動画は，以下の厚生労働省ホームページ参照されたい。
https://www.mhlw.go.jp/bunya/shougaihoken/sougoufukusi/
骨格提言は，以下のホームページ参照。
https://www.mhlw.go.jp/bunya/shougaihoken/sougoufukusi/dl/0916-1a.pdf
国の設置した諮問機関であるにもかかわらず，基本合意文書及び骨格提言の主要な事項は，未だ法制化されていない。

▷17　非政府組織（NGO）のレポートは，パラレルレポートと呼ばれている。日本障害フォーラムが担っている。

▷18　厚生労働省資料「令和2（2020）年医療施設調査・病院報告の概況」によると，全病床数150.8万床，精神科病床数32.4万床である。

▷19　厚生労働省資料「令和2（2020）年度国民医療費の概況」から算出。

表4-5　民間精神科病院の設立及び増床数を増加させた施策

年	施策の概要
1954（昭和29）	第1回精神衛生実態調査：精神障害者数130万人，要入院者数46万人，入院者3.7万人
1954（昭和29）	法人立精神科病院の新設及び増床に対する国庫補助事業開始（補助率1/2）
1958（昭和33）	「特殊病院に置くべき医師その他の従業員の定数について」（精神科特例）厚生事務次官通知132号
1960（昭和35）	医療金融公庫の発足（病院建設における低利長期融資制度）
1961（昭和36）	措置入院費の国庫負担率を5割から8割へ引き上げ（第九次精神衛生法改正）
1961（昭和36）	公衆衛生局長通知（保護義務者が同意入院に反対の場合，最優先的に措置に付すること）
1963（昭和38）	公衆衛生局長通知（入院している患者で措置症状のある者や生活保護での入院患者は，措置の適用）

出典：筆者作成。

における低利長期融資制度が始まる。これは，民間の精神科病院建設に伴う費用の2分の1を国が補助し，残りの設置者負担分については，長期で低い金利で融資が受けられる仕組みである。建てやすくしたのである。

　次に，少ない職員数でも病院の運営を可能とする規制緩和である。1958年の厚生事務次官通知「特殊病院に置くべき医師その他の従業員の定数について」は，一般医療の基準より低位でも構わないという通知である。所謂「精神科特例」と呼ばれるものである。患者48人に医師一人（一般病院の3分の1），患者6人に看護師一人（一般病院の3分の2）という基準である。少ないマンパワーで精神科病院の運営を可能としたのである。

　最後は，容易に強制入院を可能とする施策である。知事命令による措置入院の国庫負担率を1961年に8割に引き上げ，都道府県の負担割合を低くした。同年には，保護義務者が同意入院に反対した場合，措置入院の適用とする通知を発出した。さらに1963年の公衆衛生局長通知では，現に入院中の患者で措置症状のある者及び生活保護での入院患者は，措置入院の適用とすべきとした。入院患者に占める措置入院患者の比率は増え続け，1965年の精神保健関連の政府予算のうち，93％が措置入院費負担金であった。同年の平均在院日数434日に対して，措置入院者の平均在院日数は，1365日であった。

　精神病院ブームの背景は，「（病院を）建てやすく，（少ない職員で）運営しやすく，（強制）入院をさせやすい」という精神衛生行政による政策誘導がもたらしたものである。1955年から1975年にかけて，精神科病院数は1200も増え，病床数は30万床の増床となった。国際的には，脱施設化が始まる時代に，日本は，隔離収容政策を推進していった。1年を超える平均在院日数の長さも相俟って，当時の日本医師会会長武見太郎は，「精神病院は牧畜業」と指弾した。このように，行政コントロールの効かない民間の精神科病院の乱立は，国策として促進されたのである。

　なお，精神科特例は，2000年の第4次医療法改正で法令から本則となる。総

▷20　精神保健指定医が要入院と判断し，本人が入院治療を拒否した場合，保護義務者は，同意入院（現行法は医療保護入院）について，本人の代決権を有する。詳細は，次節「家族」を該当ページを参照のこと。

▷21　大熊一夫（2009）『精神病院を捨てたイタリア捨てない日本』岩波書店。

合病院及び大学病院については，医師は入院患者16人に１人，看護師は３人に
１人と一般病床と同等の配置基準となった。しかしながら，精神科病院では，
医師は入院患者48人に対して１人，看護師は４人に１人と，若干改善されたが，
経過措置により５人に１人も当分の間認めることとなった。この第４次医療法
改正に伴う「精神病床の設備構造等の基準に関する専門委員会」の委員である
末安（2003）は，実質的に精神科特例が残ったことについて，「精神科の診療
報酬が極めて低く抑制されていること，それは一般病床と比べて低い人員配置
基準と表裏の関係にあるのだが，医療機関経営に危機感をもった経営側と医療
費の伸びを抑制したい厚生省（当時）との利害が一致した」と指摘している。

4-1-6. 患者の人権と精神医療審査会

　1950年の精神衛生法は，私宅監置を廃止し，精神障害者の「医療及び保護」
を法目的とし，知事命令による措置入院と家族の代諾による同意入院（現行法
による医療保護入院の淵源）の手続きを定めた強制入院（involuntary hospital-
ization）の手続法であった。退院に関する規定はない。また，知事による措置
入院という行政処分を行うにあたり，第４条で都道府県立精神病院の設置を義
務づけてはいたが，第５条で指定病院を定め，知事による指定を民間精神病院
が受けることにより，行政処分である措置入院を受け入れられる仕組みとした。
1919（大正８）年の精神病院法による代用病院制度の行政思想を踏襲している。

　精神病床の多くは，閉鎖病棟という一般社会から隔絶された空間で，少ない
職員数で入院患者のケアをせざるを得ない環境である。本来，精神科における
ケアは，患者の不安に寄り添い，疾病教育や社会復帰の相談等多岐に渡る関わ
りが求められる。人手が重要な治療手段なのである。職員ひとりあたりの患者
数が多くなると，ケアという側面よりも管理という側面が強調されるのは当然
の理である。

　精神科病院ブームのなかで，入院患者の人権は護られていたのか。1960年代
後半から精神病院の入院患者に対する人権侵害は，頻発し続けた。具体的には，
入院患者に対する暴力やその結果としての暴行死，違法入院，違法な身体拘束，
作業療法と称しての患者の使役労働，患者の預貯金着服等である。

　1984（昭和59）年３月14日，宇都宮病院内でふたりの入院患者が職員による
リンチで死亡したことをマスコミ各社が報道した。事件の重大性から厚生省は，
栃木県へ真相究明の調査を行うよう指示した。また，栃木県宇都宮警察署は，
傷害致死事件の疑いから鉄パイプで殴打した職員らへの捜査を始めた。報道に
よると，食事の内容に不満を漏らした男性患者（統合失調症，当時32歳）と看
護職員の間で口論となり，看護職員は男性患者を小ホールへ連れ出し，看護室
から持ち出した金属パイプで20分にわたり殴り続けた。男性患者は「やめてく

▷私宅監置
→巻末キーワード

▷22　精神病院法では，第
一条で都道府県立精神病院
設置義務を課した。ここで
は，精神病者の医療に対す
る公的責任が表明されてい
る。しかしながら第七条で，
私立精神病院を都道府県立
精神病院の代用病院として
指定することを可能とした。

▷23 宇都宮病院長石川文
之進は起訴され，1985（昭
和60）年３月に禁固１年，
罰金30万円の判決を受けた。
藤井時夫裁判官は，「石川
は病院管理において，第一
義的に，なにはさておいて
も利益を考え，病者の基本
的人権を無視した。石川が
在院患者に行ったことは，
極めて不適切なものだっ
た」と断じた。

▷24 厚生省公衆衛生局長，
厚生省医務課長，厚生省社
会局長の３局長名で，都道
府県知事あてに発出した通
知であることから「三局長
通知」と呼ばれる。通知文
は，宇都宮病院事件を受け
て，都道府県が行う精神病
院への指導監督のあり方を
細かく定めている。

▷25 ジュネーブで開催さ
れた国連の差別防止と少数
者保護小委員会において，
国際人権連盟は，「日本政
府は，強制入院の要否決定
に対する厳密な法的基準の
作成を一貫して拒否してい
る。精神障害による被拘禁
者に，憲法上の保護を与え
ていない」と国際法上の義
務不履行であると批判した。
日本政府は，この批判に対
して「日本の精神病院でい
くつかの虐待事件があった
と報告されたが，これらの
ケースは極めて例外的であ
り，日本の精神病院がすべ
て同じ状況にあるとは到底
考えられない」と述べ，国
際法の義務を履行している
と反論した。

▷26 精神保健鑑定医に代
わり，精神保健指定医が創
設された。精神保健指定医
の資格は，実務経験＋ケー
スレポート＋研修受講によ
り取得し，５年ごとに研修
受講による更新制とした。

れ」と叫んで，大ホールへ逃げ出したが，看護職員は追いかけ回した。ようや
く解放された患者は，仲間の患者らによって病室へ運び込まれたが，嘔吐を繰
り返し，死亡した。病院は，遺体を引き取りに来た遺族には「病死」と説明し
ている。もうひとりは，別の日にアルコール依存症で入院していた男性患者
（当時35歳）に対するリンチである。先の看護職員ら複数の職員から金属パイ
プで殴打され死亡した。病院は，この患者家族へも死因を「病死」と説明して
いる。

県が実施した立入調査では，許可病床数920に対して，944人が入院。非常勤
も含む医師数は，9.2人で医療法の適正数の半分も満たしていない[423]。資格のあ
る看護職員は67人で，適正数の４割強で，医療，看護体制が不十分であった。
既に退職した看護職員の名前を使い，看護料の不正受給もしていた。また，入
院患者への調査では，措置入院患者161名中，114名は措置非該当，14名は入院
不要であり，そのうち２名は医療不要であった。家族同意による同意入院患者
382名中，98名は入院不要であり，そのうち９名は医療不要であった。入院そ
のものあるいは不適切な入院形態が多数存在していたことが明らかとなった。
また，1981（昭和56）年から1984（昭和59）年３月までの間に，入院患者222名
が死亡し，そのうち19名が不自然死であった。

同年６月，厚生省は，宇都宮病院を含む精神病院での不祥事に対応すべく，
入院患者の人権擁護のために都道府県の指導強化を図る「精神病院に対する指
導監督等の強化徹底について（通知）」（三局長通知）を発出した[424]。しかしなが
ら，宇都宮病院事件は，国内問題にとどまらなかった。日本は，精神障がい者
の人権を護らない精神医療の人権後進国として，国際的な批判を浴びることと
なる[425]。

その後，1985（昭和60）年５月に国連の諮問機関であるICJ（国際法律家委
員会）とICHP（国際医療職専門委員会）が来日したICJ勧告は，本節第４項
で述べたとおりである。

宇都宮病院事件を契機に日本の精神医療は国際的に批判され，1987（昭和62）
年に，精神保健法が制定された。新法の柱は，入院患者の人権擁護と社会復帰
の促進である。新たに任意入院（voluntary hospitalization）という入院形態が創
設された。また，同意入院は医療保護入院へと名称を変更し，措置入院及び医
療保護入院の適否，行動制限は精神保健指定医の診察を要件とした[426]。

入院患者の人権に配慮しつつ，適正な医療及び保護を確保する観点から精神
医療審査会が，新たに設けられた。審査会設置の根拠は，日本が1979（昭和54）
年に批准した国際人権Ｂ規約[427]（市民的及び政治的権利に関する国際規約）の
第９条４項「逮捕又は拘留によって自由を奪われた者は，裁判所（Court）が
その抑留が合法的であるかどうかを遅滞なく決定すること及びその抑留が合法
的でない場合にはその釈放を命ずることができるように，裁判所において手続

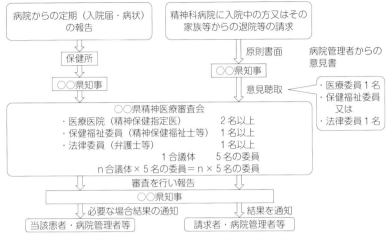

図4-3 精神医療審査会の案件と審査の流れ
出典：東京都立中部総合保健福祉センター。
https://www.fukushihoken.metro.tokyo.lg.jp/chusou/seishinniryoshinsa/shinsakai.
html

をとる権利を有する」であり，精神医療審査会は，「裁判所 court」と位置づけ設置された。審査会委員は，医療委員（精神保健指定医）3人，法律家委員（弁護士等）1人，学識経験者（社会福祉等）1人，計5人による合議体で始まった。2013（平成25）年改正精神保健福祉法では，医療委員2人以上，法律家委員1人以上，学識経験者が精神保健福祉に関する学識経験者（精神保健福祉士等）1人以上の5人の合議体に変更となった。また，当初都道府県の本庁が担っていた審査会事務は，2002（平成14）年4月より，審査会の独立性を担保する意味から精神保健福祉センターへ移管した。審査会の案件は，① 精神病院の管理者から医療保護入院の届出及び措置入院者及び医療保護入院者の定期病状報告から入院の必要性に関する審査，② 精神病院に入院中の者又はその保護義務者（家族）等から，退院請求又は処遇改善請求があったときに，入院の可否及び処遇の適否に関する審査，の2つである。これらの審査を図4-3の手順により行い，精神医療審査会での審査結果を知事あてに報告し，請求者及び病院管理者へ結果を通知することとなっている。医療保護入院の病状報告は1年ごとに行い，措置入院の病状報告は，最初は3か月でその後は半年ごとに行う。

では，実際の審査の状況はどうなっているのか。書面審査で行われる入院届及び病状報告の審査結果は，精神科病院からの報告書のほとんどすべてを追認している。これは，ひとつの合議体あたりの審査件数が多いこと，書面審査では要件を満たすように書かれていると，その実態を見抜くことはできないのである。退院請求及び処遇改善請求に関しては，5%前後が「入院又は処遇不適当」という審査結果である。

▷27 1966年に国連で採択された国際人権規約には，A規約（社会権規約）とB規約（自由権規約）がある。B規約の第一選択議定書（人権侵害を受けた個人が国際事件規約委員会への救済申立制度）及び第二選択議定書（死刑制度廃止）について，日本政府は批准していない。

▷28 2022年12月に成立した改正精神保健福祉法により，2024年4月から医療保護入院の定期病状報告はなくなり，代わって更新届となる。

前項で述べた障害者権利委員会の総括所見における精神医療を審査する独立した機関の設置という指摘は，現行の精神医療審査会が機能不全にあることを示唆している。しかしながら一方で，日本は諸外国に比べて強制入院の患者数が著しく多いことから，必然的に夥しい数の報告書を審査することとなる。解決していくためには，任意入院者の比率を高め，病床数を削減し脱施設化を促進する方策も併せて検討していくことが必要である。

4-1-7. 隔離・身体拘束と多剤大量投与

2017（平成29）年5月，日本の小中学校で英語を教えていたニュージーランド国籍の男性（27歳）が神奈川県内の精神科病院において，**身体拘束**を10日間受けた後，急死した。男性の兄によると，男性は，ニュージーランドの病院でも入院した経験があるが，身体拘束をされたことはない。今回の入院でも，医師の指示に従い，暴れることもなく隔離室へ自分で歩いて行き，医師との意思疎通もとれていた。にもかかわらず，ベッドでの身体拘束が10日間続けられた。

精神保健福祉法第36条では，「医療又は保護に欠くことのできない限度において，その行動について必要な制限を行うことができる」とし，同条3項では，「隔離その他の行動の制限は，指定医が必要と認める場合でなければ行うことができない」と規定する。また，1988（昭和63）年の厚生省告示129号では，隔離を「内側から患者本人の意思によっては出ることのできない部屋の中へ1人だけ入室させることにより当該患者を他の患者から遮断する行動の制限をいい，12時間を超えるものに限る」と定義し，身体拘束を「衣類又は綿入り帯等を使用して，一時的に当該患者の身体を拘束し，その運動を抑制する行動の制限」と定義する。

このように本人の自由を剥奪する隔離や身体拘束を行う要件は何なのか。1988（昭和63）年の厚生省告示130号では，隔離について5点，身体拘束について3点の要件を定めている。隔離は，① 他の患者との人間関係を著しく損なうおそれがある等の場合，② 自殺企図又は自傷行為が切迫している場合，③ 他の患者に対する暴力行為や著しい迷惑行為，器物破損行為が認められ，他の方法ではこれを防ぎきれない場合，④ 急性運動興奮等のため，不穏，多動，爆発性などが目立ち，一般の精神病室では医療又は保護を図ることが著しく困難な場合，⑤ 身体的合併症を有する患者について，検査及び処置等のため，隔離が必要な場合，の5点である。身体拘束は，① 自殺企図又は自傷行為が著しく切迫している場合，② 多動又は不穏が顕著である場合，③ 精神障害のために，そのまま放置すれば患者の生命まで危険が及ぶおそれがある場合，の3点である。遵守事項として，隔離及び身体拘束を行うにあたり，当該患者へその理由を知らせるように努め，カルテに開始及び解除の日時の記載が義務づけられ，定期的な会話や臨床的観察を行うこととされている。とりわけ，身体

▷身体拘束
→巻末キーワード

▷29　日本の身体拘束率は，ニュージーランドの3000倍以上。風間直樹の東洋経済オンラインニュース「死にまで至る『身体拘束』に頼る精神病院の現実──日本の身体拘束率は国際的に見ても異常に高い」に詳しい。https://toyokeizai.net/articles/-/404606?page=3

的拘束については，早期に他の方法に切り替えるよう努めなければならない。

　先の男性の事例でいえば，保護室と呼ばれる隔離室へ入ることが隔離であり，ベッドに拘束されることが身体拘束にあたる。身体拘束は，文字通り身体をベッドに固定され，排泄もオムツにせざるを得なくなり，本人の自尊感情は著しく傷つけられる。

　家族会の全国組織である全国精神保健福祉連合会が2017年に家族会員を対象に実施した調査[30]によると，入院した際の隔離室の利用を経験した者は70.0%であり，その際に医師からの説明は69.3%が「あった」と回答し，21.1%が「なかった」と回答している。また，身体拘束の経験については，34.1%が「あった」と回答し，医師からの説明は70.1%が「あった」，29.9%が「なかった」と回答している。身体拘束の時間は，48時間以上が30.9%，24～48時間が17.0%，24時間以内が23.5%。分からないが28.7%であった。効果については，「必要だった」，「仕方ない」等のポジティブな記述と「恐怖を感じた」，「効果はなかった」のネガティブな回答，さらにオムツやカテーテルの使用が心の傷となり，トラウマやフラッシュバック，治療者への不信感もみられた。日本精神科救急学会元理事長の計見は，「身体拘束は治療ではない。やむを得ず拘束した場合，医師は患者に寄り添って話を聞き，落ち着けば即座に解除する。患者を理解する努力を怠り，安易に拘束したり，拘束した患者を長く放置したりする病院は問題」と断言する[31]。先の全国調査でみられるポジティブな意見とネガティブな意見に分かれるのは，医師の説明の有無，隔離・身体拘束中の従事者の関わりの有無，早期に他の方法への切り替えられたかどうか，によるものと思われる。

　隔離・身体拘束の問題と同様に，薬漬け，すなわち多剤・大量投与の問題がある。2009（平成21）年に厚生労働省は，「今後の精神保健医療福祉のあり方等に関する検討会報告書」において，統合失調症に対する抗精神病薬の多剤・大量投与について，その実態の把握に努めるとともに，例えば単剤投与や切り替え・減量といった改善を促すため，情報公開や評価の方法等について検討すべき」と指摘した。

　現状は，どうなのか。図 4 - 4 は，統合失調症患者に対する抗精神病薬の併用投与の国際比較である。単剤投与が主流であるなかで日本は 3 剤以上が最も多く，単剤処方の比率が最も少ない。図 4 - 5 は，クロールプロマジン換算での統合失調症患者への投与量国際比較である。日本は国際比較のなかで，統合失調症患者への処方は，多剤大量投与の傾向がある。稲垣によると，多剤大量投与により，副作用としての錐体外路症状の出現，過鎮静や血圧低下の出現頻度が高くなり，患者の QOL が低下すると指摘している[32]。過鎮静は，前述の身体拘束との関連でケミカル拘束とも呼ばれる。抗精神薬処方の適正化を図るた

▷30　平成29年度家族支援のあり方に関する全国調査委員会，2018，精神障がい者の自立した地域生活の推進と家族が安心して生活できるための効果的な家族支援等のあり方に関する全国調査。

▷31　計見一雄
千葉県精神科救急医療センターの初代センター長。著書に『脳と人間』講談社学術文庫等がある。（読売新聞，2017年 9 月17日朝刊，精神科増える身体拘束，14ページ）。

▷32　稲垣中（2021）「抗精神病薬多剤大量投与の是正と QOL」『精神神経学雑誌』114（6）：702-707。

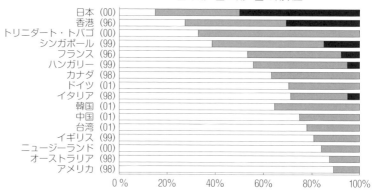

図4-4　統合失調症者への多剤投与国際比較
出典：第22回今後の精神医療福祉のあり方に関する検討会資料。
https://www.mhlw.go.jp/shingi/2009/08/dl/s0806-16b.pdf

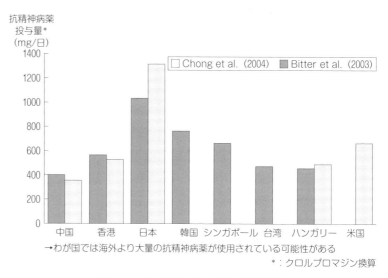

→わが国では海外より大量の抗精神病薬が使用されている可能性がある
＊：クロルプロマジン換算

図4-5　統合失調症者への投与量国際比較
出典：図4-4に同じ。

▷33　精神保健福祉士法第41条（連携等）には，「保健医療サービス，障害者の日常生活及び社会生活を総合的に支援するための法律第五条第一項に規定する障害福祉サービス，地域相談支援に関するサービスその他のサービスが密接な連携の下で総合的かつ適切に提供されるよう，これらのサービスを提供する者その他の関係者等との連携を保たなければならない」とされている。

め，2012（平成24）年以降，2年毎に行われる診療報酬改定において，処方薬の種類が多い場合，診療報酬が減算される仕組みを導入している。

　精神障がい者の福祉の増進に寄与することを目的とする精神保健福祉士にとって，多剤大量投与による副作用や過鎮静の問題を理解しておくことは重要である。必要に応じて主治医を含む医療職と連携していくことが求められている。[33]

4-1-8. 精神医療国家賠償訴訟と精神保健福祉士の社会的使命

　1997（平成9）年6月，第140回国会において，小泉厚生大臣は，精神保健福祉士法案の提案理由について，日本の精神障害者は，諸外国と比べて入院者の占める割合が高く，しかも入院期間が著しく長い。この長期入院者の社会復帰

を促進する職種として精神保健福祉士法案を提出する，と説明した。しかしながら，2022（令和 4）年の630調査においても精神科病院在院患者のうち，1 年以上の長期入院患者は16万人を超え，全入院患者の62％を占めている。精神保健福祉士の資格制度化にもかかわらず，長期入院患者は減っていない。

　2013（平成25）年，脱施設化へ政策変更しない国の責任を問う精神医療国家賠償請求訴訟研究会（以下，国賠研究会）が活動を開始する[34]。2023（令和 5）年 4 月現在で，当事者，家族，専門家600名からなる研究会である。2011（平成23）年の東日本大震災による福島第一原子力発電所爆発事故による警戒区域にあった精神科病院に入院していた伊藤時男氏は，転院先の病院で「入院不要」と言われ，地域生活を始めた。2020（令和 2）年 9 月，国賠研究会は，39年間の入院を強いられた伊藤時男氏を原告として精神医療国家賠償請求訴訟を東京地裁に提訴した。裁判は，被告の国が隔離収容主義を推進し，脱施設化への立法不作為と行政不作為を問うている。

4-2.　家　　族

4-2-1.　保護義務者の歴史

　精神障がい者の家族は，政策上どう位置づけられてきたのか。保護義務者の源泉から現在までの変遷を辿り，家族に負わせてきた責任とその任務の不条理について考えてみたい。

■江戸時代後期の精神障がい者家族

　江戸時代後期には，精神病者は「乱心者」と呼ばれていた。処遇は，居宅に作った檻への「入檻」，牢屋への「入牢」，行路病人や浮浪者，未成年の囚人を留置する「溜」での「溜預」の 3 種類である[35]。「溜預」の対象は，都市への流入者で発病した者と入牢している乱心者で病状が悪化した者である。乱心者の処遇は，「入牢」を原則とし，家督相続者は「入檻」とした。いずれも，家族，親族，庄屋[36]，五人組等の隣保組織による「入檻の願い書」や「入牢願い」の申請書と医師の口上書と檻の図面を添えて，奉行所へ申請していた。役人がそれらを見分し，承認するという行政手続きである。家族がそれらの申請を怠り，事件が発生すると，家族だけでなく，庄屋や五人組等の隣保組織も厳しく処分された。「入檻」と「出檻」，「入牢」と「出牢」という行政処分の開始と解除には，医師の診断を要件としていた。このように，江戸時代後期には，保護義務者制度の源流と考えられる「隔離させる（治療をうけさせる）義務」，「自傷他害監督防止義務」，「財産の保護義務」を家族に課し，制度化されていたのである。

▷34　精神医療国家賠償訴訟研究会の活動は，以下のホームページに詳しい。https://seishinkokubai.net/

▷35　入檻は「にゅうかん」，入牢は「にゅうろう」，溜は「ため」，溜預は「ためあずけ」と読む。江戸には，浅草溜，品川溜があり，地方から流入し発病した者を収容した。

▷36　庄屋は，身分は農民。地域により，名主，肝煎とも呼ばれる。年貢徴収等，藩行政の人民管理等の業務を担い，支配階級の末端であり，他方被支配階級の代表というふたつの側面を併せ持っていた。

■精神病者監護法による私宅監置の法制化と監護義務者の責務

　明治になり，精神病者の呼称は，乱心者から「狂癲人」や「瘋癲人」へと変わった。狂は精神病，癲はてんかんを意味した[37]。日本最初の精神病院である癲狂院の語源は，ここからきている。明治になり，入檻は「鎖錮」に名称が変わり，家督相続人以外も対象となった。入牢は，監獄への収監となり存続した。溜は，1872（明治5）年設立の養育院（のちの東京府養育院）に引き継がれた。明治になり，行政の所管部署が，奉行所から内務省（警察）となり，治安対策が続いた。

　1900（明治33）年に精神病者監護法が制定される。その背景や詳細は，第3章2節を参照されたい。精神病者監護法により，鎖錮は「監置」となり，家族は「監護」の義務を負うこととなった。「看護」ではなく「監護」としたのはなぜか。宇都宮みのりは，「監禁」は犯罪者を監獄に入れる意味であり，治療の概念を含む「保護」ともいえない。「監禁」と「保護」，ふたつの言葉の中間をとり，「監護」を用いたと説明している。

　精神病者監護法の骨格をなす第一条，第三条，第十条は，以下のように記されている。第一条で，監護の義務は四親等内の親族にあるとし，第三条で，私宅監置の許認可権限は行政庁（警察）にあるとし，第十条で，監護の費用負担は監護義務者にあると定めている。江戸時代後期にあった医師の口上書は，法第十一条「行政廳が必要と認める時」と限定し，義務規定から緩和された。

第一条　精神病者ハ其ノ後見人配偶者四親等ノ親族又ハ戸主ニ於テ之ヲ監護スルノ義務ヲ負フ

第三条　精神病者ヲ監護セムトスルトキハ行政廳ノ許可ヲ受クベシ

第十条　監護ニ要シタル費用ハ被監護者ノ負擔トシ被監護者ヨリ辨償ヲ得サルトキハ其ノ扶養義務者ノ負擔トス

　家族は，「無償で機能する法の執行者」[38]として，監置室の設置から介護に至るまで，治療なき隔離処遇の責任者とされた。
家族による監置患者への関わりはどうだったのか。橋本明によると，食事の提供だけでなく，慰安の言葉をかけたり，ラジオを聞かせたりする様子が記されている。また，山本らが行った和歌山県における23年間の監護の動向に関する調査によると，監置された患者の67％が監置を解除されている。薬物療法のない時代，監置された患者3人に2人が病状を回復し，監置解除となっていたことを確認しておきたい。

4-2-2. 監護義務者から保護義務者，保護者，家族等へ

　精神病者監護法は，家族の個別責任化原則を確立した**私宅監置**[39]の手続法であ

▷37　狂癲人は「きょうてんにん」，瘋癲人は「ふうてんにん」，鎖錮は「さっこ」と読む。江戸時代後期の入檻→明治の鎖錮→精神病者監護法の監置とつながっていく。

▷38　無償で機能する法の執行者
塩満卓（2017）「精神障害者の家族政策に関する一考察──保護者制度の変遷を手がかりに」『福祉教育開発センター紀要』14，73-89。

▷私宅監置
→巻末キーワード

表 4-6　現行精神保健福祉法に至るまでの家族の位置づけと名称

法・改正法	名称	ポリスパワー任務	パターナリズム的	権利抑制的任務	アドボカシー的任務
精神病者監護法 1900(明治33)年	監護義務者	①監置義務 ②監置権限			
精神衛生法 1950(昭和25)年	保護義務者	①自傷他害監督防止義務 ②措置解除者引取義務	①治療を受けさせる義務 ②診断協力義務 ③医師の指示に従う義務	①同意入院の同意権	①財産上の利益保護義務
精神保健法改正 1993(昭和63)年	保護者	①自傷他害監督防止義務 ②措置解除者引取義務	①治療を受けさせる義務 ②診断協力義務 ③医師の指示に従う義務	①医療保護入院の同意権	①財産上の利益保護義務 ②退院時等，精神科病院，社会復帰施設へ相談する権利
精神保健福祉法改正 1999(平成11)年	保護者	①措置解除者引取義務	①治療を受けさせる義務 ②診断協力義務 ③医師の指示に従う義務	①医療保護入院の同意権 ②移送の同意権	①財産上の利益保護義務 ②精神医療審査会等への退院請求等申立権 ③退院時等，精神科病院，社会復帰施設へ相談する権利
精神保健福祉法一部改正 2013(平成25)年	家族等(扶養義務者)			①医療保護入院の同意権 ②移送の同意権	①精神医療審査会等への退院請求等申立権 ②退院時等，精神科病院，社会復帰施設へ相談する権利

出典：池原（2011：286）表 4-1 を修正のうえ筆者加筆。

った。1950（昭和25）年の精神衛生法は，私宅監置を廃止し，医療及び保護を目的とする強制入院の手続法である。入院形態は，自傷他害を要件とする措置入院と家族と病院長の契約による同意入院の 2 つである。治療なき隔離から治療つき隔離への政策転換である。

　精神衛生法施行により家族は，監護義務者から保護義務者となった。家族に課せられてきた義務及び権利規定について，池原は，表 4-6 のように，ポリスパワー的任務，パターナリズム的任務，権利抑制的任務，アドボカシー的任務の 4 つに類型化し整理している。

　精神衛生法における保護義務者は，ポリスパワー的任務として① 自傷他害監督防止義務[39]，② 措置解除者引取義務を，パターナリズム的任務として① 治療を受けさせる義務，② 診断協力義務，③ 医師の指示に従う義務を，アドボカシー的任務として① 財産上の利益保護義務を課せられた。

　最も懸念されるのは，権利抑制的任務としての① 同意入院の同意権である。この権限を家族が行使することにより，入院治療を拒否していても強制入院を可能とした。医学的知識の無い家族に強制入院の決定権を委ねる同意入院は，現行の精神保健福祉法での「家族等」同意による医療保護入院まで，引き継がれている。1992（平成 4）年 ICJ の第三次調査団報告において，「患者を収容させるという家族の役割は，患者の治療を著しく阻害している。医療保護入院の廃止を推奨する」と指摘されている。このことを裏付けるように，2020（令和 2）年に奈良県精神障害者家族会連合会（まほろば会）が実施したニーズ調査

▷39　自傷他害監督防止義務は，自らを傷つけたり，他人に危害を及ぼすことがないように監督する義務のことである。措置解除者引取義務は，措置入院患者が措置解除された場合，家族が引き取る義務のことである。

では，家族同意による医療保護入院を経験した家族308人中，98人（31.7%）が「本人との関係がこじれた」と回答し，こじれた内容について「家族が入院を決めたと責められる」（72.3%），「過去の入院について責められる」（33.7%），「退院できると責められる」（25.7%）となっている。

1993（平成5）年の精神保健法改正により，保護義務者は保護者へと名称が変更され，アドボカシー的任務に関する権利として②退院時等，精神科病院，社会復帰施設へ相談する権利が新たに付与された。

1999（平成11）年の改正精神保健福祉法では，全国精神障害者家族会連合会（移管，全家連）の保護者制度反対運動もあり，自傷他害監督防止義務が削除され，医療保護入院の診察を居宅において実施し，応急指定病院までの「移送の同意」権が新たに付与された。

障害者権利条約批准に向けた国内法整備の一環として，2013（平成25）年の精神保健福祉法改正は，保護者制度を廃止した。しかしながら，「医療保護入院の同意権」及び「移送の同意権」は，保護者を「家族等」に代え，保護者制度の廃止を骨抜きにした。法改正に向けて設置された「新たな地域精神保健医療体制の構築に向けた検討チーム」の最終回（第28回）議事録では，「医療保護入院は，保護者の同意を要件としない入院手続とする。精神保健指定医1名による診察での入院開始」と記されている。法改正に向けて設置した検討チームの最終案を反故にした法改正となった。

4-2-3. 生活の実態

本項では，①家族による本人のケアの実態，②精神障がい者家族研究の理論と家族支援の実践，③家族会の3つの機能を学ぶ。

■家族による本人へのケア

精神障がいをもつ子どもとその親の同居率は，一般世帯の2倍以上の比率であり極めて高い。詳しくは次節を参照されたい。

家族は，同居の本人へどのようなケアをしているのか。表4-7は全家連が2005（平成17）年に実施した調査結果であり，表4-8は，2020（令和2）年にまほろば会が実施した調査結果である。

上記2つの表から，家族が担っているケアは，マズローの欲求五段階説における生理的欲求及び安全の欲求と符合する。同居の家族によるこれらのケアを単居精神障害者で想定すると，ホームヘルプサービスや訪問看護，日常生活自立支援事業に相当する。家族会の全国組織みんなねっととは，全家連の時代から概ね5年ごとに大規模調査を実施している。2009（平成21）年調査では，「本人の介護のために仕事を転職したり辞めたりしたことがある親」は，53.6%，2017（平成29）年調査では「障害者総合支援法のサービスを利用していない本

▷40　1964（昭和39）年のライシャワー事件は，家族会の全国組織となる全家連結成をあと押しし，翌1960（昭和40）に全家連は誕生した。下部組織として地域ベースの単位家族会が全国に1,200ある。詳しくは，みんなねっとのウェブサイトを参照のこと。
▷41　全家連は複数回の大規模会員調査結果から，高齢の親が本人の行動を抑制することが困難なことから，自傷他害監督防止義務の削除を要望している。詳しくは，1999年1月号から2000年2月号にかけての『月刊ぜんかれん』誌参照のこと。

▷42　精神障がい者，知的障がい者，認知症者等の認知機能に障害を持つ人の地域生活を支える事業。具体的には，金銭管理や福祉サービス利用の手続に関する支援を行う。申請先は，市区町村の社会福祉協議会となっている。

表 4 - 7　家族による本人へのケア（2005）

世話の内容	%
身の回りのこと	63.1
通院・服薬に関する配慮	44.4
言葉かけ	63.0
身体の障害・身だしなみの手助け	38.1
規則的な生活に関する配慮	39.5
症状についての相談	49.7
制度利用手続きの援助	49.3
対人関係の調節機能	28.6

表 4 - 8　家族による本人へのケア（2020）

ケアの内容	%
栄養バランスを考えた食事	64.9
服薬管理・病院との関係	45.7
清潔の保持	48.2
生活リズムの保持	58.2
金銭管理	58.5
通院・買い物	47.3
近所つきあい	61.9

出典：表 4 - 7：第 4 回全国家族ニーズ調査委員会編（2006）『第 4 回全国ニーズ調査報告書──精神障害者と家族の生活実態と意識調査』。
　　　表 4 - 8：2020年度まほろば会精神障害者家族のニーズ調査委員会編（2021）『2020年度まほろば会精神障害者家族ニーズ調査報告書』。

人」は，39.8％である。

　これらのことから家族は，本人の通院や症状の相談，身だしなみ等の清潔の保持，お金の管理，食事の提供等，無償のケアラーとなっている。それゆえ，ケアを担う家族の半数は，転職や失職を経験している。日本には，「同居家族は福祉の含み試算」という行政思想が未だに続いている。英国の「介護者支援法」のように，ケアを担う同居家族の逸失利益を補填する介護手当や税制上の優遇措置は存在しない。

■家族支援の理論と実践
　家族支援の実践理論は，どのように変わってきたのか。ここでは，統合失調症の家族支援に関する理論と実践に焦点化して考える。
　半澤節子は，家族研究を三期に分けて論じている。第一期は，1940年代から始まる「家族病因論」の時期である。ライヒマンによる「分裂病を生み出す母親」説やベイトソンの「二重拘束理論」は，統合失調症者家族の病理性を問題視し，発病の原因は家族であると考えた。家族は治療の対象となった。家族病因論は，その後否定されたが，社会の偏見を助長し，家族を苦しめた。
　第二期は，1970年代から始まる**EE 研究**知見に基づく，家族教育である。再発の原因は，本人に対する批判的コメントや情緒的巻き込まれ等の家族の感情表出が高いことにあるとした。高い感情表出（High EE）の家族を低い感情表出（Low EE）の家族となるように，心理社会教育が行われ，日本でも普及している。
　第三期は，ストレス・コーピング・モデル理論である。家族は，統合失調症者の症状，言動をストレッサーとして感じており，その緩和に友人や専門家の関わりが寄与するという理論仮説である。専門家の関わりが家族のストレスを軽減し，家族を支援対象者と位置づけている。しかしながら，現行の障害者総合支援法は，精神障がい者のニーズを障害支援区分により数値化し，規格化し

▷43　同居家族は福祉の含み資産
厚生省（1978）「厚生白書（昭和53年版）──健康な老後を考える」厚生省創立40周年記念号，91。
▷44　介護者支援法
The Carers（Equal Opportunities）Act 2004
介護者のアセスメント請求権，介護者手当，再就職支援等が定められている。
▷45　ライヒマン
Fromm-Reichmann, Frieda 1889-1957
▷46　ベイトソン
Bateson, Gregory 1904-1980
▷EE 研究
→巻末キーワード

たサービスを提供する医学モデルにより運営されている。家族支援は、報酬単価として設定されていない。また、精神科病院等で行われている家族教室も診療報酬の対象ではない。障害者権利条約前文（x）では、家族は支援を受けるべき存在であると記されているが、家族支援は制度化されていない。精神障がい者家族は、社会的排除状態にあるといえる。

末安民生らが2006（平成18）年に行った調査によると、3か月で退院できない入院患者の平均年齢は、52.5歳である。精神障がい者の**8050問題**[4]そのものであり、親によるケアの消滅は、長期入院の契機となっていることを示唆している。2019（令和元）年の日本障害フォーラムのパラレルレポート[47]は、「長期在院者が絶えないのは、新たな社会的入院が再生産されている」と指摘する。

■家 族 会

1960年の全家連結成大会で述べられた家族の誓い「勇気をもって社会に」の抜粋を以下に記している。家族会は、会員個々の「私の問題」を「私たちの問題」として確認し、さらに「社会問題」として昇華させ、運動体として活動していく決意を示している。

> 家族の多くは、相談するあてもなく、ことの重大さに日夜身も細る思いを味わってきました。療養も長期に渡るため、次々にかさむ治療代や生活費、家族の苦しみは、いつ果てるともなく続きました。…国がその全責任において、国民の生命と健康を護る体制になっていたら、私たちはこれほど苦しまなかった。家族自身が勇気をもって社会に訴えていかなくてはならないと思います。今日を境に手を組んで歩いていこうではありませんか。

出典：全家連『みんなで歩けば道になる──全家連30年のあゆみ』27頁より抜粋。

家族会は、3つの機能を併せ持っている。ひとつは、セルフ・ヘルプ・グループ[48]としての自助機能である。2つめは、疾病や制度、関わり方を学び合う学習機能である。3つめは、運動体機能であり、先述した保護者制度反対運動のように、制度改革やアンチスティグマキャンペーン等、粘り強い運動を展開し、精神保健福祉の発展に寄与している。また、精神保健福祉士の行うソーシャルワーク実践のなかで見えてくる政策課題と家族会の政策への要望が一致する場合も少なくない。精神保健福祉士には、パワーレスな状況にある家族をエンパワーし、制度内実践にとどまらないソーシャルアクションの実践も求められている。

[欄外]

▷8050問題
→巻末キーワード

▷47 日本障害フォーラムのパラレルレポート
障害者権利条約は、政府による報告だけでなく、それを補完するNGO（非政府組織）によるレポートの提出が求められている。パラレルレポートと呼ばれる。2016年6月の政府報告のあと、2019年6月に日本障害フォーラムから国連障害者権利委員会へ提出されている。

▷48 セルフヘルプグループ
自助グループと訳される。世界初の自助グループは、1935年にふたりのアルコール依存症者が始めたAAである。社会の差別や偏見に晒されているマイノリティの人々同士による互恵的な小集団活動である。今日では、統合失調症、難病等、セルフヘルプグループは、多くの領域に拡がっている。

4-3.　家族の多様性

　家族社会学の視点から家族周期を理解し，多様な家族形態から家族によるケアと家族へのケアの必要性ならびにケアの脱家族化を志向する家族支援の必要性を検討することが必要である。

4-3-1.　家族周期に対応していない法制度と実践

　森岡清美は，家族の始まりから家族の消滅という家族周期について，子どものいない新婚期から，子育ての時期，子どもの独立，配偶者との死別等，8つに時期区分している。[49] 親年齢が概ね65歳までに，子どもは独立していく。精神疾患の好発年齢である 20±5 歳は，親年齢 50±5 歳となる。そこから30年経つと本人年齢 50±5 歳，親年齢 80±5 歳となり，**8050問題**となる。[d] この30年間の間，親によるケアは，次第に小さくなっていく。精神保健福祉法及び障害者総合支援法は，家族によるケアは必ず消滅するという自明性を直視した制度設計となっていない。また，現場実践も親元からの自立支援を積極的に行っているとはいえない。それゆえ，社会的入院者が再生産され続けている。

4-3-2.　多様な家族形態

　精神障がい者家族は，多様である。精神障がいをもつ親のケアを18歳未満の子どもが担っている家族もいる。**ヤングケアラー**を呼ばれ，[d] 社会問題化している。ヤングケアラーは，家事や病院受診の付き添い等，直接的なケアを担い，友人との遊びや部活動等，同年代の子どもと同質の経験をすることが困難となりやすい。周りも「よくお手伝いをする子」という認識レベルにとどまることが多い。ヤングケアラーへの支援体制作りは，[50] 喫緊の課題である。

　精神障がいのきょうだいを支援している場合もある。きょうだいとふたり暮らしの場合もあれば，きょうだいの家族と精神障がいをもつ本人が同居している場合もある。このように多様な家族形態があり，精神保健福祉士は，本人だけでなく家族全体（family as a whole）をアセスメントしていく関わりが求められている。

4-3-3.　求められるケアの脱家族化を志向する実践

　家族と同居していると，専門家によるケアの利用は抑制的となる。立岩真也は，「同居している限り保護・依存の関係を断ち切るのが難しい。家族に介助者がいる限り，家族外の介助者もそれをあてにする。家族が介助者に気をつかう」と述べ，同居家族と専門家の心情を指摘している。家族によるケアは，長期化に伴い，本人との軋轢を生みやすい。なぜならば，広井良典のいう「ケア

▷49　森岡清美・望月嵩（1997）『新しい家族社会学　四訂版』培風館，69。
▷8050問題
→巻末キーワード

▷ヤングケアラー
→巻末キーワード

▷50　厚生労働省は，2019（令和元）年に「要保護児童対策協議会におけるヤングケアラーの対応について」を発出し，協議会でヤングケアラーの対応を行う方針を示している。

とは，その人に時間をあげる」という側面があるからだ。

　精神障がい者の子どもをもつ良田かおりは，「使える資源は訪問看護くらいで，日常の世話や症状への対応は家族丸抱えで，試行錯誤するしかないと嘆くばかりである」と，地域生活を支える資源の乏しさを憂いている。他方，子どもの立場から広田和子は「『この子を残して死ねない』と思いつつ，その子の生き方をさせず，世間体ばかりを気にして暮らしている。子どもに何もさせずに，何でも自分でやってしまう。それも文句を言いながら」と同居の親を批判している。広田の訴えは，ケアをする親とケアを受ける本人との関係が密着し過ぎてしまい，**共依存**関係に陥りやすいことを示唆している。2022（令和4）年6月に社会保障制度審議会障害者部会は，「障害者総合支援法改正法3年後の見直しについて」を発出した。そこには，「親亡きあと」を見据え，「ライフステージを通しての親元からの自立」について明記している。家族によるケアから社会的ケアへ「ケアの脱家族化」のイメージを家族と本人とともに描き，伴走していく関わりが求められている。

4-4. 精神障がい者の社会生活

　精神障がい者は，疾病と障害を併せ持っていると言われる。では，生活をしていくうえでの困難は何であり，疾病とどう関係するのか。統合失調症に焦点化して考えてみたい。また，精神障がい者の居住形態・家族との同居率，暮らしに必要な所得保障，就労支援について学ぶ。

4-4-1. 統合失調症者の生活困難

　1980（昭和55）年に世界保健機構（WHO）は，「国際障害分類（ICIDH）」を発表した。精神障害においても，機能障害と能力障害，社会的不利の概念整理に関する研究が，生活支援の領域を中心に始められた。機能障害は，生物学的なレベルでの障害であり，薬物療法を中心とした医学的アプローチとなる。能力障害は，日常生活を送るうえでの生活困難となり，福祉的なアプローチとなる。社会的不利は，制度不備や差別・偏見の環境要因により発生する生活困難であり，制度改革や福祉教育によるアプローチとなる。

　谷中らは，1980年に統合失調症者の「生活のしづらさ」概念を提唱した。谷中らの発表を契機に，統合失調症の能力障害（以下，生活障害）に関する実践研究の知見が発表されている。表4-9は，それらを整理したものである。これらの研究が進んだ背景には，退院後に，再発・再入院を繰り返す回転ドア現象がみられたことがある。生活支援の臨床家たちは，どのような支援があれば，再発を防止できるのか。暮らしのなかで統合失調症者を的確に理解しようとした。「生活のしづらさ」の命名にあるように，探究し続けたのは，生活上の主

▶**共依存**
→巻末キーワード
▶51　アメリカのソーシャルワーカーが使った「アルコール依存症の妻病」を淵源とする。酩酊し問題を起こす夫の尻拭いに翻弄され，夫の問題行動以外に注意・関心がいかない。共依存の中核にあるのは，「他人に必要とされる必要」ということ。

▶52　親元からの自立
精神障がい者が定位家族（生まれ育った家族）から独立した暮らしを営めるようになること，という趣旨である。

▶53　生活のしづらさ
谷中らは，生活のしづらさ概念を以下の4つに整理した。社会生活を持続し難くさせている要因として，衣食住をめぐる日常生活のスキルという「生活技術性」，近所付き合いや人間関係という「社会性」，稼働能力の乏しさや自己に相応しくない職場を選択しやすいという「経済性」，自らの暮らし全体をコントロールすることが困難な「統合性」の4つである。
谷中輝雄・佐藤二四郎・荒田稔（1980）「わが国におけるシステム化の動向――生活支持の観点から」『臨床精神医学』9(6)：647-655。

表 4 - 9　統合失調症者の生活障害の知見

著　者	論文名若しくは図書名	概　　要
谷中輝雄 佐藤三四郎 荒田稔ほか	「わが国におけるシステム化の動向―生活支持の観点から」『臨床精神医学』9(6)647-655, 1980年	精神分裂病者の社会生活を持続し難くしている要因として「生活のしづらさ」概念を提唱。「生活のしづらさ」を 4 つに区分する。 ①生活技術性：衣食住をめぐる諸技術，買い物，炊事，掃除，洗濯，交通機関や公共施設の利用等。 ②社会性：職場，近所付き合いにおける人間関係や社会的常識・習慣，自己に対する現実的評価・判断等。 ③経済性：稼働能力の乏しさ（疾病による能力低下，就労経験が無いこと，自己の能力に適さない職場を望むこと）。 ④統合性：生活の主体者として，社会生活の維持，拡大のために，個人の能力を統合し，諸々の社会資源の活用を図る能力の乏しさ。
見浦康文	「精神障害者のリハビリテーション―ソーシャルワーカーの経験から」『ソーシャルワーク研究』7(4)，32-36，1981年	病気と障害が併存し，「生活障害」概念を提唱する。 ①「対人関係技術の障害」：過敏，自信のなさ，協調性の不足，傷つき易さ，疲れ易さ ②「自己決定能力の障害」：身辺の自己管理，服薬管理，金銭の自己管理，余暇の使い方，社会生活を主体的に生きてゆくための状況判断
蜂矢英彦	「精神障害試論―精神科リハビリテーションの現場からの一提言」『臨床精神医学』10(12)，1653-1661，1981年	①精神分裂病の障害は，急性（亜急性）症状の安定のあとに残された情意減退や思考障害のこと。再発については，その都度，再発時の急性症状のあとに残された障害と考える。 ②疾患と共存する障害：疾患と障害の両面を併せ持ち，障害は疾患の経過に左右され，固定しない。
臺弘	「慢性分裂病と障害概念」『臨床精神医学』14(5)，1653-1661，1985年	精神分裂病の生活障害を 5 つに類型化 ①日常生活の仕方の障害：臺の造語 WDL（Way of Dayily Living）の低さ。 ②対人関係の障害：人付き合い，挨拶，他人に対する配慮，気くばり。しばしば尊大と卑下のからんだ孤立。 ③仕事場面の障害：生真面目さと要領の悪さの共存，のみこみが悪く，習得が遅く，手順への無関心，能率・技術の低さ。 ④生活経過の不安定さと持続性の乏しさ：再発準備性と易傷性との関連。 ⑤現実離れした空想：生き甲斐の喪失，動機づけの乏しさ，共感性の乏しさ。
昼田源四郎	『分裂病者の行動特性』金剛出版，1989年	精神分裂病の行動特性の 4 つの類型及び下位項目としての具体例 ①認知障害と過覚醒：一時にたくさんの課題に直面すると混乱する，受け身的で注意や関心の幅がせまい，全体の把握が苦手で自分で段取りをつけられない，話しや行動に接ぎ穂が無く唐突である，あいまいな状況が苦手，場に相応しい態度をとれない，融通がきかず杓子定規，指示はその都度ひとつひとつ具体的に，形式にこだわる，状況の変化にもろく不意打ちに弱い，慣れるのに時間がかかる，容易にくつろがず常に緊張している，冗談が通じにくく堅く生真面目。 ②常識と共感覚：現実吟味力が弱く高望みしがち，世間的常識的な思考・行動を取りにくい，他人の自分に対する評価には敏感だが他人の気持ちには比較的鈍感，自分を中心に物事を考えがち，視点の変更ができない。 ③自我境界：話しに主語が抜ける，あいまいな自己像，秘密を持てない ④時間性：あせり先走る，同じ失敗を繰り返す，リズムにのれない
中澤正夫	「『生活障害』の構造化の試み」『第 3 回精神障害者リハビリテーション研究会報告書―日本精神障害者リハビリテーション学会誌準備号』139-153，1996年	精神分裂病の生活障害を 3 つに類型化。 ①臨機応変さのないこと：1）生活の仕方が下手なこと，2）人づきあいが下手なこと，3）就労能力不足。 ②生活経過の不安定さ（Life events に対する特異的な反応） ③生き甲斐のないこと（受容と非現実さ）。 ＊生活障害の基本的な要因は，認知―反応系の歪みに求められる。

出典：筆者作成。

観的な困難である。具体的な生活困難の記述内容を読むと，障害のない者にとっても少なからず経験することがある。遠山は，統合失調症者と一般の人との違いについて，「その気になったらできるか，その気になってもできないかの違いにあるわけです。つまり，統合失調症の患者さんの場合は，誰かがそばに

ついて，いちいち教えてあげないと，日常生活の技術や手順を学習できないのです。このことは，おそらく『応用力がない』とか『想像したり工夫したりできない』といった能力の障害と関係が深い」と説明する。

　表4-9統合失調症者の生活障害の知見は，大きくは3点に整理できる。1点目は，統合失調症は疾患と障害が共存していることである。2点目は，生活を主体的に営むことに障害があり，福祉的な援助を必要とすることである。3点目は，障害は脳の生物学的機能不全を要因とし，克服すべきものではない。ケア提供を含む環境を整える働きかけが求められているのである。

　このように，支援対象を理解するために発展してきた生活障害概念とは裏腹に，今日の障害者総合支援法による障害支援区分や精神保健福祉法による手帳制度の障害等級判定は，サービスの利用量と給付の制限のために活用する政策的意図を含んでいる。これらは，第2章のICFの説明にあるように，「障害」を人と環境の相互作用モデルで捉えようとするのではなく，医学モデルで「障害」を判断している。その人のおかれた環境下での主観的な生活困難に寄り添うのではなく，医学モデルで生活の困難度を測り，規格化された福祉サービスの割り当て量の上限を設定するものだ。それゆえ，骨格提言[54]では障害程度区分の廃止を指摘され，対日審査の総括所見[55]では，医学モデルによる障害認定及び手帳制度の排除を指摘されている。しかしながら，現行制度は未だに存置している。

　では，医学モデルで障害を判定することと，障害を社会との相互作用から判定することは，どのように違うのか。図4-6のA君と図4-7のBさんは25歳。ふたりは統合失調症であり，同じ病理水準で同じ能力障害を持っていると仮定する。A君は，両親と同居しており，母親によるケア（お金の管理，食事の提供，部屋の掃除，洗濯と整容，服薬管理）を受けながら生活を営んでいる。Bさんは，家事全般（掃除，洗濯，買い物，調理，お金の管理）に保育園の送迎とやらなければならないことが多い。整理整頓がうまくできず，調理で

▷54　骨格提言
2011（平成23）年8月に国の設置した障がい者制度改革推進会議総合福祉部会が発出した障害者自立支援法廃止後の新法制定に向けた「障害者総合福祉法の骨格に関する総合福祉部会の提言」のこと。

▷55　総括所見
障害者権利条約批准後，第1回対日審査を終え，2022年9月に国連の障害者権利委員会から日本政府に対して発出された勧告文書のこと。

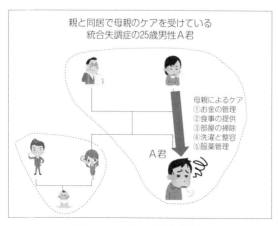

図4-6　A君25歳統合失調症

図4-7　Bさん25歳統合失調症

鍋を焦がしたり，生活費が足りなくなってしまったり，保育園に持たせるものを忘れてしまったり，毎日を上手く管理するこができない。医学モデルによる障害支援区分の認定調査では，A君とBさんの区分判定は同じとなる。なぜならば，病理水準，障害レベルが同じであるからだ。しかしながら，A君とBさんの障害は，おかれている環境との相互作用により，主観的な生活困難に相当な差があることは明らかであろう。

　政策主体である国は，なぜ，医学モデルを手放そうとしないのか。なぜ，頑なに障害支援区分を廃止しようとしないのか。これまでの障害福祉や精神保健福祉の歴史，介護保険制度との関連，国際比較等，多面的に検討をしてほしい。なぜならば，ソーシャルワークには，制度を使って支援することだけでなく，制度を改良していく社会的使命があるからだ。

　さて，本章第1節で，日本の精神医療の特異性を長期入院の問題を素材に解説した。長期入院は，基本的な動作を複数組み合わせるIADLを低下させてしまう。松原は，2008年に全国の民間精神科病院及び国公立病院を対象に「精神病床利用状況調査」を行い，入院期間別に統合失調症者のIADL調査を実施した。図4-8は入院期間1年未満であり，図4-9は入院期間1年以上の統合失調症者である。1年未満の入院患者と1年以上の入院患者を比較すると，

▷56　ADL（Activities of Daily Living：日常生活動作）は，起き上がり，座位といった基本的な動作であるのに対し，IADL（Instrumental Activities of Daily Living：手段的日常生活動作）は，複数の基本的な動作の組み合わせである。

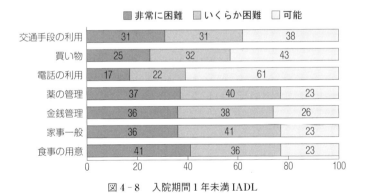

図4-8　入院期間1年未満 IADL

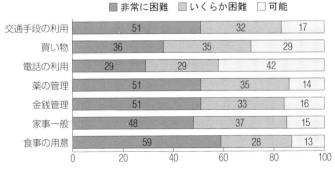

図4-9　入院期間1年以上 IADL

出典：松原三郎（2008）「精神病床利用状況調査からみたわが国の精神科医療の課題」『日本精神科病院協会雑誌』27(11)：967-979.

入院期間が長くなることにより，いずれの IADL 項目においても困難度が増し，「可能」の比率が低下していることがわかる。

とりわけ，「非常に困難」の比率が50％を超えているのは，交通手段の利用，薬の管理，金銭の管理，金銭管理，食事の用意がある。生活すべてにおいて，自己決定する機会が奪われてしまう精神科病院での暮らしは，入院前にもっていた能力を削ぎ落としてしまうのである。

4-4-2. 居住形態及び家族との同居率

2017（平成29）年の患者調査によると，精神障がい者数は約419万人で，そのうち在宅者が約390万人である。図4‐10にあるように精神保健福祉法第5条で規定している精神障害者数は，精神疾患を有する者の総数であり，医療の対象者数と等しい。医療の対象ではあるが，精神障害福祉の対象とならない者もいる。また，精神障害に関する偏見から，障害者手帳の取得を決意するまでには，時間を要することが多い。

手帳の取得者数については，後述する。厚生労働省は，障害者施策を推進するため，5年ごとに障害者手帳を所持している在宅障害者を対象とした「生活のしづらさなどに関する」調査を行っている。平成28年度の調査によると，障害種別ごとの家族との同居率は，65歳未満は表4‐10のとおりである。複数回答可となっていることから，「親と暮らしている」と「夫婦で暮らしている」は重複していると考えられる。

2015年の国勢調査において，一般の20～64歳までの子どもと親との同居率は29.4％であった。精神障害の親との同居率67.8％は，一般の2倍以上となって

▷57 患者調査
患者調査は，病院及び診療所を利用している患者について，傷病の状況を明らかにし，医療行政の基礎資料を得ることを目的に3年に1回実施される。

▷58 生活のしづらさなどに関する調査
2011（平成23）年，2016（平成28）年と実施され，2021（平成3）年は，新型コロナウィルスの感染拡大により，2022（令和4）に実施されている。最新の調査結果は，2016年実施の「平成28年度生活のしづらさなどに関する調査」である。

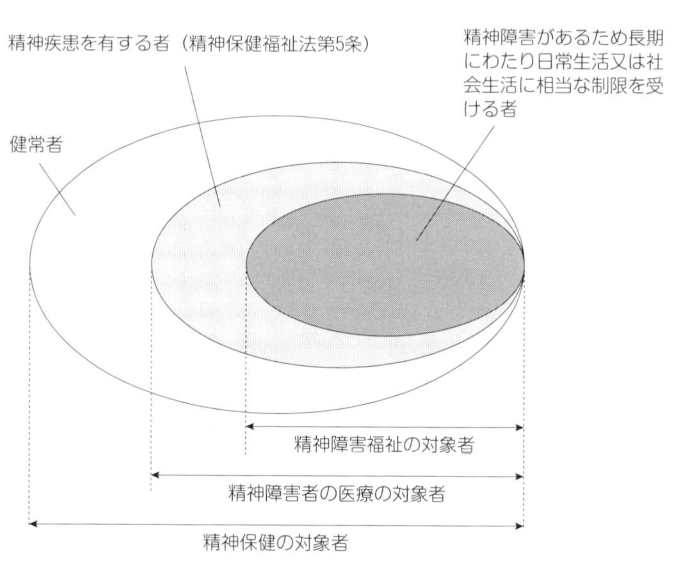

図4‐10　精神保健と精神障害者福祉の関係
出典：精神保健福祉研究会監修（2002）『精神保健福祉法詳解　改訂第二版』
　　　中央法規，60。

表4‐10　障害種別の居住形態

	親と暮らしている	ひとり暮らし	夫婦で暮らしている
身体障害	48.6%	12.2%	52.1%
知的障害	92.0%	3.0%	4.3%
精神障害	67.8%	18.6%	27.1%

出典：厚生労働省「平成28年生活のしづらさなどに関する調査（全国在宅障害児・者等実態調査）」。

いる。また，今後の暮らしの希望に関する回答では，「今までと同じように暮らしたい」が60.4％と最も高く，「一人暮らしをしたい」が7.6％，「グループホーム等で暮らしたい」が3.0％となっており，同居家族から独立して暮らす希望は少ない。

　一方，中央社会保健医療協議会の調査によると，精神療養病棟に入院している患者の約40％は，在宅サービスの支援が整えば退院可能であるとした。こういった病状以外の要因により退院できない入院を社会的入院と言い，最も大きな精神保健福祉の政策課題のひとつである。2004（平成16）年に厚生労働省は，「精神保健医療福祉の改革ビジョン」において，10年間で7万人の社会的入院者の解消を掲げたものの，2018年現在で，1年以上の長期入院者は約17万人であり，入院者の6割を占め，社会的入院問題は解消されていない。最も大きな問題のひとつは，退院後の「住まい」が無いことである。グループホーム等のケア付き住宅を増やしていくことも必要である。しかしながら，集団よりひとり暮らしを希望する精神障がい者も少なくない。2017（平成29）年に「住宅セーフティネット法」が改正された。図4‐11のとおり，民間の空き家・空き室を活用し，高齢者や障害者等の住宅の確保に配慮が必要な方への新しい支援の枠組みである。法第51条の住宅確保要配慮者居住支援協議会は，居住支援団体

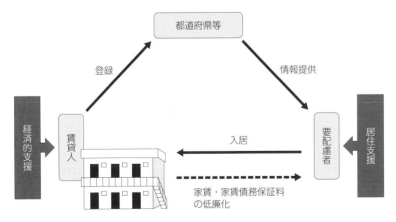

図4‐11　住宅セーフティネット法の枠組み

出典：国土交通省ホームページ。
https://www.mlit.go.jp/jutakukentiku/house/jutakukentiku_house_tk3_000055.html

▷59　中央社会保険医療協議会は，厚生労働大臣の諮問機関であり，診療報酬改定に向けて個別の点数を審議する。平成26年度診療報酬改定の結果検証に係る特別調査において，「適切な向精神薬使用の推進や精神疾患患者の地域移行と地域定着推進等を含む精神医療の実施状況調査」を行った。その結果，40％の精神療養病棟患者の退院可能性について指摘している。

▷60　厚生労働省は，社会的入院という用語を「受入条件が整えば退院可能な患者群」に置き換え，長期入院患者の定義を「1年以上の入院患者」としています。

▷61　住宅セーフティネット法
正式名は，住宅確保要配慮者に対する賃貸住宅の共有の促進に関する法律。2017年改正の柱は，①要配慮者の入居を拒まない賃貸住宅の登録制度，②登録住宅の改修や入居者への経済的支援，③住宅確保要配慮者に対する居住支援（家賃・家賃債務保証料の低廉化）の3つである。

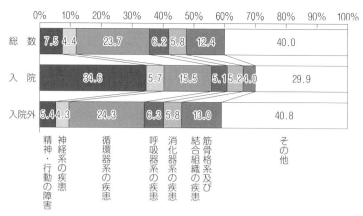

図4-12　一般診療件数の構成割合，入院-入院外・傷病分類別
出典：第68回（令和2年）医療扶助実態調査結果の概要。

（社会福祉法人やNPO）と不動産関係団体，地方公共団体の住宅・福祉部局により構成され，2023（令和5）年3月時点で，全国125協議会が誕生している。「精神障害者にも対応した地域包括ケアシステム構築」に向けて，地域移行支援事業等と連携し展開していくことが求められている。

4-4-3.　生活保障（生活保護・年金・手帳）

■生活保護

　生活保護制度は，憲法25条の健康で文化的な最低限度の生活を営む権利を保障するものであり，世帯収入が国の基準を下回る等，受給要件を満たす場合，申請により受給できる。

　図4-12は，2020（令和2）年6月審査分の医療扶助実態調査における診療件数の構成割合である。「精神・行動の障害」が占める比率をみると，入院では34.6％，外来では5.4％となっている。図にはないが，精神科病院の入院患者のうち生活保護の数は，4万3835人である。入院期間が長期になるに従い，「精神・行動の障害」比率は増え，5年以上の入院の傷病別分類では，85.5％となっている。精神障害者保健福祉手帳の2級以上は，障害者加算がつく。

■年　金

　精神障害で受給可能な年金には，障害厚生年金と国民年金（障害基礎年金）がある。いずれも保険料の納付要件を満たしていることと診断書の記載内容により，年金受給の可否及び年金の等級が決まる。厚生年金に加入している事業所等での在職期間中に初診がある場合，障害厚生年金の受給対象となる。20歳未満に初診がある場合，国民年金の納付期間とならないことから障害基礎年金の受給対象となる。

　厚生労働省が2019（令和元）年に実施した年金制度基礎調査（障害年金実態

表 4 - 11　等級別精神障害者保健福祉手帳所持者数

	総数	1 級	2 級	3 級	不詳
2016（平成28）年	841 (100.0)	137 (16.3)	452 (53.7)	48 (24.3)	48 (5.7)
2011（平成23）年	568 (100.0)	115 (20.2)	304 (53.5)	129 (22.7)	20 (3.5)
対前年比（％）	148.1	148.1	148.7	158.1	240

出典：厚生労働省「平成28年生活のしづらさなどに関する調査（全国在宅障害児・者等実態調
査）」。

調査）によると，精神障害での年金受給者は72万5千人である。障害厚生年金
受給者は17万3千人で，国民年金（障害基礎年金）受給者は，55万2千人であ
る。障害年金のなかで，精神障害の占める割合は34.6％で最も高く，次いで知
的障害の23.9％となっている。

　なお，障害年金には有期認定と無期認定があり，精神障害の多くは前者であ
る。したがって，更新時に診断書を提出し，障害等級の裁定を受けなければな
らない。

■精神障害者保健福祉手帳

　1997（平成7）年の精神保健福祉法により創設されたのが，精神障害者保健
福祉手帳である。2006（平成18）年10月より，それまでなかった写真貼付欄が
設けられた。先述したように，精神障がい者数419万人は，精神疾患を有する
者と等しい。では，手帳を所持している者は，どれくらいなのか。表 4 - 11は，
「生活のしづらさなどに関する調査のデータである。2016（平成28）年で，84.1
万人が手帳を取得し，5 年前より約30万人増えている。

　JR 運賃の減免や障害者医療等，身体障害や知的障害に適用されている制度
が精神障害に適用されていないものもある。そういった障害間格差を是正して
いく運動も求められている。自治体単独事業のサービスもある。[62]

■就 労 支 援

　2018（平成30）年 4 月から，精神障害者も**障害者雇用率**の対象となった。精
神障害の特性に配慮した短時間労働も制度化されている。合理的配慮のひとつ[63]
である。精神障がい者の雇用を後押しする障害者総合支援法の事業として「就
労移行支援」，「職場定着支援」があり，支援機関として「障害者就業・生活支
援センター」，職業訓練等を実施している「地域障害者職業センター」がある。
また，雇用型の「就労継続支援 A 型」と非雇用型の「就労継続支援 B 型」も
あり，障害者総合支援法の事業利用者が最も多いのは，非雇用型の就労継続 B
型事業である。2017年の調査によると，一般企業への 1 年後の定着率を障害別[64]
でみると，精神障害が49.3％を最も低く，受入事業所の理解や効果的な支援の

▷62　自治体単独事業のサー
ビス
精神障害者保健福祉手帳で
受けられるサービスは，精
神保健福祉センターで確認
することができる。
▷障害者雇用率
→巻末キーワード
▷63　合理的配慮
（reasonable accommoda-
tion）
障害者権利条約第二条で定
義されており，障害特性を
配慮し，過度の負担を課さ
ないとされている。この合
理的配慮を促進する法律が
「障害者差別解消法」であ
る。
▷64　障害者の就業状況等
に関する調査研究
2017年に独立行政法人高
齢・障害・求職者雇用支援
機構障害者職業総合センタ
ーに報告書として刊行して
いる。詳しくは以下を参照。
https://www.nivr.jeed.
go.jp/research/report/
houkoku/p8ocur0000000nub-
att/houkoku137.pdf

開発が求められている。

参考文献

池原毅和（2011）『精神障害法』三省堂.

稲垣中（2021）「抗精神病薬多剤大量投与の是正と QOL」『精神神経学雑誌』114
　　(6)：702-707.

宇都宮みのり（2010）「精神病者監護法の「監護」概念の検証」『社会福祉学』51
　　(3)：64-77.

今後の精神保健医療福祉のあり方等に関する検討会（2009）「精神保健医療福祉の更
　　なる改革に向けて」厚生労働省.

塩満卓（2017）「精神障害者の家族政策に関する一考察——保護者制度の変遷を手が
　　かりに」『福祉教育開発センター紀要』14：73-89.

末安民生（2003）「日本における精神病院（病床）に係る人員配置基準の差別」『精神
　　神経学雑誌』105(7)：872-875.

末安民生・天賀谷隆・吉浜文洋ほか（2009）「平成20年度障害者保健福祉推進事業障
　　害者自立支援調査研究プロジェクト報告書——精神科医療の地域移行に関する効
　　果的介入方法の検討」社団法人日本精神科監護技術協会.

立岩真也（1990）『「出て」暮らす生活』生の技法，藤原書店，57-74.

谷中輝雄・佐藤三四郎・荒田稔（1980）「わが国におけるシステム化の動向——生活
　　支持の観点から」『臨床精神医学』9(6)：647-655.

遠山照彦（2005）『統合失調症はどんな病気かどう治すのか』萌文社.

橋本明編（2010）『治療の場と精神医療史』日本評論社，41-44.

広井良典（1997）『「ケア」を問いなおす』ちくま新書，8.

広田和子（1998）「安心して死ぬために，楽しく生きてほしい」『月刊ぜんかれん　2
　　月号—特集　親なき後は今の問題』全家連，16-19.

松原三郎（2008）「精神科病床利用状況からみたわが国の精神科医療の課題」『日本精
　　神科病院協会雑誌』27(11)：286-298.

山本明弘・板原和子・志波充（2006）「和歌山県における精神障害者処遇の歴史——
　　精神病者監護法における監置の実態」『和歌山県立医科大学保健看護学紀要』2：
　　7-16.

良田かおり（2015）「保護者制度廃止と医療保護入院手続について」『精神保健福祉』
　　46(1)：17-20.

D・ルコント，木村真理子・古屋龍太監訳，長瀬修訳（2002）「日本の精神保健シス
　　テムを最良のものとするために——課題と勧告『ルコントレポート』（上）」『リ
　　ハビリテーション研究』111：26-33.

D・ルコント，木村真理子・古屋龍太監訳，長瀬修訳（2002）「日本の精神保健シス
　　テムを最良のものとするために——課題と勧告『ルコントレポート』（下）」『リ
　　ハビリテーション研究』112：34-40.

『読売新聞』2017年9月17日朝刊，精神科増える身体拘束，14ページ.

第4回全国家族ニーズ調査委員会（2006）「第4回全国ニーズ調査報告書——精神障
　　害者と家族の生活実態と意識調査」財団法人全国精神障害者家族会連合会.

2020年度まほろば会精神障害者家族のニーズ調査委員会（2021）「2020年度まほろば
　　会精神障害者家族のニーズ調査報告書」奈良県精神障害者家族会連合会.
平成29年度家族支援のあり方に関する全国調査委員会（2018）「精神障がい者の自立
　　した地域生活の推進と家族が安心して生活できるための効果的な家族支援等のあ
　　り方に関する全国調査」.

（塩満　卓）

コラム ⑥

精神医療国家賠償請求訴訟研究会が問いかけていること

東谷幸政

精神医療国家賠償請求訴訟研究会代表・PSW

歴　史

　精神医療国家賠償請求訴訟研究会は，2013年の1月に設立された。設立のきっかけは，2012年の秋に発行された雑誌『精神医療』誌に私が書いた論文「精神病院はいらない。精神医療国家賠償請求訴訟の必要性」に賛同した当事者，ジャーナリスト，ソーシャルワーカー，家族，弁護士の7名が運動体の組織化を目指したことによる。当初は，毎月例会を開催し，訴訟のための法理論構成と裁判資料の収集，原告募集，会員募集の広報等を行った。

　会員の増大とともに，東谷が担っていた事務局機能が限界となり，会計，会員管理，ニュース発行などの事務局機能を日本社会事業大学の古屋研究室へと移転した。より専門的な検討が必要になり，ソーシャルワーカー，弁護士，医師，研究者で構成する「専門部会」及び精神医療の前線で苦悩する当事者や家族の問い合わせに対応する「相談部会」，集会や学会での広報やパンフレットの作成，動画撮影などを担当する「広報部会」を起ち上げた。

　2020年9月，福島第一原子力発電所事故で危険避難区域の病院に40年間入院させられていた男性患者を原告に，東京地裁へ長期入院問題に関する国の立法不作為と行政不作為を問い，提訴した。

訴訟に踏み切った背景

　1968年，WHOから派遣されたDHクラークは，日本の精神科医療の後進性，人権が守られていない状況の改善を勧告したが，日本政府は完全にこれを無視した。その後，精神科病院における不祥事が頻発し，1984年の宇都宮病院事件によって惨状が世界に知れ渡ることになる。国連人権問題小委員会による非難決議，国際法律家委員会による調査団の派遣と改善勧告によって精神衛生法は精神保健法に名称は変わったが，骨格は変わらなかった。

　国会における精神科特例などの改善を求める質疑は450回に及ぶ。また，公衆衛生審議会をはじめとする各種の国の審議会でも，地域精神医療への転換を求める答申が何度も出されたが，社会的入院者を生み続ける構造は何も変わらなかった。

　東谷は，カリフォルニア州バークレーのCIL，カナダのバンクーバーでの地域精神医療の研修を繰り返すうちにアメリカの障害者解放運動や消費者運動の歴史が国や州への訴訟によって地域で暮らす権利を獲得していった歴史を学んできた。国会や審議会では現状は変えられない。国家賠償請求訴訟によって，国の立法，行政の不作為が認定されれば国は大きく政策変更をせざるを得ないと考えた。

大切にしていること

　会員には，医師や弁護士，大学教授，国会議員もいるが「先生」とは呼ばない。呼ばせない。人として「対等性」を最も大切にしている。

　裁判に勝利することは大切だがこの裁判が多くのメディアで報道されて日本の悲惨な精神医療が国民の知るところとなり，大きく変わる精神医療改革の礎になりたいと願っている。

コラム ⑦

なぜ家族への支援が必要なのか

岡田久実子
全国精神保健福祉会連合会

「青天の霹靂だった」…多くの精神障害者家族（以下：家族）が口にする言葉である。それまで極普通の生活を送っていたその人（以下：本人）が，これまでにない表情や言動を見せ始め，会話がかみ合わず，言い争いから罵声や暴言，暴力に発展することさえある。家族に精神疾患の知識はなく，本人に何が起きているのか，どこに相談すればよいか…わけがわからないままに時間が経過する。ようやく医療が必要と覚悟する頃には本人との意思疎通は難しく，受診のために，高額の移送業者に依頼するなど，強制的な行動をとらざるを得ない状況に追い込まれていく。医療につながっても，家族の不安は解消しない。どのような病気なのか，今後の見通しは，日々どう対応したら良いのか…家族は絶望感とともに様々な不安を抱えた生活が続く。不安な家族が不安な本人を支えなければならず，この状況が本人の病状を揺さぶり，関係性に歪みを生じさせていく。このような体験から，家族は元々持っていた精神障害への偏見を強め，本人を何もできない人のように感じてしまい，本人の生活のすべてを抱え込んでしまう。本人をケアするために転職や離職せざるを得ないこともあり，家族の人生にも大きな影響が生じている。

日本には，かつてのイエ制度や民法の扶養義務など，家族内のことは家族の責任という風土があり，更に精神保健福祉法では「保護者制度」として家族に多くの責任を負わせてきた。家族はその責任感や愛情から「本人を世話する役割」を当然のこととして引き受けるが，家族の思いが本人の希望や意思を超えて先行してしまうことがある。本人と家族は，親子，きょうだい，夫婦であっても，それぞれに独立した一個人である。本人がその希望や意思に沿った人生を送るためには，家族との適切な距離感が重要であり，そのためには，家族の不安や疲弊を解消するための家族自身に焦点を当てた支援は欠かせない。

障害者権利条約前文（x）には，家族は「必要な保護及び支援を受けるべき」とあるが，障害者総合支援法，精神保健福祉法には，未だに家族支援が位置づけられていない。そのような中で，訪問支援・訪問医療に取り組み，家族全体を視野に入れた支援の取り組みも始まっている。

今後の課題としては，精神科医療での家族支援が診療報酬化されること，相談支援における家族相談が個別給付化されることが望まれる。更には，ケアラー支援法が制定されて，本人と共にケアする家族の権利も守られる社会体制を願うものである。

振り返ってみて思うこと

下村幸男
NPO法人陽だまりの会

　僕と彼女が初めて出逢ったのは，35年前の精神科閉鎖病棟の中でした。彼女は食堂ホールで，松田聖子の「瑠璃色の地球」を歌いながら歩き回っていました。僕が後について行こうとすると，「離れて聴いて」と言いました。僕はその頃，ココナッツオイルを愛用していました。彼女は「夏の匂いがする」とつぶやきました。僕はそのひとことで，恋に落ちてしまいました。

　それから僕は，彼女のファンクラブを設立するために，彼女への応援メッセージを男性患者に書いてもらいました。趣向をこらしたプレゼントをあげたり，「炭坑節」の踊り方を教えてあげたり…その情熱が通じたのか，僕らは病棟内で公認のカップルになり，週一回ある社交ダンスの時間には，パートナーとして踊ってくれました。

　僕らが一緒に入院していた期間は，3か月ぐらいだったのですが，お互いが退院して，彼女の方から，映画とレベッカのコンサートに誘ってきました。映画は「愛は静けさの中に」と言う洋画で，なぜか内容をぜんぜん覚えていません。解散前のレベッカのコンサートは，本当に楽しかったです。僕は，これからも彼女と付き合いたいなぁと淡い夢をもったのですが，彼女の母親の猛反対があり，彼女も家族に無理は言えないと手紙をくれました。本当にショックでした。実際，涙，涙でした。

　ある日，読売新聞に「精神障害者の生活の場づくりを考える市民の会（のちの陽だまり会）」の記事が載っていました。僕は寝屋川市民だけど，枚方の団体に入れば，いつかまた彼女に逢えるのではないかという一念で入会しました。

　それから10年後，精神医療オンブズマンとして，訪問先の病院で入院していた彼女に偶然出逢えたり，彼女が転院しても，また偶然にも共通の友人が，教えてくれて面会できたりしました。枚方ふれあいフェスティバルで，年に一回逢えるようになりました。

　そして9年前，お互いフリーになった時，恋人として付き合い始めました。現在，彼女はセンター「陽だまり」で，ランチを一緒に食べたり，フラワーアレンジメントや手芸をしたりしています。僕はワークショップ「ちゃぶ」で，弁当箱洗いを頑張っています。彼女の母親も，今は温かく見守って頂いています。今に思えば，20代のあの頃，反対してもらって良かったと感謝しています。

　35年の時は流れたけれど，僕は昔以上に彼女を愛しています。昨年，もう還暦も過ぎたけれども，4年間の同棲生活を経て，結婚しました。専門職の人たちには，これからも変わらず，僕たちを見守ってほしいです。

第5章

「精神保健福祉士」の資格化の経緯と
精神保健福祉の原理と理念

　　1948年に国立国府台病院において看護師を転用して社会事業婦を置いたのが，日本における精神科ソーシャルワーカーの誕生である。1964年，ライシャワー事件との関わりもあり，「日本精神医学ソーシャル・ワーカー協会」が設立された。しかし，全ての精神科病院で精神科ソーシャルワーカーが雇用され社会福祉職として配置されていたわけではない。1965年の精神衛生法改正においては，保健所に精神衛生相談員が配置されるようになってきたが，当時は，講習を受けた保健師が精神衛生相談員の資格をもち業務に就くことろも多かった。精神科ソーシャルワーカーの充実は，宇都宮病院事件に対する国際的な批判を受け成立した1987年の精神保健法以降である。

　　本章では，精神科ソーシャルワーカーの歴史や，精神科ソーシャルワーカーに大きな学びを与えたY問題を踏まえ，その倫理や原理・価値を学ぶことに焦点をおく。

5-1. 日米の精神科ソーシャルワーカーの歴史

5-1-1. アメリカにおける精神科ソーシャルワーカーの誕生

精神科領域におけるソーシャルワーカー（以下，PSW）は，いつ頃，どのような経緯で誕生したのか。日米の時間差とその関係性について，整理してみたい。

アメリカにおける PSW は，数人の著名な精神科医により病院に導入された。マイヤー（Adlf Meyer）は，1904年，ボルチモアのジョンホプキンス病院勤務時，妻を友愛訪問員（friendly visitor）として，患者の家へ訪問させ，生活史，生活環境を把握し，治療に役立てた。

1905年，キャボット（R. C. Cabot）は，ボストンのマサチューセッツ総合病院（Massachusetts general Hospital）にソーシャルワーカーを採用した。キャボットが参考にしたのは，フランスでの家庭訪問員が結核患者宅で行う住環境の改善・栄養指導等の業務である。キャボットは，正確な診断と退院後の指導には生活環境を把握する必要があると考えていた。その著書『ソーシャルワーク―医師とソーシャルワーカー』では，リッチモンドの文献が引用されており，医療に社会事業の方法論を採り入れ，医療ソーシャルワーカー（MSW）の必要性を論じている。

精神医学との関連でサイキアトリック・ソーシャル・ワークという名称を与えたのは，1913年にボストン精神病院（Boston Psychopathic Hospial）で，医師サザード（E. E. Southard）と連携し，ソーシャル・サービス部長となったジャレット（M. C. Jarrett）である。彼女は，サザードと共著で精神科ソーシャルワークの教科書『悪魔の王国（*The Kingdom of Evils*)』を著した。第一次世界大戦による戦争神経症患者への対応が求められ，マサチューセッツ州のスミス大学で，1918年に全米初の高等教育機関における PSW 養成教育が始まっている。

アメリカにおける PSW の位置づけを後押ししたのは，ニューヨーク州に精神障害者に対するアフターケア委員会が結成されたこととビアーズ（C. W. Beers）の精神衛生運動の2点を挙げることができる。

5-1-2. 日本における精神科ソーシャルワーカーの誕生

1948（昭和23）年，国立国府台病院に「社会事業婦」の名称で，ふたりが採用されたのがその嚆矢とされている。なぜ，そうなったのか。院長として着任した村松常雄は，アメリカへ留学（1933～1935年）していた折り，ビアーズとも親交があり，PSW の役割に着目していた。1950（昭和25）年，名古屋大学医学部精神科教授として着任した村松は，国立国府台病院の金子寿子を PSW と

▷1　マイヤーの感情の動きとその原因や心理過程を重視する力動精神医学（dynamic psychiatry）の考え方は，親交のあったリッチモンド（M. E. Richmond）にも影響を与え，彼女のケースワーク論には色濃く反映されている。

▷2　MSW を採用したキャボット医師は，医学部卒業後，ボストン児童養護協会での仕事を通じて，有給のワーカーが子どもの性格，生活歴，学校での状況の調査を行い，他の専門職と連携している社会事業の方法を知る。MSW としてペルトンとキャノンを採用する。先に始めたイギリスでは，MSW をアーモナーと呼んだが，アメリカにおける MSW の最初の名称は，ソーシャル・アシスタントである。

▷3　Jarrett, Mary C. https://www.journals.uchicago.edu/doi/pdf/10.1086/641148

▷ビアーズ，C. W.
→巻末キーワード

▷4　成人病棟に橋本繁子，児童病棟に関川美代が採用される。橋本繁子は雇員，関川美代は看護婦だったという。

して迎え，専任の臨床心理士らと，わが国初の精神科臨床チームを編成した。金子らを中心に1967（昭和42）年に「東海 PSW 研究会」が誕生している。1952（昭和27）年には，国立国府台病院に隣接した国立精神衛生研究所が設置され，7 名の PSW を採用し，精神科医，臨床心理士の 3 者による臨床チームで精神衛生相談を開始している。　　　　　　　　　　　　　　　（塩満　卓）

5-2.　日本精神医学ソーシャルワーカー協会の設立

5-2-1.　手探りの実践のなかで探求し始める職業アイデンティティ

　PSW は，1950年代中頃から，公立，私立の精神病院に徐々に配置されるようになり，1960年代には，精神病院ブームによる人手不足を補うために，民間精神病院へも配置されるようなる。当時の PSW は，不安定な雇用関係のなかで，「何でも屋」的な存在であった。そんななかで，社会資源を使いながら，患者や家族への支援を行い，手探りの状況からその専門性を探求していく実践も始まっていた。浅賀ふさの尽力で1953（昭和28）年に設立された日本医療社会事業家協会へ参加する PSW もみられた。1957年には，関東地区の PSW によるサイキャトリック・ソーシャル・ワーク研究会，1958年に宮崎市を中心にした PSW の自主的集まり，1960年に宮城県 PSW 研究会，1962年に東海地区 PSW 研究会と関西 PSW 連絡協議会，精神病院ソーシャルワーク連絡協議会（事務局：国立国府台病院精神科）が発足している。

5-2-2.　全国組織化の胎動

　厚生省内で，医療関係のソーシャルワーカーの資格制度化に関する動きが始まった。そのため，職能集団として全国の PSW の意見を集約することを目的に，1963（昭和38）年 8 月，全国から76名の PSW が日本社会事業大学に集まり，「精神医学ソーシャル・ワーカー全国集会」を開催した。全国集会では，資格身分制度，教育・養成，業務内容，組織化について，議論された。同年 9 月には，厚生省へ全国集会の報告とともに，身分法の立法化に関して，現場の意見聴取をするように申し入れた。同年10月，日本社会事業大学において，第 1 回日本精神医学ソーシャル・ワーカー協会設立準備会が開催される。それ以降，東京・千葉・神奈川・埼玉・茨城の PSW らが協会設立準備作業を急ピッチで始めている。

　1963年は，アメリカでケネディ大統領の「精神病及び精神薄弱に関する教書」が議会に提出され，脱施設化の契機となった年である。一方，国内に目を転じると，厚生省公衆衛生局長通知「精神障害者措置入院制度の強化について」が発出され，精神障害者の隔離収容の強化が図られた。他方，予防や社会復帰も視野に入れた精神衛生法改正に向けた検討も始まり，厚生省は精神衛生

▷5　浅賀ふさ
日本の医療ソーシャルワークの先駆者。ハーバード大学大学院で学び，キャボットの下で働く MSW キャノンから直接専門訓練を受けている。日本初の MSW として聖路加国際病院社会事業部で勤務する。その後，厚生省で勤務し，児童福祉法制定に関わり，1953（昭和28）から中部社会事業短期大学（現日本福祉大学）で教鞭をとる。朝日訴訟への関与，老人医療費無料化政策へのソーシャルアクションなど，幅広い活動を展開した。「ケースワーカーこそ，社会政策への強力な発信者でなければならない」の言がある。

▷6　精神医学全国集会では，資格身分制度，教育・養成，業務内容，組織化について討議された。

▷7　昭和38年 5 月17日衛発393号の厚生省公衆衛生局長通知「精神障害者措置入院制度の強化について」では，「医療及び保護並びに予防等に関する行政措置の推進」と，措置要件の拡大解釈が図られた。

▷8　1963年 2 月13日，精神衛生法改正について，日本神経学会と日本精神病院協会は，それぞれ案を持ち寄り，話し合いがもたれている。日本精神病院協会は同意入院も含め国費負担とする等の意見，日本精神神経学会は地方精神衛生審議会の設置や自発的入院を増やす等の意見が出されている。

実態調査を実施している[8]。

　そんな折り，1964（昭和39）年3月24日午前，ライシャワー事件が起こる。事件後に改正された精神衛生法において，精神衛生相談員が保健所と精神衛生センターへ配置されることとなった。

5-2-3.　精神衛生法改正に伴う保健所精神衛生業務と精神衛生センター

　ライシャワー事件は，事件当日午後の参議院予算委員会で採り上げられた。警察行政の取締りの強化・保安処分の検討がマスコミによる「精神障害者野放し」報道と相俟って，世論を席巻した。当初，厚生大臣もそれに呼応するように，精神障害者リストの整備・保健機関との連絡・保安処分の早期実施等の国会答弁を行っている。他方，事件後の精神衛生審議会では，「精神障害者は決して危険ではなく，社会復帰の可能性が極めて高くなっている。精神医療専門職を養成・確保し，地域精神衛生活動と必要な機関整備，医療保障を充実することが必要」と，収容ではなく地域ケアの重要性を厚生大臣あて具申した[9]。関係団体として精神神経学会[10]や都立松沢病院等，都内の複数の病院医局や全国組織の結成を準備していた家族らが，急遽「精神衛生法改正問題についての協議会[11]」を組織化し，隔離収容主義強化に関する問題点を共有した。厚生省の手引きもあり，病院や大学病院医局，各地の患者家族会も陳情・署名活動を行った。

　このように，ライシャワー事件を契機とする精神衛生法改正作業は，警察行政と厚生行政が激しく対立する構図のなか，国会論戦が続いた。

　1965（昭和40）年，精神衛生法は改正された。警察行政と厚生行政双方の主張を採り入れる改正となった。主な改正の概要は以下5点である。警察行政の主張として，① 警察官通報制度の強化（第23条），② 緊急措置入院制度の創設（第29条の2）がある。厚生行政の主張として，③ 通院医療費公費負担制度の創設（第32条），④ 保健所精神衛生相談員規定の創設（第42条），⑤ 都道府県立精神衛生センターの設置（任意）（第7条）がある。詳述すると以下のようになる。

出典：『朝日新聞』（1964年5月4日朝刊）

① 警察官通報制度の強化：改正前は，警察官が「保護した場合，通報」であったが，改正により「発見した場合，通報」と要件緩和。

▷9　この緊迫した状況については，以下の文献に詳しい。
広田伊蘇夫（2004）『立法百年史—精神保健・医療・福祉関連法規の立法史』批評社，66-73。
岡田靖雄（2002）『日本精神科医療史』医学書院，221-234。
▷10　当時，アメリカに滞在していた精神神経学会理事長の秋元波留夫は，日本で行われようとしている治安対策強化の方向性について，アメリカの精神科医は，日本の精神科医よりも憂慮している，と帰国後の精神神経学会の拡大対策委員会で述べている。
▷11　精神衛生法改正問題についての協議会
都内・近県の大学・病院関係者88名が集まり，伝えられる一部緊急改正案に反対すること，運動方針を確認・共有している。

② 緊急措置入院制度の創設：ふたりの精神衛生鑑定医による一致した自傷他害性がなければ措置入院とならなかったが，休日・夜間等やむを得ない場合，ひとりの精神衛生鑑定医の判断のみで，72時間限定で措置入院させることが可能とする。

③ 通院医療費公費負担制度の創設：患者の通院継続を目的に，外来治療費の1/2を公費負担とする制度の創設。

④ 保健所精神衛生相談員規定の創設：保健所を地域精神衛生の第一線機関と位置づけ，保健所に精神衛生相談員を配置する（任意）。精神衛生相談員の基礎資格は，大学で社会福祉を修めた者。

⑤ 都道府県立精神衛生センターの設置（任意）：保健所に対する技術指導援助を行う都道府県精神衛生に関する技術的中核機関。

5-2-4.　職能集団としての PSW 協会の誕生

1963（昭和38）年11月の全国集会を終え，PSW 協会設立準備に動き始めていたことは，2-2. で述べた。その最中に，ライシャワー事件が起こり，1964（昭和39）年 5 月，国立精神衛生研究所内に「日本精神医学ソーシャルワーカー協会設立推進委員会」事務局を設置した。東北，関東甲信越，関西，中国四国，九州には地区推進員を置いた。

1964年11月19日，日本精神医学ソーシャルワーカー協会（以下，日本 PSW 協会）は設立総会を開催し，正式に発足した。設立趣意書で PSW の資格と業務について，「学問の体系を社会福祉学に置き医療チームの一員として精神障害者に対する医学的診断と治療に協力し，その予防および社会復帰過程に寄与する専門職種」と記している。協会の構成員は，主に精神病院で勤務する PSW であった。当時の PSW は，アメリカの機能主義，診断主義のソーシャルワーク理論と力動精神医学の影響を受け，他の職種との違いを明らかにするために，自らの専門性を自己決定の原則等，ソーシャルワークの原理原則に求めた。

発足間もない PSW 協会は，「PSW の身分制度に関する専門委員会」を発足させ，保健所と精神衛生センターの精神衛生相談員について，社会福祉系大学卒業生の採用を要望する陳情書を厚生省へ提出している。精神病院の PSW の劣悪な労働状況や身分の不安定さを解決するために身分制度の確立についても，その陳情書に記している。　　　　　　　　　　　　　　　　　　　（塩満　卓）

5-3.　Y 問題

5-3-1.　経　緯

Y 問題の理解を深めるには，背景である地域精神衛生の第一線機関とされた保健所精神衛生業務を理解しておく必要がある。1965（昭和40）年に改正さ

▷12　設立総会を控えた10月15日，「日本 PSW 協会設立のための関東甲信越地区集会」が開かれ，村松常雄が「我が国における精神医学ソーシャル・ワークの発展の歴史と将来への期待」という特別講演を行っている。
11月19日の設立総会は，仙台市の県民会館において，88名の参加を得て開催された。

▷13　1969（昭和44）年，東京の精神病院に勤務していた PSW の I さんは，「患者を退院させすぎた」との理由で，解雇される。PSW は，職種属性として患者の立場に立つ一方で，雇用者との関係から生じる立場もあり，この 2 つは時に矛盾する。この 2 つの立場を併せ持つことを「二重拘束性」という。職種属性による援助原則と所属機関の経営的プレッシャーにより強いられる援助行為とに齟齬が生じる「二重拘束性」は，常に存在し，それとどう向き合うかが問われている。

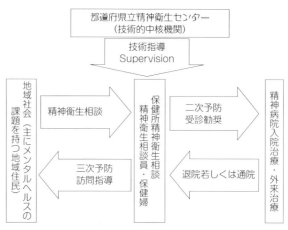

図5-1　新たな精神衛生の行政体系
出典：「精神衛生センター業務運営要領」及び「保健所における
精神衛生業務運営要領」をもとに筆者作成。

れた精神衛生法で保健所は，図5-1のとおり，精神衛生相談において，二次予防と三次予防を主に行い，処遇困難事例は，精神衛生センターがスーパービジョンを行うこととされた。地域精神衛生行政の始まりとしての保健所精神衛生業務は，如何に治療を受けさせるかということと，如何に再発させないか，この2点を中心とした個別援助から始まる。1975（昭和50）年には，在宅であることを生かしたグループワーク（集団援助）を社会復帰相談支援事業として展開させている。

　Y問題とは，地域精神衛生業務が始まって間もない1969（昭和44）年に発生した事件である。Y問題は，精神衛生センターの精神衛生相談員がY氏（男性，当時19歳）の父親からの相談を受け，保健所が精神衛生センターの技術指導を受けるなかで，Y氏の精神病院入院に関与したというものである。事件の概要は，以下のとおりである。

　大学受験を控えていたYさんは，受験への精神的負担と腰痛による身体的負担が重なり，それが要因となって，親子げんかなど家庭内に緊張が生じていた。心配した家族が知り合いの医師や保健所，精神衛生相談所の精神科ソーシャルワーカーに相談したところ，保健所の精神科ソーシャルワーカーが，本人の意向をいっさい聞くことなく，警察の応援のもとに，無抵抗の本人を「家庭内で親に暴力をふるい，親が対処できずに困っている」という理由で精神病院に入院させた。

出典：日本精神保健福祉士協会編（2013）『生涯研修制度テキスト　第2版』。

　Y氏は，1971（昭和46）年，強制入院させられたことによる精神的かつ身体的な損害に対し，強制入院となった精神病院を被告とする民事訴訟を提訴した。また，Y氏は，1973（昭和48）年6月，横浜で開催された日本PSW協会第9

回全国大会の前日，大会運営委員長あてに，以下の申し入れを行った。また，
「精神障害者の現状と私の実践」というシンポジウムにおいて，Y氏と母親は，
会場一般席から経過と裁判に至った詳細を語り，「無責任なケースワーカー
(PSW)によって我々家族はめちゃくちゃにされた」と発言した。これらを受
けて，協会は，大会総会の場で，「Y問題調査委員会」設置を決めた。

〈申し入れ書〉

大会運営委員長　A殿

　私ことYは，B市C保健所，Dセンターにより，1969年10月11日，本人の全く知
らぬ間に精神病というレッテルをつけられ，警察，保健所により強制的にE病院に
入院させられました。

　この入院は一切の医師による診察がないばかりか両親の同意もなく行われました。
そして40日間という長期にわたり不法監禁され，心身両面にわたる言語に絶する苦し
みを味わされました。

　このため私は現在，E病院を相手取り，この重大な人権侵害に対し裁判を起こして
います。

　しかしながら，この問題に関して私の入院させられる過程のなかで
C保健所，Dセンター，警察が積極的に否定的役割を果たしていることは，否めない
事実であります。

　C保健所，Dセンターの私に対して行った不法行為を考え合わせますと，今日ここ
に集まられたPSW会員の日々の実践がどういうものか疑わざるを得ません。

　なにとぞ，この事件を大会議題の一つに取り上げ，積極的な討論をされ，第二，第
三の私を生みださないためにも，自らの実践を厳しく見つめ，共にこの闘いに参加さ
れることを，切にお願いします。

1973年4月6日　Y印

出典：日本精神保健福祉士協会50年史編集委員会編（2015）『日本精神保健福祉士協
　　　会50年史』中央法規出版，57。

　前ページの事件の概要は，日本PSW協会の視点からまとめられたものであ
り，申し入れ書は，Y氏の視点から書かれたものである。

5-3-2．Y問題からの学び

　設置された調査委員会では，以下，2点について調査を始めた。ひとつは，
Y氏の人権に焦点をあてた事実経過の調査である。もうひとつは，精神衛生
行政と医療状況に関する調査である。結果として，日本PSW協会は，Y問題
に関わった個人の問題として捉えるのではなく，職種として誰にでも起こりう
る課題として取り組むこととし，以後，約10年間にわたり，組織内調査，集団

的議論を重ねた。

　調査委員会からの報告[15]を受け，1975（昭和50）年の新潟大会では，「Y問題調査報告により提起された課題の一般化について」が配布された。そこには，①精神衛生法による措置入院，同意入院制度の点検，②「本人」の立場に立つ基本姿勢の確立，③業務が保障される身分制度の確立，の3つの課題が提起された。特に，②の「本人の立場に立つ基本姿勢」は，「Y問題の提起する人身拘束にとどめるのではなく，生活上の諸権利を含む広義の人権問題と関連させてとりあげる」と説明した。この人権を擁護するという一文は，その後の経過において，PSWの専門性の構築と職能団体としての方向性を定める礎となった。

　1980（昭和55）年，日本PSW協会は，Y問題以降の課題も検討し会員へ提案する「提案委員会」を設置した，提案委員会は，翌1981（昭和56）年，Y問題の経過のなかで考えられる反省点として，①立場と視点（PSWとしての立場と視点の確立），②状況と認識（マクロ政策を含む状況認識），③実践とワーカー・クライエント関係（対等な関係性を基本とする），④福祉労働者としての二重拘束性の4点を挙げている。

> 　提案委員会報告の作成作業は，協会員の労働実践への検討から始まり，組織をあげて，対象者の立場に立つとは何かを明らかにしようとし，またその関わりの視点を求め続け，PSWの専門性・対象のおかれた状況・組織そのもののあり方の検索まで及んだ。
>
> 　そして，今日，私たちの労働実践の終極目標を精神障害者の社会的復権の樹立とし，そのため「対象者の社会的復権と福祉のための専門的活動は，協会にあっては，現行精神衛生法や，精神医療行政，さらに対象者の置かれた現状への取り組みとなって現れ，各会員の日常業務での実践と，その問題性を集約していくべきである。

　1982（昭和57）年，札幌で開催された第18回日本PSW協会総会では，以下の「日本精神医学ソーシャルワーカー教会宣言――当面の基本方針（以下，**札幌宣言**）」が提案・採択されている。札幌宣言の主要な部分を以下に記しておく。PSWは何をする人で，どのような職業なのか。このことに対する中心的な解として，札幌宣言は，現在の日本精神保健福祉士協会に至るまで重要な指針として継承されている。

（塩満　卓）

5-4. 倫理綱領の制定

　1915年，フレックスナー（A. Flexner）[16]は，全米慈善・矯正事業大会（National Conference of Charities and Correction）において，専門職が成立する6つの

基準（① 個人的な責任を伴う理論を携えた活動である，② 固有の科学と知識に裏付けられている，③ 教育による伝達可能な技術がある，④ 実用的目的のためのもの，⑤ 利他的動機がある，⑥ 自主的な組織，を示した。ソーシャルワーカーは④と⑤以外は達成できていないため，専門職とは呼べないと結論づけた。

1957年，グリーンウッド（E. Greennwood）は，それまでの専門職性に関する研究を集約し，5つの基準（① 体系的な理論があること，② 専門職としての権威があること，③ 倫理綱領をもつこと，④ 社会から承認されていること，⑤ 専門職業文化をもつ）を示し，ソーシャルワークは，十分専門職であるとした。

グリーンウッドの専門職基準に照らし合わせると，日本における現在の精神保健福祉士は，5つの基準を満たし，専門職であると言える。精神保健福祉士の職業倫理については，第6章第2節を参照されたい。ここでは，倫理綱領とは何かということと，策定の経緯を確認しておきたい。

倫理綱領には，価値と倫理が書かれている。平易な言葉に置き換えると，価値とは「大切にしなければならないこと」であり，倫理とは「守らなければならないこと」である。

前項で述べたY問題に対する職能団体としての省察は，結果として倫理綱領の下地となった。PSWは何をする人で，どのような職業なのかである。1986（昭和61）年，日本PSW協会は，倫理綱領制定委員会を設立し，綱領作成に着手する。各地区や支部から意見をまとめ，1988（昭和63）年，最初の倫理綱領が採択される。倫理綱領は，「前文」「原則」「専門職の責務」の三部により構成されている。

「前文」では，社会福祉学を基盤とし，「精神障害者の社会的復権と福祉のための専門的・社会的活動」を示している。「原則」においては，人権擁護と自己決定の保障，プライバシーの保護を打ち出している。「専門職の責務」においては，① 個人の尊厳の擁護，② 法の下の平等，③ プライバシーの擁護，④ 生存権の擁護，⑤ 自己決定の尊重，⑥ 専門職向上の責務，⑦ 社会に対する責務，⑧ 専門職自立の責務，⑨ 批判に対する責務としている。

倫理綱領は，1997（平成9）年に精神保健福祉士法が成立したことにより，日本PSW協会が日本精神保健福祉士協会への名称変更等，社会状況の変化に伴い，現在まで複数回の改訂が行われている。

5-4-1. 行政体系と専門職

行政が成立する3つの要件は，法制度の整備，財政の確立，執行機関の設置と人の配置である。いわゆる，カネ・ヒト・モノから成る行政体系である。1960年代前半には，厚生省内で，医療関係のソーシャルワーカーの資格化の検

▷17　グリーンウッドは，全米ソーシャルワーカー協会誌（*Journal of Social Work*）に，専門職に必要な5つの基準を論文 "Attributes of Profession" で発表した。

▷18　倫理綱領制定委員会坪上宏（日本福祉大学教授）を顧問とし，1988（昭和63）年に，「日本精神医学ソーシャルワーカー協会倫理綱領」として採択される。
現在の日本精神保健福祉士協会の倫理綱領は以下を参照のこと。
https://www.jamhsw.or.jp/syokai/rinri/japsw.htm

▷19　カネ・ヒト・モノから成る行政体系
1965（昭和40）年の精神衛生法改正による保健所への精神衛生相談員配置，2013（平成25）年の改正精神保健福祉法による精神科病院における退院後生活環境相談員の配置は，執行機関と専門職種の配置であり，カネ・ヒト・モノからなる新たな行政体系である。そこには，法制度の整備と財政的措置が基盤となっている。

計が始まり，日本PSW協会も設立当初より身分法の制定を求めていた。その意図は，「便利屋」ではなく，社会福祉学を基盤とした専門職として関わるということである。つまり，医師や看護師のように，身分法[20]をもち，医療・保健・福祉行政に位置づけることを主張したのである。以下，国家資格化までの経緯を記す。

5-4-2. 先行する社会福祉士法の制定

福祉六法の整備とともに，社会福祉施設職員の質の向上と待遇の向上が政策課題となった[21]。1969（昭和44）年，中央社会福祉審議会は，「社会福祉職員問題専門分科会」を設置し，1971年に「社会福祉士法制定試案（以下，試案）」を発表する。試案では，社会福祉士資格に一種と二種の区別を設けたことに対して批判が集中し，社会福祉関係者の合意形成に至らず，自然消滅する。

国際障害者年（1981年）後，障害者対策及び急速な高齢化に対する福祉人材の確保は，喫緊の政策課題となった。そうした背景から「社会福祉士及び介護福祉士法（以下，社会福祉士法）」は，障害及び高齢の関係団体，日本社会事業学校連盟，全国社会福祉協議会等の議論を経て，1987（昭和62）年に成立した。

5-4-3. 精神保健福祉士法の法制化までの経緯

社会福祉士法は，成立過程において高齢者と障害者を主たる対象とし，保健医療の領域には踏み込まないことを条件に制定された。以下，国（厚生省）と日本PSW協会，日本医療社会事業協会（日本MSW協会）の資格化に向けた動きを時系列で整理する。

精神保健法成立（1987年）では，衆参両院において「精神科ソーシャルワーカー等のマンパワーの充実に努めること」と附帯決議がされた。1989（平成元）年2月，厚生省は，「医療ソーシャルワーカー業務指針検討会報告書」を公表し，1990（平成2）年，同省は「医療福祉士（仮称）資格化にあたっての現在の考え方」を示した。これは，日本MSW協会と日本PSW協会へMSWとPSWを統合した資格化に向けた提案である。1991年，日本MSW協会は，社会福祉士資格への統合化へと方針転換する。1993（平成5）年の精神保健法の改正法では，衆参両院で「精神科ソーシャルワーカーの国家資格制度の創設について検討すること」が附帯決議される。1995（平成7）年の障害者プランでは，条件が整えば社会復帰が可能な入院患者が数万人存在し，その受け皿としての社会復帰施設[22]の整備目標が数値化される。

1997（平成9）年6月，第140回国会で，精神保健福祉士法が成立する[23]。保健・医療・福祉にまたがる資格として精神保健福祉士資格は誕生した。生活の主体は，精神障がい者当事者であるとの人間観に基づき自己決定の原則に立ち，

▷20 身分法
医師は，1948（昭和23）年に医師法が制定され，看護師についても，1948（昭和23）年，保助看法（保健師助産師看護師法）が制定される。理学療法士と作業療法士は，1965（昭和40）年に理学療法士及び作業療法士法が制定される。臨床心理士については，2015（平成27）年，公認心理師士が制定される。

▷21 社会福祉施設緊急整備五ケ年計画
社会福祉職員の質量両面の充実が政策課題となった背景には，1970（昭和45）に厚生省が社会福祉施設解消を目的に策定した福祉施設整備計画を推進していくことがあった。

▷22 社会復帰施設の運営要綱及び精神病院では，精神科ソーシャルワーカーの配置が規定され，後者では診療報酬上の措置がとられるようになっていた。精神科ソーシャルワーカーの専門性の質の担保がされないまま，配置規定が先行する異常な状況が生まれていた。

▷23 精神保健福祉士法提案理由
小泉純一郎厚生大臣は，精神保健福祉士法の提案理由について，「我が国の精神障害者の現状が，諸外国に比し入院医療を受けている者の割合が高く，入院期間も著しく長期にわたっている。その社会復帰を促進することが喫緊の課題である」と述べ，その解決を図る職種として精神保健福祉士の資格法を定めると説明した。

本人の意向を尊重する。このように精神保健福祉士は，精神障がい者を「生活モデル」で支援するところに特徴がある。これまで，「医学モデル」としてアプローチしていた精神科医療領域に「生活モデル」の観点から関わる PSW を法定資格化した意義は大きい。　　　　　　　　　　　　　　　　（塩満　卓）

5-5.　原理・価値

　精神保健福祉士（ソーシャルワーカー）による実践の原理・価値とは，精神保健福祉が実践を展開する上での「立ち位置」のことである。次に示したのは，ソーシャルワーク専門職のグローバル定義である。

> 　ソーシャルワークは，社会変革と社会開発，社会的結束，および人々のエンパワメントと解放を促進する，実践に基づいた専門職であり学問である。社会正義，人権，集団的責任，および多様性尊重の諸原理は，ソーシャルワークの中核をなす。ソーシャルワークの理論，社会科学，人文学，および地域・民族固有の知を基盤として，ソーシャルワークは，生活課題に取り組みウェルビーイングを高めるよう，人々やさまざまな構造に働きかける。　　　　　　（2014年 IFSW 及び IASSW 総会）

　精神保健福祉士は，もちろん，ここに定義されたソーシャルワーク専門職としての実践を展開する。本節では，ソーシャルワーク専門職として精神保健福祉士が立脚する原理について学ぶ。

5-5-1.　神障害当事者の人としての"まるごと"をみる

　精神保健福祉士は，当事者と出会い，当事者がもつ課題やニーズに焦点をあて実践を展開するが，ややもすると，目に見える出来事だけに介入の焦点を当てていることがある。その人の生活の背景に隠されているものに目を向けることを忘れてはならない。

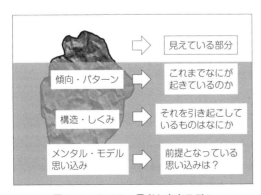

図5-1　システム思考と氷山モデル

事例：Aさん（46歳）は，ある警察に意味不明の言動を行っていた為に保護され，保健所に精神保健福祉法第23条により通報された。保健所の精神保健福祉相談員が，初めて出会った時には，彼からは異臭がした。白髪が混じる長髪はべたっと絡みあっており，彼の唯一の荷物であるキャリーバッグは元の色や形が分からないほどであった。

　Aさんとの面接は，苦渋そのものであった。ただ，そのなかで分かってきたことは，彼は，W県内に支店が三つある家電販売店の一人っ子として育ってきたことである。隣県にある私立大学農学部を卒業後に父親の会社に就職したが継続して勤務することが困難になり，ふらっと家を出てしまった。結婚はせず，独身である。幼少期から家族関係は良好だったが，母親は彼が大学2年生の時に大腸がんで亡くなった。母親が亡くなったころから，父親と言い争いになることが多く，ほとんど勘当状態となって家を出た。その後，20年近く音信不通状態になっている。
自宅を出てから，友人宅を渡り歩くが，2週間ほどで，泊めてくれる友人のあてもなくなり，カプセルホテルやサウナで寝泊まりするも，手持ち金が尽きてきたため，日雇いの仕事を探しては，日銭を稼がなければならなくなった。日雇いで得たお金は，日々の食事（コンビニ・ファストフード）と，寝床となるカプセルホテル，サウナ代で消えていった。服の洗濯も3日に1回，5日に1回と，身なりは汚れ，再就職活動など行える状態ではなくなった。

■思い込みを捨てる

　精神保健福祉士（ソーシャルワーカー）が，当事者の"まるごと"を見た実践を展開する為に，まず大切なことは，"思い込み"を捨てることである。自身の生活に問題や生きづらさを感じ，自分や家族だけでは，その問題を解決することが，困難であると認識した当事者や家族がソーシャルワーカーの前に登場する。専門家の力を借りようと考えソーシャルワーカーの前に登場した時，当事者の"ことば"を通して，その人のニーズを把握することが，困難な課題であるかもしれない。しかし，その多くは，その"ことば"のみでは，その問題の全景をしることができない。

　もちろん，精神保健福祉士（ソーシャルワーカー）の前に登場する人は，必ずしも本人が希望し登場する人ばかりではない。Aさんのように，ホームレスとなり，その上に精神症状が生じ保護される人もあれば，自分の苦しさを認識したり主張したりすることができない重度の障害がある人もいる。

　Aさんを一見し，彼が歩んできた人生に関心をもつことなく"ホームレスである。この人は，社会で暮らす意欲を失っているのでは"といった思い込みで彼と向き合うならば，「ホームレスに必要な支援は○○」とマニュアルに基づいた支援を展開する可能性に留まるかもしれない。

　ソーシャルワーカーは，マニュアルに基づくレディメードの支援を提供するのではなく，その人が言葉で語ることができなくとも，その人に寄り添い，そ

の人生と向き合い，その人がどう生きていきたいのかを聞き取り，必要とするオーダーメイドの支援を提供する専門職でなければならない。

　精神保健福祉士（ソーシャルワーカー）は，いつどんな時でも万能ではない。精神保健福祉士は，自身がもつ力の可能性を思い込むことを集団のなかで克服しなければならない。西田絵美は，「看護における〈ケアリング〉の基底原理への視座」を次のように問う。[24]

▷24　西田絵美（2018）「看護における〈ケアリング〉の基底原理への視座──〈ケアリング〉とは何か」『日本看護倫理学会誌』10(1)：14。

> 　〈ケアリング〉はケアの道具や手段でもないし，単なる知識でもなければ技術でもない。それは，「他者への願いや思い」を看護実践として表現したものである。この「願いや思い」は，相手に対して自分がどうあるべきか，どのような存在として相手に向き合うのかということであり，ここには自ずと自己の生き方や生き様が映し出される。やり方ではなくあり方なのである。つまり，看護における〈ケアリング〉は，看護師としてどうあるべきか，あるいはどのように生きていくかであり，それが反映されて表されるということになる。

　この問いは，精神保健福祉士（ソーシャルワーカー）としてどう生きるのかを問う時も共通する。精神保健福祉士（ソーシャルワーカー）は，精神保健福祉士（ソーシャルワーカー）としてどうあるべきか，どのように生きていくかを問い続けるなかで，実践に自己の生き方や生き様が反映される。精神保健福祉として「どうやるか」ではなく「どうあるか」を常に問い続ける必要がある。

■課題の表面的な理解をしない
　そこに表面的に表れている課題が，精神保健福祉士（ソーシャルワーカー）が対応する課題ではない。今，目に見える課題の背景には，その課題を生み出す構造やしくみがあり，それは，精神保健福祉士（ソーシャルワーカー）にとって変革的に関わることが必要な構造やしくみであるかもしれない。緊急で入院した A さんと病院精神保健福祉士が時間をかけ関わるなかで，様々な課題が見えてきた。

　A さんは，幼少期から父親から厳しくしつけられてきた。彼は，中学校 2 年生の時に不登校となった。その時，父親が，彼を力づくで学校に行かそうとしたことがあった。そんな父親のことを受け入れることができなかった彼は，一時的に母の妹夫婦のケアを受けながら育った。その叔母夫婦の家から通信制高校に通い大学に進学した。しかし，彼が大学 2 年生の時に，母が亡くなった時に，彼は，意欲的に生きる力を失ってしまったようである。

　彼が歩んできた歴史を知り，担当精神保健福祉士（ソーシャルワーカー）は，彼の退院先として実家を選択することを彼自身が選ばないのではないかと考え彼の自己決定に寄り添うことを選んだ。

2014年，日本は障害者権利条約を批准した。しかし，今，障害のある人の生活は好転するどころか，切り捨てられてきている現状がある。相談支援事業の現場から「事業として運営していくために相談件数をこなすことばかりが優先される」「相談を必要とする人が"お金"に見えてくる」といった悲鳴が届く。本来の相談・支援の視点の変質が危惧される。

　相談・支援の現場で，当事者のことを，より深く理解する為には，多大な時間を必要とする。これは，ただ相談件数をこなすこととは反対の作業となる。相談・支援の目的を社会への再適応や就労自立に求め，その件数を求める制度設計ではなく，当事者が社会に参加するプロセス（エンパワメントの過程）に寄り添う実践を評価する制度設計が必要となる。

■寄り添い，共に歩む

　障害者手帳の有無に関係なく，生きづらさをもつすべての障害のある人・家族の思いや願いに寄り添い，一時的な支援ではなく，その人の人生をともに歩むことが求められる。

　そばに寄り添わない実践と考えられるものに，権力的な介入がある。精神保健福祉士（ソーシャルワーカー）は，その歴史のなかで，Y氏事件を体験してきた。Y氏事件で問われたことは，私たち自身のありようであった。精神障害者に寄り添う私たちが，誰の方向をみて誰と共に生きようとしているのかが問われた事件のがY氏事件（第5章5-3参照）である。

　Y氏事件を通し，長年にわたる精神保健福祉士（ソーシャルワーカー）の責務を問いその内実を深めてきた精神保健福祉士協会は，精神保健福祉士の倫理綱領前文で「われわれ精神保健福祉士は，個人としての尊厳を尊び，人と環境の関係を捉える視点を持ち，共生社会の実現をめざし，社会福祉学を基盤とする精神保健福祉士の価値・理論・実践をもって精神保健福祉の向上に努めるとともに，クライエントの社会的復権・権利擁護と福祉のための専門的・社会的活動を行う専門職としての資質の向上に努め，誠実に倫理綱領に基づく責務を担う」と，当事者の社会的復権・権利擁護と福祉のために実践すると規定している。

　精神保健福祉士（ソーシャルワーカー）が「寄り添う」という行動のなかに，当事者から感じる，当事者から学ぶという当事者との相互の支えあいがある。ここに，精神保健福祉士と当事者の協同的関係が生まれ，双方が影響を受けあい育ちあう。
もし，社会が否定的に捉える行動を行っていたとし，その行動を単に否定するのが精神保健福祉士（ソーシャルワーカー）の働きではない。その当事者の行動の背景になにがあるのかを学びとるために「どのような自己を開示して向き合うことができるのか」を問い，実践を展開するなかでこそ，当事者と精神保

健福祉士（ソーシャルワーカー）自身の育ちを生み出す。

そばに寄り添うためになによりも必要なのは，思い込みを捨て，表面的な理解をせずに，まるごとの当事者から実践課題を学びとる立ち位置である。

5-5-2. 社会的復権と権利擁護

日本国憲法第11条で「国民は，すべての基本的人権の享有を妨げられない。この憲法が国民に保障する基本的人権は，侵すことのできない永久の権利として，現在及び将来の国民に与へられる」として，この憲法を貫く最も基礎的な原理として人権尊重主義を掲げる。憲法第13条では「すべて国民は，個人として尊重される。生命，自由及び幸福追求に対する国民の権利については，公共の福祉に反しない限り，立法その他の国政の上で，最大の尊重を必要とする」として，人ひとりの人間がかけがえのない存在であることを確認するとともに，人が人として生きていくうえで必要不可欠な権利として，幸福を追求する権利を保障している。

さらに第14条では，「すべて国民は，法の下に平等であって，人種，信条，性別，社会的身分又は門地により，政治的，経済的又は社会的関係において，差別されない」として，個人の人権尊重に加え，他者との関係においても差別されないことを保障し，この憲法の理念の一つである，法の下の平等を掲げている。しかしながら，現代日本社会の現状に目を向けると，精神障害者をはじめとする障害者や女性等々のマイノリティに対する偏見や差別が存在する。

精神障害者の歴史は，人間らしい当たり前の人生をおくることができることが困難な歴史であった。人権は，すべての人が，いつでも，どこでも，同じようにもっていると認められものである。人権は，平等にそして無条件に，尊重される。人権は，それぞれの資質や能力を生かして自分本来の生き方や成長を可能にする（自己実現）ために必要なものである。

■社会的復権と命の保障

2022年9月，国連の障害者権利委員会において，障害者権利条約に関する審査結果が明らかにされた。この審査結果では，日本の強制入院について指摘があった。そこでは，障害者の強制入院によって自由を奪うことを認めるすべての法的規定を廃止し，隔離・身体拘束，強制投薬など強制治療を正当化する法律への懸念が示された。また，障害児者の施設入所を廃止し，地域社会での生活支援に向けた迅速な措置をとることなどが指摘された。

今，精神障害者約419万人（20年版厚生労働白書）のうち，入院患者が30万2千人であり，1年以上の長期入院患者が17万1千人と過半数を占める。障害の特性から長い治療期間を必要とする場合もあるが，人権侵害につながる隔離

▷孤立死
→巻末キーワード

▷25 「人々のつながりに
関する基礎調査」（内閣官
房）
https://www.e-stat.go.jp/
surveyplan/p00000004001
▽対象：全国16歳以上の2
万人（無作為抽出）
▽有効回答数：11867件
（59.3％）
▽調査期間：2021年12月1
日～2022年1月21日

的な意味合いの疑念も消せない。

　国連の委員会は精神科病院のあり方について，隔離や**身体拘束**の禁止や，障害者の施設収容の廃止も求めており，地域で安心して暮らせる支援の充実が欠かせない。

　この支援の充実を考える上で，例えば，マズローの5段階説に基づいて考えるならば，人間の欲求には「生理的欲求」「安全の欲求」「社会的欲求（所属と愛の欲求）」「承認欲求」「自己実現の欲求」の5段階がある。これら5つの欲求にはピラミッド状の序列があり，低次の欲求が満たされるごとに，もう1つ上の欲求をもつようになる。
精神障がい者がその地域生活を営む上でなにより大切なのは命を守られることである。今日，飢餓のために命を落とす人はほとんどいない。しかし，**孤立・孤独死**のニュースは，絶えない。

　孤独・孤立問題の実態把握のために初めて行った全国調査（2021年12月1日～2022年1月21日）において，孤独感が「しばしばある・常にある」と応えた人は，男女ともに30代が最多となったことを報告した。また，孤独だと感じる前に経験した出来事として多く挙げられたのは，「一人暮らし」が22.5％と最も多く，次いで「家族との死別」が20.7％となった。さらに，「心身の重大なトラブル（病気・ケガ等）」が17.2％。「人間関係による重大なトラブル（いじめ・ハラスメント等を含む）」が14.2％などとなっている。

　この調査結果は，「安全の欲求」が危機状態にあることを示していると言える。こうした状態は，精神障がい者の安全が地域で十分に保障される状況にないことを示している。

■社会的復権と尊厳の保障

　精神障がい者に地域での当たり前に生活を保障する為には，当事者が地域で所属する集団が保障され，そのなかで，一人のひととしての尊厳が護られることが求められる。精神障害者の尊厳との関わりでは，精神科病院への強制的な入院はもちろんのこと，「欠格条項」により地域生活から排除されている事実についてふまえなければならない。欠格条項とは「資格や免許をもつこと」や「ある行為をすること」の制限を定めた法令（法律，政省令，地方条例など）上の規定である。

　1990年代には，障害ゆえに門前払いされた人が諦めずに声をあげたことで，2001年に「障害者等に係る欠格事由の適正化等を図るための医師法等の一部を改正する法律」が，附則と併せて2001年に成立し，医師や薬剤師などの免許は，障害がある人も補助的・代替的手段でその本質的な業務ができるならば免許を交付されることになった。それでもなお，医師法をはじめとして「免許を与えないことがある」といった条文（相対的欠格条項）が大多数の法律に残され，

障害者にかかわる欠格条項の全廃は，栄養士法など一部の法律にとどめられた。また，上述の附則には，「施行後5年をめどに欠格条項のありかたを検討したうえで必要な措置をとる」旨が規定されていたが，その後，見直しがなされたのは一部の法律であり，今にいたるまで全面的な検討や見直しは行われていない。

2001年の見直し後も，障害者に関わる欠格条項は500本前後の法律に残され続けた。このことは，国連障害者権利条約の批准に伴い整備された障害者基本法，障害者差別解消法が第一条（目的）に掲げる，「障害の有無によって分け隔てられることなく，相互に人格と個性を尊重し合いながら共生す社会の実現」とも，矛盾している。

障害者にとって，絶対的欠格事由が，相対的欠格事由に変更されたとしても，欠格条項であるには変わりない。精神障害者の社会的復権の為には，障害者欠格条項は，憲法第13条（幸福追求権），14条（法の下の平等），22条（職業選択の自由）に違反し，かつ，国連の障害者の権利宣言外の諸決議や障害者基本法が示す障害者の完全参加と平等の理念に明らかに反する。これは，障害者ひとりの人間としていきる尊厳を奪うものである。

もちろん，この欠格条項をなくすことのみで，精神障がい者の尊厳を保障ことは不可能である。当事者は，地域で，当たり前に所属する集団が保障され，そのなかで，自己の生を追求するなかでこそ可能となる。

5-5-3. 自己決定

憲法第13条の幸福追求権は，自分の人生をどのように生きるかに関する重要な決定を，自らの意思で自由になしうるという「自己決定権」を保障している。日本弁護士会連合会は，「総合的な意思決定支援に関する制度整備を求める宣言」（2015）において次のように宣言する。

> 自分の人生を，人や社会との関わりの中で，様々に模索しながらも自分で律して決めていくこと，すなわち自律は，すべての人にとって「個人の尊厳」とともにかけがえのない基本的な価値の一つであり，個人の人格的生存にとって必要不可欠な人格的自律権として憲法第13条により保障されている。この人格的自律権は，疾病や障害によって自ら意思決定をすることに困難がある人にも保障されなければならない。

精神保健福祉士は，その実践原理において，当事者の自己決定権を保障することが当然必要であるが，その当事者がおかれている状況において葛藤することがある。精神保健福祉実践において問われるのが，自己決定とパターナリズムである。

パターナリズムとは，強い立場にある者が，弱い立場にある者の利益のため

に介入や支援を行う考え方を指す。例えば，自己決定が困難と考える障害のあるある子どもに代わって親がその人生を決定するというのもパターナリズムであり，自己決定が困難な本人代わってソーシャルワーカーがその人の人生に介入するのもパターナリズムである。このパターナリズムには，強固なパターナリズムとソフトなパターナリズムがある。強固なパターナリズムとは，個人に十分な判断能力，自己決定能力があっても介入・干渉がおこなわれるものであり，ソフトなパターナリズムとは，個人に十分な判断能力，自己決定能力がなくて介入・干渉が行われる場合をいう。精神保健福祉士（ソーシャルワーカー）は，当事者の自己決定の力を計画的に育てることが必要となる。

5-5-4. 当事者主体

　ここで言う当事者とは，精神障害と向き合いながら今日の社会的諸矛盾と向き合い，そこで生じる「生きづらさ」を克服する人あるいは人たちである。では，当事者主体とは，どのように考えればよいのであろうか。

　従来，当事者は，支援の対象であり，支援の従たる存在として捉えられてきた。ミッシェル・フーコー（Michel Foucalt）の「生権力」のフィルターを通すと「抑圧の権力と国家権力の二重の権力性を有するとされた社会福祉」が「人々を監視・管理し，ゆりかごから墓場まで人々を健康に生かそうとする権力」として立ち現れる」と竹川俊夫が指摘するように[26]，ソーシャルワーク実践のなかで，支援の主体であるソーシャルワーカーが，当事者を対象とし，当事者が今日の社会に否応なく適応させる「訓練」や「指導」を行い，それほど大きな問題を起こさずに社会に適応し続けることを見守る権力者として存在してきた。

　では，当事者とソーシャルワーカーの力が逆転し，当事者がソーシャルワーカーを支配することが当事者主体であろうか。そもそも，それは，権力論の誤解である。では，精神障がい者ソーシャルワークにおける当事者主体をどう捉えればよいのであろうか。

5-5-5. ごく当たり前の生活

　谷中輝雄は，地域支援の中心となる視点が「ごく当たり前の生活」の保障であると述べている[27]。では，当たり前に地域で暮らすとは，どういうことであろうか。精神障がい者の多くは，青年期から成人期，さらには高齢期の人たちである。この時期のそれぞれの人には，それぞれの年齢にあった生活をおくる。

　ただ，今日，それぞれの年齢にあった「ごく当たり前の生活」が当たり前に送ることが困難になっている。青年期から成人初期にある者が社会的に自立する上で問われる課題として就労や結婚さらには子育てがあろう。バブルが崩壊し日本社会は，フリーターやニートといった不安定な就労形態を生み出し，

▷26　竹川俊夫（2022）「「生権力」概念からみた地域福祉の現状と課題」『地域学論集（鳥取大学地域学部紀要）』18(3)。

▷27　谷中輝雄（1996）『生活支援──精神障害者生活支援の理念と方法』やどかり出版。

1990年代末になると大卒者の労働市場が悪化し"失われた10年"と言われる深刻な状況が生じ，今では"失われた30年"となっている。この青年期の生きづらさは，婚姻率の低下と出生率の低下も引き起こし，その社会的地位とライフコースは大きな変容を遂げた。

今日，**新型コロナパンデミック**により，ライフコースばかりでなく，日々の生活様式が大きな変化を遂げてきた。「新しい生活様式」として重視されてきた「① 身体的距離の確保，② マスクの着用，③ 手洗い」のうち，身体的距離の確保とマスクの着用は，当事者が自身のコミュニケーション障害と向き合うことに大きな障害をもたらしてきた。また，徹底した手洗いは，強迫症状のある当事者の強迫性をより強めてきた。

このコロナと共にある地域生活は，それほど短期でなくなるのではなかろう。その社会のなかで，当事者が，「当たり前」に地域生活を送ることができるために，なによりも必要なことは，精神保健福祉士（ソーシャルワーカー）の価値観である。精神保健福祉士は，今ある社会に当事者をはめ込む専門職ではない。当事者の今ある社会へのはめ込み（適応）を強いるソーシャルワークを展開するならば，当事者のエンパワメントを可能とすることはできなかろう。精神保健福祉士は，当事者と共にあるべき社会を求め変革的な実践を展開する必要がある。政府は，「精神障害にも対応した地域包括ケアシステム」を提起しているが，このシステムの中核に置かれているものが，地域のケア力である。しかし，これは，今，ある地域の課題，なかでも地域（コミュニティ）の崩壊を十分に考慮できていない。地域社会の弱体化をみる今，この地域のケア力を向上させる実践抜きに地域包括ケアシステムを語ることはできない。

(山本耕平)

> ▷新型コロナパンデミック
> →巻末キーワード

5-6. 精神保健福祉領域におけるソーシャルワークの観点・視点

精神保健福祉士（ソーシャルワーカー）を取り巻く環境の変化に伴い，専門職として果たす役割は，精神障がい者に対する援助のみならず，精神障がい等によって日常生活又は社会生活に支援を必要とする人やメンタルヘルスの課題を抱える人への援助へと拡大してきている。同時に精神保健福祉士の配置や職域も医療，福祉，保健，教育，司法，産業労働と拡がりをみせており，各々業務の理解とそこでの役割について種々検討が必要となってくる。後述（第6章）する日本精神保健福祉士協会の『精神保健福祉士業務指針』において，精神保健福祉士の価値と理念を具体的に表す行為として，多様な知識と技術を活用するために幾度かの改訂が行われきた。このように国家資格取得後も，職能団体等における継続教育や研修制度を充実させていくことの重要性に加え，資格取得前の教育機関においてもまた，変化に応えるための教育的役割を当然な

> ▷28　厚生労働省は「精神保健福祉士の養成の在り方等に関する検討会」を平成30年12月より開催し，精神保健福祉士の役割やカリキュラムの見直し等について検討をおこなった。
> それらをとりまとめた『精神保健福祉士養成課程における教育内容等の見直しについて』及び『精神保健福祉士資格取得後の継続教育や人材育成の在り方について』が令和2年3月同省社会・援護局障害保健福祉部精神・障害保健課より公表されている。

がら担うことになる。

　精神保健福祉士国家資格取得に必要な教育内容の検討がその一つであり，2021年度より教育カリキュラムの見直し（『精神保健福祉士養成課程における教育内容等の見直しについて』）という形に反映され，大学等での科目や授業内容が変更となった。

　こうした変更は，複雑な社会情勢と多様なニーズに的確に対応できる人材がソーシャルワーク実践において要請されているからにほかならない。時代を読み解く力とともに，社会の中で人が人のなかで変わることを主軸に置くソーシャルワーク専門職である精神保健福祉士が，もつべき枠組みとは何か，本節では以下の 6 つの視点から考えていきたい。

5-6-1. 人と環境の相互作用をとらえる視点

　精神保健福祉士がクライエントや当事者と出会い，協働により支援をすすめていく過程の中で，まずは，人と環境をどのように把握していくか，「人と環境の相互作用」「置かれている状況」「状況にあった方法（支援）」といった側面からの理解が必要である。

　まず人にとっての環境について，稲沢は「ソーシャルワークにおける個人と環境とが出会う接触面における相互作用」とゴードンによる指摘を踏まえ，さらに発展的に継承して，独自のライフモデルを提唱したジャーメイン（Carel B. Germain）の理論を紹介している。人間の適合と不適合についてジャーメインは，「人間と環境の適合がふさわしくない時，あるいは，何とか適応している時は，人間は独力で，もしくは，他から援助を得て，自分自身を，または，その環境を変化させることによって適合水準を向上させる。言い換えれば，適応的な人間と環境との相互作用は，人間の可能性や成長，健康，満足を支援し，促す。不調和な交換（相互作用）は，適応性の支援に失敗し，あるいは，適応性への可能性を妨げる」としている（ジャーメイン：2008：8-9）。しかしながら人間と環境の適応性の程度は，固定するものではなく，それら関係も変化が可能である。

　ソーシャルワークにおける生活モデルでは，人と環境は相互に作用し合うものとしてとらえ，専門職が両者の接点に介入することと，同時にクライエント自らの対処能力を高めることを重視する。ここでの専門職の介入すべき点とは，クライエントの生活上の問題や困難な状況に対してということになる。

　そこで，クライエントの置かれている状況を把握するためのアセスメント（事前評価，課題分析）が必要となる。これはクライエントがサービスを適切に利用することができるよう，現状の客観的記述や評価としての意味をもつ。続いて，クライエント自らが主体として生活上の困難の軽減や改善するための方策を獲得できるよう，専門職はソーシャルワークにおける援助関係を築くこ

▷29　稲沢公一（2017）『援助関係論入門――人と人との関係性』有斐閣アルマ，34。

▷30　Carel B. Germain & Alex Gitterman，田中禮子監訳，小寺全世・橋本由紀子監訳（2008）『ソーシャルワーク実践と生活モデル（上）』ふくろう出版，8-9。

▷31　谷中輝雄（1996）『生活支援 精神障害者生活支援の理念と方法』やどかり出版。
谷中・三石・仁木他（1999）『生活支援Ⅱ――生活支援活動を造り上げていく過程』やどかり出版等。

▷32　天野正子「生活者」とはだれか―自律的市民像の系譜（中公新書）新書1996は，"教えてよ，生活者って，だれのこと"と読者（1993朝日新聞）の投稿川柳で始まる。

▷33　精神保健福祉法第46条が新設（2024年 4 月 1 日施行）され「この節に定め

とが求められる。

　ソーシャルワークの対象としてのクライエントとは，個人はもちろん，家族，小集団，組織，地域社会も相当し，クライエントを取り巻く環境のなかのクライエントシステムにソーシャルワーカーが介入することでもある。そうした環境の変化をつくりだしていくプロセスに，クライエントの参画と協働は不可欠であり，個人および社会のウェルビーイングの実現をめざすソーシャルワーク実践においても重要な理念となっている。　　　　　　　　　　（緒方由紀）

5-6-2.　生活者としての視点

　精神保健福祉士がクライエントや当事者を，同時代にともに生きる主体である「生活者」として，支援を行っていくという考え方は，現在では共通の認識がなされていると言えよう。しかし時代を遡ると1970年代は施設的精神（科）病院医療のなかで，精神障がい者問題が語られることが主流であった。この時代は，精神科病床が増え続け，在院期間の長さや病院内の不祥事などの医療の問題が語られることが多い一方，地域社会に目を向けると，精神障がい者の生活を地域で支える試みが始まっていた。ベースには保健所の精神保健活動が開始され，地域の共同作業所作り運動も拡がりつつあった。それとともに，例えば1970年中間宿舎として活動を開始した「やどかりの里」の谷中は，精神障がい者の暮らしを病院から地域に持ち出し，共同住居等での実践を展開した。そこでは生活主体者として，くらしのなかの困難をあらたにとらえなおす試みの中で，「生活のしづらさ」を提案した。[31]

　重ねて1970〜80年代は，これまでの精神障がい者施策が，医療・福祉・治安の低位かついびつなレベルで依存しあう体制の中から，コミュニティケアのあゆみが日本においても始まることになった時代でもある。つまりクライエント・当事者，家族の問題が閉じられた空間での出来事ではなく，地域コミュニティに暮らす主体として認識していくこと，それらをとおして，社会関係を含む生活実態を浮かび上らせることができ，本人の人生の一部に関わる専門職のありようを見つけることができるのである。社会学者の天野正子も同様に，「生活者」とは生活を営んでいる当事者であり，生きる拠点である「生活」が破壊されるときに，意味を担って登場すると述べている。[32]

　現代社会において精神保健に関する課題が，子育て，介護，困窮者支援等，分野を超えて顕在化している状況がある。また，精神保健と関連する生活問題もまた，複雑多様化しており，地域で対応に困難を抱えている事例も多く報告されている。2023年度より精神保健福祉法が一部改正となり，市町村等が実施する精神保健に関する相談支援について，精神障がい者のほか精神保健に課題を抱える者も対象となり，これらの者の心身の状態に応じた適切な支援の包括的な確保を旨とすることが明示された。また，精神保健福祉士の業務として[34]

る相談及び援助は，精神障害の有無及びその程度にかかわらず，地域の実情に応じて，精神障害者等（精神障害者及び日常生活を営む上での精神保健に関する課題を抱えるもの（精神障害者を除く。）として厚生労働省令で定める者をいう。以下同じ。）の心身の状態に応じた保健，医療，福祉，住まい，就労その他の適切な支援が包括的に確保されることを旨として，行われなければならない」としている（下線部新設）。

▷34　精神保健福祉士法の定義が改正された。施行は2024年4月1日。
第二条　この法律において「精神保健福祉士」とは，第二十八条の登録を受け，精神保健福祉士の名称を用いて，精神障害者の保健及び福祉に関する専門的知識及び技術をもって，精神科病院その他の医療施設において精神障害の医療を受け，若しくは精神障害者の社会復帰の促進を図ることを目的とする施設を利用している者の地域相談支援（障害者の日常生活及び社会生活を総合的に支援するための法律（平成十七年法律第百二十三号）第五条第十九項に規定する地域相談支援をいう。第四十一条第一項において同じ。）の利用に関する相談その他の社会復帰に関する相談又は精神障害者及び精神保健に関する課題を抱える者の精神保健に関する相談に応じ，助言，指導，日常生活への適応のために必要な訓練その他の援助を行うこと（以下「相談援助」という。）を業とする者をいう。下線部が改正。

「精神保健に課題を抱える者等に対する精神保健に関する相談援助」が追加となった。

　こうしたなか，実際の生活上の課題は多岐にわたり，生活の維持と社会関係の形成，拠点づくりとミクロ・メゾ・マクロ実践がより求められるのである。

（緒方由紀）

5-6-3. エンパワメント

　上田敏は，エンパワメントを「同様の生活環境にある一般状況と比較してパワレス状況にある者が，政治・経済・社会的場面等における一般水準の獲得を試みた時に，本人の意向に沿って，個々が有する能力の向上・社会環境の改善・個人と社会環境との調整という方法を用いて，そのパワレス状況を改善していく諸過程である[35]」と定義する。

　エンパワメントは，1950〜1960年代にアフリカ系アメリカ人による公民権運動（黒人解放運動）で，運動理念として用いられてきた。1863年の奴隷解放宣言，63年の憲法修正により奴隷制度は廃止されたが，実態はそうではなかった。それ以降も，黒人は職業や居住，教育などの自由を奪われ，選挙などの権利を事実上剝奪されてきた。そうしたなかで，1950年代後半から60年代前半に「公民権運動」が生じた。「公民権」とは，選挙や社会生活，教育などの市民として権利のことであり，黒人差別を廃止せよという運動である。
この公民権運動は，1960年代以降のフェミニズムや同性愛者解放運動，市民運動（消費者運動），セルフヘルプ，開発途上国の開発，社会福祉，医療と看護，教育などに大きな影響を与えた。

　古寺久仁子（2007）が，指摘するように[36]，日本で，精神障がい者福祉の分野でエンパワメントアプローチが重視されてきたのは，精神保健福祉のパラダイム変換がなされたのは，1987年の精神衛生法から精神保健福祉法への転換以降ではなかろうか。精神衛生法では，精神科病院に入院中の精神障がい者は，自らがどのような形態で，どのような権利をもち入院するのかさえ知りえない状況のなかで入院させられていた。しかし，十分な効果をもたらしているか否かは別として，精神保健法では，入院時にいまから生じる「入院」に対し，自らがもつ権利，さらには，そこで生じた不権利状態に対し主体的に抵抗できる権利が保障されたのである。

　ただ，そうして保障された権利を，実践者が当事者とともに，どう実現させていくのかが問われる。ここに示したのは，精神疾患のなかでも統合失調症の病気のコースである。統合失調症は，病気と障害が併存する。統合失調によって生じた障害は，環境の影響によって変化する（環境との相互作用）。さらに，その心身機能・構造も固定されたものではない（障害の可逆性）。こうした特徴をもつ，精神障がい者のリハビリテーション，なかでもエンパワメントを目

▷35　平成17年度厚生労働科学研究障害保健福祉総合研究成果発表会報告書「発表会：障害者のエンパワメントの視点と生活モデルに基づく具体的な地域生活支援技術に関して」
https://www.dinf.ne.jp/doc/japanese/resource/kousei/h17 happyo/houkoku02.html

▷36　古寺久仁子（2007）「精神保健福祉分野のエンパワーメント・アプローチに関する考察」『ルーテル学院研究紀要：テオロギア・ディアコニア』41：81-99。

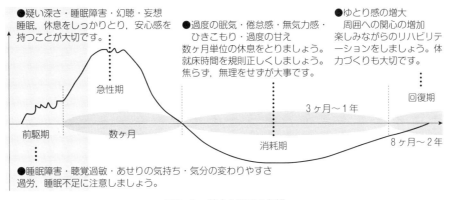

図5-2　統合失調症の経過
出典：三重県こころの健康センター（精神保健福祉センター）。
https://www.pref.mie.lg.jp/KOKOROC/HP/83359031990.htm

指したリハビリテーションは，図5-2の消耗期・回復期を通して行われる。そのエンパワメントは，当事者が，その障害により奪われてきた力を評価することから始まろう。

　ある者は，日々の生活営む力を奪われ，洗顔等の清潔維持が困難になっている者がいよう。また，ある者は，他者とのコミュニケーション力が奪われるとともに，他者との関わりに恐怖をもっているかもしれない。そのエンパワメントは，各自が，人として尊厳をもち生きる力を獲得することを目的すべきである。

　この場合，いうならば個人の内面的な力の充満を目指しているといえよう。ただ，エンパワメント・アプローチは，個々人の力を蓄え，充実した人生をおくることを目指した支援のみではない。個人のパワーを向上させながら，最終的には社会全体の変革へつなげる実践として考えるべきである。もちろん，精神障がい者を社会運動家に育てるのがエンパワメント・アプローチであるということではない。当事者が力を蓄えるなかで，当事者たちの集団を結成し，社会への発言を行うことが可能になるのである。それは，当事者のピアやピア集団が，厚労省や内閣府の委員として，精神保健福祉の改善に取り組んでいることで明らかである。

　次に，当事者のエンパワメントが地域（社会）を変革する，社会をエンパワメントする力となっていく姿をみることがある。和歌山市で実践する麦の郷[37]には，「人にやさしい福祉のまちづくりは西和佐から」という言葉がある。この言葉ができた当時の連合自治会長は，全国で精神障害者建設反対運動があるが，西和佐地区は，精神障害者施設の建設を「人権の問題」として捉え取り組んできたと語る。その取り組みは，障害者の人権を字面で理解するのではなく，地域住民と当事者が自治会活動や仕事を通して関わり，共に地域で生きるかけが

▷37　麦の郷は，1977年に実践を開始し，1995（平成7）年に第47回保健文化賞（主催・第一生命）受賞，2000（平成12）年に世界心理社会的リハビリテーション学会（WAPR）のベストプラクティス（先進的活動施設）に認定された。また，2004（平成16）年に『第1回日本地域福祉学会』地域福祉優秀実践賞受賞している。
代表的な著書に，東雄司他著，みんなで進める精神障害リハビリテーション，星和書店や東雄司他著，"放っとけやん"ネットワーク―時代を切り拓く「地域生活支援」（21青年・成人期障害者問題シリーズ），クリエイツかもがわ等がある。

▷38 山本耕平（2007）「麦の郷の歩みと現在の課題」日本地域福祉学会。

いのない住民であることを確かめあうものであった[38]。

　個・集団・地域（社会）が，相互に刺激しあいながら，変革を可能にする姿が確認されるエンパワメント実践は，相互の可能性をより高める。

　当事者のエンパワメントを可能とする為には，その実践への参加が自主的であり，民主的な参加が可能としなっていることである。集団やエンパワメント・プログラムへの参加が，実践者により強要されたものであれば，その参加事態がパワーレスな状態をより強めるとともに，当事者がそのプログラムや実践に意欲的に参加できなくなる。

　さらに，必ずしも，その実践が，目的通りに進むものではない。その時，実践者は，当事者さらには当事者集団との協議を行う必要がある。その協議により，修正策を共に考えることにより，当事者-実践者の間に，支配-被支配ではなく，問題を共に解決し，それぞれの役割を見出す協同的関係が醸成される。この関係こそが，エンパワメント実践に必要な対人関係である。この関係について，松岡克尚は，「ソーシャルワークには抜きがたい権力性」をもつとし，障害者福祉の「立て直し」の為には，「障害者をはじめとした批判者との間で真摯な対話」が必要であると述べる。協同的関係性[39]は，その批判を恐れず，各々のエンパワメントが可能となり，次の段階に向かう関係性である。

（山本耕平）

▷39 協同的関係性とは，山本耕平の理論仮説である。参照：山本耕平（2009）『ひきこもりつつ育つ——若者の発達危機と解き放ちのソーシャルワーク』，（2013）『ともに生きともに育つひきこもり支援——協同的関係性とソーシャルワーク』，（2021）『ひきこもりソーシャルワーク——生きる場と関係の創出』（いずれもかもがわ出版）を参照。

5-6-4. リカバリー

　リカバリーとは，「回復」と直訳できる。簡単な外科手術を受けた場合には，なんらリハビリを受けなくとも社会復帰が可能である。しかし，少し重篤な病気で外科手術を受けた時には，入院中からリハビリを受け社会参加の力を蓄え

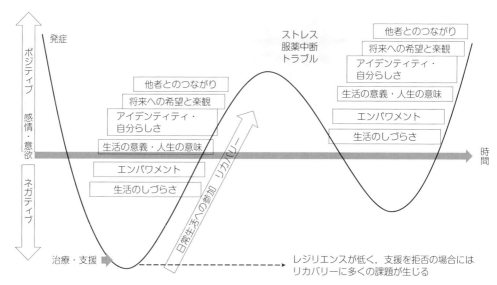

図5-3　レジリエンスとリカバリー
出典：国立精神神経研究所 HP を参照して筆者作成。

図5-4　パーソナルリカバリーの構成概念

出典：国立精神神経研究所。
https://www.ncnp.go.jp/nimh/chiiki/about/recovery.html

る。

　では，精神疾患の場合はどうだろうか。もちろん，重篤な統合失調症のみでなく，うつ病や多くの不安障害の場合，病気を抱えながら社会に参加することは，多くの困難がある。

　リカバリーは，この多くの困難と向き合いながら社会に参加する過程をいう。つまり，精神疾患の当事者あるいは精神保健医療福祉サービスを利用する当事者個人のものであり，当事者自身が歩む過程である。

　図5-3は，パーソナルリカバリーとレジリエンス力の関わりを示したイメージである。精神障がいの場合，そのリカバリーは一直線にいくものではない。回復しつつあっても，なんらかの課題と出会い，それが大きなストレッサーとなり，再び症状が重くなることがある。パーソナル・リカバリーを考える時，大切なキーワードがある。それが，レジリエンスとエンパワメントである。レジリエンスとは，なんらかの困難と出会った時に，その困難に柔軟に立ち向かう力のことをいう。精神障がい者は，当初からレジリエンス力の高いのではなく，むしろ，ストレスに弱く，そのストレスが再発の一要因となることがある。

　パーソナリティ・リカバリーの構成要素について，国立精神神経研究所は，そのフレームを，図5-4のように提示している。また，「パーソナル・リカバリーの構成要素を見ると，それぞれの構成要素にたどり着くことがパーソナル・リカバリーであるというように見えてしまうかもしれません。しかしながら，パーソナル・リカバリーは夢や希望にたどり着いた結果というより，結果に行き着くまでの旅路（プロセスあるいは過程）である」と言う。人生と同じようにリカバリーも多様性をもつのである。

　リカバリーは，パーソナル・リカバリー，臨床的リカバリー，社会的リカバリーに分けられる。パーソナル・リカバリティとは，当事者自身が決めた希望

▷40　国立精神神経研究所
https://www.ncnp.go.jp/nimh/chiiki/about/recovery.html

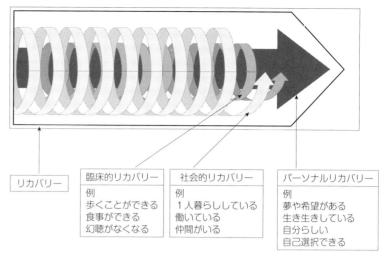

図5-5 「パーソナル・カバリー」「社会的リカバリー」
「臨床的リカバリー」の枠組み
出典：国立精神神経研究所「リカバリーについて」。
https://www.ncnp.go.jp/nimh/chiiki/about/recovery.html

▷41 WRAP を学ぶためには、次の書を推薦する。①増川ねてる・藤田茂治編著、（2018）『WRAP を始める！──精神科看護師とのWRAP入門』精神看護出版。②精神科看護編集委員会（2017）『精神科看護』特集：WRAP ってなんだろう」2017年5月号（44-5）「精神看護出版。

▷42 ピア活動を学ぶ為には次の書が参照となる①大島巌監修、2019ピアスタッフとして働くヒント-精神障がいのある人が輝いて働くことを応援する本, 星和書店②飯野雄治・ピアスタッフネットワーク（2019）『当事者主動サービスで学ぶピアサポート』クリエイッかもがわ。③岩崎香（2018）『障害ピアサポート──多様な障害領域の歴史と今後の展望』中央法規出版。

する人生の到達を目指すプロセスのことであり、そのプロセスでは、「生き生きとできる」「楽しい」「自分らしい」といった思いが強まる。また、臨床的リカバリーとは、病気自体の改善を目指すものであり、「症状の改善」と「機能の回復」に分けることができる。さらに、社会的リカバリーとは、住居・就労・教育等の社会生活の回復である。例えば、住まいであれば、病院からグループホームへ、さらには一人住まいへと、その住まい方が自身の希望に沿って回復していく過程である。また就労との関わりでは、多様な社会資源を活用して、本人の希望に沿った働き方が保障される過程を社会的リカバリーという。

このリカバリーを問う時、どのリカバリーが重要であり、順番はどうかということを問うことはできない。図5-5は、3つのリカバリーの関係性を示したものである。パーソナル・リカバリー、つまり、自分が、どのような人生を送りたいのか、自分にとって生きがいとはなにかを問うことが中核におかれている。そのもっとも近くに、精神障がい者にとって不可欠な医療が保障されることで可能となる臨床的リカバリーがあり、これが、パーソナリティ・リカバリーを捲いている。

パーソナル・リカバリーの手法の一つに WRAP がある。WRAP[41]は、精神障がい当事者のメアリー・エレン・コープランドを中心に精神障害のある人たちによって作られた。WRAP は、Wellness（元気）・Recovery（回復）・Action（行動）・Plan（プラン）の頭文字を取っている。これは、自分らしくあり続けるための知恵や工夫を蓄積して作られた、自分で作る自分のためのリカバリープランである。他にも、多くのピア活動[42]がある。有名なものとして、ベ

てるの家の活動がある。べてるの家は，そこで暮らす当事者たちにとっては，生活共同体，働く場としての共同体，ケアの共同体という 3 つの性格をもつ。

次に，臨床的リカバリーと社会的リカバリーである。精神障がい者は，発症に，激しい症状（陽性症状）が収まったからといって，すぐに社会参加できるものではない。症状をコントロールしながら（症状の改善），共に行わなければならないのが，機能の回復を目指したリハビリテーションである。もちろん，リカバリーの目的は症状をなくすことではない。ただ，自身の障がいとともに生き意味ある人生を追い求めるためには，症状をコントロールすることや，認知機能の改善を目指すことは，その目的を追求する上で有効である。

社会的リカバリーについては，それを可能とする社会（地方公共団体や国）が果たす役割が大きい。社会が，それを可能とする資源を整備することがなによりも重要である。 （山本耕平）

5-6-5. スティグマの理解とアンチスティグマの視点

「スティグマ」とは，ギリシャ語の刺青や貫通にその語源をもち，身分の低い者や犯罪者を識別するために体に烙印をつけることに由来している。現代では，しばしば精神疾患や性的マイノリティなど社会的差別や偏見などを含む，不名誉なイメージを印象付ける言葉として用いられる。

スティグマの問題は，社会構造レベルと個人レベルに分けて説明が可能である。前者の例としては，新型コロナウイルスの感染拡大のなか，精神科病院に入院中にコロナに罹患した人をコロナ治療のための専門医療機関で受入れに難航した例があげられる。また個人レベルのスティグマは，知識―態度―行動の問題を含む。精神疾患に関する誤った情報を自分に当てはめ「精神疾患に罹った自分は価値がない」と思い込んでしまう状態のように，「内面化されたスティグマ（セルフスティグマ）」が，精神的不調を訴えることや，治療の拒否といったことを引き起こすこともある。このようにスティグマは，精神疾患をもつ個人の生活や健康に大きな影響を与えることになり，スティグマの解消が精神医学的な治療とケアを改善するための大きな課題でもある。スティグマを減らす取り組みが，アンチスティグマの活動である。

■世界保健機構（World Health Organization: WHO）と世界精神医学会（World Psychiatry Association: WPA）による取り組み

1996年世界精神医学会会長 Norman Sartorius は，精神障害のなかでも統合失調症に対するスティグマ，偏見を是正するために「Open the door（こころの扉を開けよう）」というプログラムを開始した。また WHO レポート2001では，隔離収容から地域ケア中心へパラダイムシフトを目指し，"Stop exclusion――Dare to care" をメインテーマに掲げた。その中で，世界で約 4 億 5 千万

▷43 べてるの家の実践を学ぶ為には
①浦河べてるの家（2002）『べてるの家の「非」援助論―そのままでいいと思えるための25章』医学書院。
②浦河べてるの家（2005）『べてるの家の「当事者研究」』医学書院。

「こころのバリアフリー宣言」
～精神疾患を正しく理解し，新しい一歩を踏み出すための指針～

【あなたは絶対に自信がありますか，心の健康に？】
第1：精神疾患を自分の問題として考えていますか（関心）
・精神疾患は，糖尿病や高血圧と同じで誰でもかかる可能性があります。
・2人に1人は過去1ヶ月間にストレスを感じていて，生涯を通じて5人に1人は精神疾患にかかるといわれています。

第2：無理しないで，心も身体も（予防）
・ストレスにうまく対処し，ストレスをできるだけ減らす生活を心がけましょう。
・自分のストレスの要因を見極め，自分なりのストレス対処方法を身につけましょう
・サポートが得られるような人間関係づくりにつとめましょう。

第3：気づいていますか，心の不調（気づき）
・早い段階での気づきが重要です。
・早期発見，早期治療が回復への近道です。
・不眠や不安が主な最初のサイン。おかしいと思ったら気軽に相談を。

第4：知っていますか，精神疾患への正しい対応（自己・周囲の認識）
・病気を正しく理解し，焦らず時間をかけて克服していきましょう。
・休養が大事，自分のリズムをとりもどそう。急がばまわれも大切です。
・家族や周囲の過干渉，非難は回復を遅らせることも知ってください。

【社会の支援が大事，共生の社会を目指して】
第5：自分で心のバリアを作らない（肯定）
・先入観に基づくかたくなな態度をとらないで。
・精神疾患や精神障害者に対する誤解や偏見は，古くからの慣習や風評，不正確な事件報道や情報等により，正しい知識が伝わっていないことから生じる単なる先入観です。
・誤解や偏見に基づく拒否的態度は，その人を深く傷つけ病状をも悪化させることさえあります。

第6：認め合おう，自分らしく生きている姿を（受容）
・誰もが自分の暮らしている地域（街）で幸せに生きることが自然な姿。
・誰もが他者から受け入れられることにより，自らの力をより発揮できます。

第7：出会いは理解の第一歩（出会い）
・理解を深める体験の機会を活かそう。
・人との多くの出会いの機会を持つことがお互いの理解の第一歩となるはずです。
・身近な交流の中で自らを語り合えることが大切です。

第8：互いに支えあう社会づくり（参画）
・人格と個性を尊重して互いに支えあう共生社会を共に作り上げよう。
・精神障害者も社会の一員として誇りを持って積極的に参画することが大切です。

図5-6　こころのバリアフリー宣言

出典：厚生労働省「こころのバリアフリー宣言」。
https://www.mhlw.go.jp/shingi/2008/04/dl/s0411-7i_0002.pdf

人が精神疾患を抱えていながらごく少数しか治療を受けていないこと，精神疾患は能力制限（disability）の原因となる上位10疾患の半数を占めていることを数値で示している。そして当事者の治療やケア，リカバリーにとって最大の障壁がスティグマであり，その解消には精神疾患の正しい理解と当事者に対する適正な態度の普及啓発が必要であると主張している。このように市民の精神疾患に対する適正知識を深めることは，当事者の人権擁護にとっても当然必要である。それは，WHO が ICD―10で当時の分裂病（schizophrenic patient）と

いう呼称をやめ，統合失調症をもつ人（person with schizophrenia）として病と
人を区別したことにも関連する。

　国内では，日本精神神経学会が2002年8月，1937年から使われてきた「精神
分裂病」という病名を「統合失調症」に変更することを決定した。それに伴い，
厚生労働省は精神保健福祉法に関わる公的文書に「統合失調症」を使用するこ
とを認め各都道府県・政令都市にその旨を通知した。病名の呼称変更のきっか
けのひとつは，全国精神障害者家族連合会の長年にわたる要望活動であった。
精神分裂病では「精神が分裂する病気」となり，人格否定的なイメージであり
本人にも告げにくい，変えてほしいという主旨であった。

　精神疾患を正しく理解し，新しい一歩を踏み出すための指針として2004（平
成16）年に厚生労働省が**こころのバリアフリー宣言**を発表した（図5-6）。

　このようにスティグマとセルフスティグマの解消・軽減には，政策的方針が
示されることに加え，当事者や家族の参加による継続的な活動が必要である。
さらに，メディアによる影響ははかりしれず，精神障がいに関する報道は偏見
と結びつきやすい。正確な知識と人権に配慮しながら，是正していく啓発活動
も精神保健福祉士には求められている。　　　　　　　　　　（緒方由紀）

5-6-6. ハームリダクションの視点

　ハームリダクション（harm reduction）[46]とは，健康上好ましくない，あるい
は自身に危険をもたらす行動習慣をもっている人が，そうした行動をただちに
やめることができない場合に，その行動に伴う害や危険をできる限り少なくす
ること（二次被害低減）を目的とする，公衆衛生上の実践や政策を意味してい
る。

　しかしながら，1960年頃より国際条約に基づいて薬物規制が始まり，日本で
も違法薬物の使用防止を目的に「ダメ。ゼッタイ。」といった標語が掲げられ，
取り締まりを強化してきた。違法薬物使用者に対して支援の対象としてではな
く，社会的スティグマを付与することで，当事者本人にも治療や回復の途を遠
ざけてしまうなど，厳罰の弊害ともとれる状況がつくり出されていた。あらた
めて治療・回復・社会生活を送る権利を社会の中で確保していくことが支援者
側に求められる視点である。

　昨今，精神保健福祉の領域の中で，ハームリダクション，ハウジングファー
スト，オープンダイアローグ，当事者研究，共同創造など，多様な思想や哲学
を伴う実践が展開されるようになってきた。社会構造や文化によって，特定の
人や集団をコミュニティから排除し，生活者として生きること，ともすれば精
神保健サービスを受けることも奪ってしまっていないか，日常の実践やプログ
ラムのなかでも検証が必要であろう。　　　　　　　　　　（緒方由紀）

▷44 佐藤光源（2018）
「『精神分裂病』の病名変更
は精神科臨床に何をもたら
したか」『精神医学』60
（11）：1184-1190。
▷45 日本精神神経学会は，
変更の第一の理由を「近年，
精神障害の治療目標が疾患
次元にとどまるのではなく，
ノーマライゼーションが最
も重視されてきたことであ
る。それは，精神医学に課
せられた社会的生命の保証
でもある。医療が疾患レベ
ルを超えて全人的であるべ
きことはすべての医学領域
で広く認識されているとこ
ろであるが，精神障害への
誤解や偏見が存在する精神
科では極めて大切なことで
ある」としている。
▷こころのバリアフリー宣
言
→巻末キーワード
▷46 松本俊彦・古藤吾
郎・上岡陽江（2017）『ハー
ムリダクションとは何か
――薬物問題に対する，あ
るひとつの社会的選択』中
外医学社。

5-7. 関係性について

5-7-1. 関係，関係性について

さて，日本の精神科医療の歴史から理解できるように，まだまだ精神科領域に対する偏見や無理解は根強く残っているのが現状である。さらに，当事者自身にも，精神障害に対する偏見がある場合があり（内なる偏見，などと言われている），また当事者の家族も，また，偏見に思い悩まされなければならないことも現実には起こり得る。精神科の敷居は低くなった，と言われる一方で，社会には偏見が根強く残っているのである。この見えざる障壁とも言える偏見や無理解と闘うことも，精神保健福祉士にとっての課題となっている。

クライエントの多くが，病気や怪我や，自らの力ではどうにもできなくなった状況などによって，生きる力を失い，または奪われたパワーレスな状態で，やっと，福祉の援助とつながることとなる。実習を行うにあたっては，エンパワメントという視点も兼ね備えて実習に臨んでほしい。このことをしっかりと認識していることが，実習場面での当事者との関係形成には不可欠となる。

また，実際の場面では，病状が悪化してから受診される方との面接に同席することがあるかもしれない。また，退院を考えながらも，なかなか退院できずにいる方と関わるかもしれない。

実習中，精神科医療機関に入院して治療を受けているAさんとBさんの2人のクライエントにそれぞれ，「退院について，どう思いますか？」と投げかけたとしよう。そうすると，Aさんは「すぐにでも退院しようと思っています」と返答がかえってくるだろうし，Bさんは「ずっとこのまま病院に入院しておきたい」という返答がかえってくるかもしれない。Aさんは，入院治療から1か月ほど経過しているクライエントで，Bさんは入院治療開始から10年経過しているクライエントであったとしよう。実習生が投げかけた同じ質問であったとしても，クライエントの背景によって受け取られる文脈はそれぞれであり，様々な返答がかえってくるということになる。ソーシャルワーク実践は，クライエントの意思決定がもっとも重要であるし，それが前提である。そのうえで，関わる主体としてのソーシャルワーカーについて，考えていかなければ，代弁や権利擁護も単に言葉をなぞるだけになってしまう可能性がある。

ソーシャルワークはいくつものまなざしを，「いま―ここ」における人と状況とに応じて「みる力」が必要とされよう。

ソーシャルワークにおいて，どのような実践哲学が必要とされるのだろうか。

援助から支援ということばに置き換えられていくなかで，当然ながら，クライエント本人の自己決定の権利が護られることは大前提である。しかし，利用者本位であるとか，契約であるといった概念が導入されることによって，援助，

支援するソーシャルワーカー自身の主体性に関する議論はどこかへ置き去りにされてはいないだろうか。

　援助，支援する主体としてのソーシャルワーカーが，ソーシャルワーカー自身の主体性について考えなければならないし，そして，考えたことは，考えたこととしてきちんとクライエントと語り合う必要があるのではないだろうか。

　実習中の一つひとつの場面のなかに，精神保健福祉士としての成長の学びのカギとなる重要なことがたくさんある。目まぐるしい実習中の体験からていねいに学びを深めていくことが大切である。

5-7-2.　援助関係の 3 つの性質

　精神保健福祉士の実践の場においては，多くの利用者との関わりあいがある。この関わりあいのことを，ここでは関係という。

　この関係には，次の性質があることが坪上らによって明らかにされている[47]。

▶47　坪上宏・谷中輝雄・大野和男編（1998）『援助関係論を目指して——坪上宏の世界』やどかり出版。

　① 一方的関係

　　援助者が，自分の形態において相手の状況を位置づけ，判断し，それに従って一方的に相手に働きかける関係のこと。危機介入時における関係性として理解できる。つまり，利用者が混乱したり，不安に陥っていると精神保健福祉士が判断した際に，たとえ相手の意思確認を省略してでも，利用者が抱えている状況を改善する手立てをとるという関係性のことである。

　② 相互的関係

　　援助者も相手もそれぞれの形態はほぼそのままにし，共通の関心ごと範囲内で折り合いをつけ，その折り合いのつくところで援助活動がおこなわれるという関係性である。ニーズに対応したサービスの提供というのが，この関係性によるものである。

　③ 循環的関係

　　援助者自身の形態が相手にどのように位置づけられているのかを確認し，その形態に即して相手を理解しようとする関係である。それは，相手の形態を介して精神保健福祉士自身の形態を認識し，自らの形態を見直そうとする関係をも含んでいる。利用者の関心や都合をまず尊重することに，その出発点を置いていることが特徴である。

5-7-3.　実践のなかから考える「関係性」

　援助／支援における精神保健福祉士の主体という性質について考えていきたい。

　援助実践について検討するにあたっては，様々に「主体性」に関する関心が

重要な位置を占めてくる。しかも，この主体性とは，精神保健福祉士にも，また，クライエントの両者に必要とされるものなのである。クライエントの主体性の尊重をもっとも大きい価値として位置づけていることを前提としている。

　精神保健福祉士とクライエントとのあいだにある「かかわり」は，人生のとある時点で共有できるものであり，互いに影響し合う存在，共に気づいたり気づかされたりする存在になりうることから考えれば，そこに求められる主体性には，精神保健福祉士ならではの意味づけも検討する可能性が開かれるのではないのだろうか。

　主体性は，自らの内発的な動議によって形成されていく性質を持つのであり他のものによって導かれるものではないということを保ちつつも，両者で共有し，相互に影響し合っていく存在へと変化するとき，その者がもつ主体性に，他者の存在や影響が不可欠であるということである。

　それは，もう一歩踏み込むならば，精神保健福祉士としての主体性にとって，主体性をもったクライエントの存在が不可欠であり，精神保健福祉士にとっての主体性は，クライエントの存在に対して開かれているものである，と考えることができるのではないのだろうか。

　援助の実践に携わる精神保健福祉士にとって求められる主体性とは，「開かれた主体性」であるということができるであろうし，もっとも遠ざけなければならないのが「閉ざされた主体性」への固執という態度が立ち現れてくることなのではなかろうか。精神保健福祉士にとっての「開かれた主体性」とは，援助実践の対象として主体性をもったクライエントの存在が必要であることを前提とした上で，主体としての精神保健福祉士と，主体としてのクライエントとの相互の主体どうしが，相互に自律的であることを認める主体性のあり方であるとしたい。そして，その意味で，精神保健福祉士の主体性は，クライエントをはじめとした他者の存在についてつねに開かれているものであるとみなすものである。

　「閉ざされた主体性」とは，精神保健福祉士自身が，精神保健福祉士の判断の結果として，クライエントとの相互の影響から閉ざされることで，精神保健福祉士自身の変化を遠ざけることをさし表し，それは，精神保健福祉士としての根本的な在り方が問われる態度であるといえる。

　精神保健福祉士の主体性とは，「開かれた主体性」であることが必要であり「閉ざされた主体性」であることはつつしまなければならないということになろう。実習生という立場であるからこそ，クライエントとの関係について気づくことが多くあるはずである。先入観ばかりにとらわれずに，目の前のクライエントとのかかわりから学ぶ姿勢を大切にして実習に臨むことも重要であるかもしれない。

（髙木健志）

参考文献

Rovert Adams, 杉本敏夫・斎藤千鶴監訳（2007）『ソーシャルワークとエンパワメント――社会福祉実践の新しい方向』ふくろう出版.

荒川義子（1982）「アメリカの精神医学ソーシャルワーカーの歴史」『精神障害者福祉』相川書房，51-72.

飯野雄治・ピアスタッフネットワーク（2019）『当事者主動サービスで学ぶピアサポート』クリエイツかもがわ.

岩崎香（2018）『障害ピアサポート――多様な障害領域の歴史と今後の展望』中央法規出版.

浦河べてるの家（2002）『べてるの家の「非」援助論――そのままでいいと思えるための25章』医学書院.

浦河べてるの家（2005）『べてるの家の「当事者研究」』医学書院.

大野和男（1998）「精神保健福祉士の役割――精神保健福祉士法の意味するもの」『公衆衛生研究』47(2)：89-95.

大島巌監修（2019）『ピアスタッフとして働くヒント――精神障がいのある人が輝いて働くことを応援する本』星和書店.

岡田靖雄（2002）『日本精神科医療史』医学書院.

児島美都子（1984）「R. キャボットの医療福祉思想」『日本福祉大学研究紀要』58(1)：107-136.

精神科看護編集委員会（2017）『精神科看護』「特集：WRAP ってなんだろう」2017年 5 月号（44-5），精神看護出版.

精神保健福祉行政のあゆみ編集委員会編（2000）『精神保健福祉行政のあゆみ』中央法規.

髙木健志（2013）「精神保健福祉士による退院援助実践に関する考察（その 1 ）」『山口県立大学　社会福祉学部紀要』19，37-48.

谷中輝雄（1996）『生活支援――精神障害者生活支援の理念と方法』やどかり出版.

坪上宏・谷中輝雄・大野和男編（1998）『援助関係論を目指して――坪上宏の世界』やどかり出版.

日本精神保健福祉士協会50年史編集委員会編（2015）『日本精神保健福祉士協会50年史』中央法規.

日本精神保健福祉士協会 事業部出版企画委員会編（2004）『日本精神保健福祉士協会40年史』日本精神保健福祉士協会.

日本精神保健福祉士協会（2008）『生涯研修制度共通テキスト　第 1 巻』中央法規.

橋本明（2008）「わが国における精神科ソーシャルワーカーの黎明（その 1 ）」『日本医史学雑誌』54(2)：114.

橋本明（2008）わが国における精神科ソーシャルワーカーの黎明（その 2 ），日本医史学雑誌55(2)：163.

ジェームス・M・バーダマン，水谷八也訳（2007）『黒人差別とアメリカ公民権運動――名もなき人の戦いの記録』集英社新書.

広田伊蘇夫（2004）『立法百年史――精神保健・医療・福祉関連法規の立法史』批評社.

ジュディス・ヒューマン／クリステン・ジョイナー，曽田夏記訳（2021）『わたしが

人間であるために——障害者の公民権運動を闘った「私たち」の物語』現代書館.

増川ねてる・藤田茂治編著（2018）『WRAP を始める！——精神科看護師との WRAP 入門』精神看護出版.

南彩子（2001）「ソーシャルワーカーの専門職性を求めて——米国における専門職業化の流れに関する文献レビュー」『天理大学社会福祉学研究室紀要』3：41-49.

当事者のエンパワメントと共に生きる PSW

中原力哉

社会福祉法人一麦会（麦の郷）ソーシャルファームもぎたて　管理者

「あなたは精神保健福祉士になろうとしなくていい。自分を追求しなさい」学生時代の恩師からのひと言である。精神障害のある母親に育てられた私にとって幼少期，青年期，成人期を通して子ども（家族）としての視点があった。ソーシャルワーカーとなり制度・施策を含む環境要因を調整したり改善することを仕事にした今，その目線は変わった。当事者や家族が抱える生きづらさは環境に大きく影響される。制度・施策は重要な環境要因となる。幾度となく政策は見直され今日に至っている。ただ，この国にうまれたる不幸は，いまもなお続く。

保健・医療・教育・福祉・労働・文化など人が営むあらゆる活動を権利として捉えることがソーシャルワーカの使命である。労働ひとつとっても働きたい意思と能力がありながら，その可能性を活かせない人はこの国にいったいどれだけいるだろうか。とりわけ障害のある人たちとなると先進国としては恥ずかしい実態であろう。「6歳の春を泣かせるな！」の言葉とともに1979年養護学校が義務化された。次は「18歳の春を泣かせるな！」という声とともに障害のある人たちの労働権保障へ。それから40数年が経過し，働く場の数は確かに増えた。しかし，働く質という点ではまだ道半ばであろう。世界の働き方の潮流は，ディーセント・ワーク（人間の尊厳を尊重した働きがいのある仕事）である。作業所などは就労訓練の場で，障害のある人は制度上，福祉事業の利用者であって労働者とは位置付けられていない。だが作業所に通っている彼らに尋ねると，「仕事をしにきている」と答えが返ってくる。

2014年ソーシャルファームもぎたて（就労継続A型）を開所したのは，この矛盾を知った責任が私にはあると考えたからだ。すべてのヒトの働く権利の保障とあたりまえの暮らしができる社会をめざし事業所をつくった。農産加工所や産直市場内での飲食店運営のほか耕作放棄された農地での農業に取り組んでいる。ソーシャルファーム（社会的企業）として，地域の農業の衰退など社会的課題を社会的弱者が事業をとおして解決していくことを目指している。ディーセント・ワークの実現を追求し，将来的に対象を労働市場から排除されてしまうすべてのヒトへ拡大し労働をほんとうに権利として保障していく。新自由主義的な労働市場では構造的に働きづらさを抱える人たちを増やし労働の質を低下させている。誰もが権利として働くことが保障される制度・施策へ抜本的に改善していくことは社会全体の働く価値観を変革し，人間的な発達を保障できる社会環境につながるだろう。

第6章

「精神保健福祉士」の機能と役割

　精神科ソーシャルワーカーは，精神障がい故の生活上の諸課題と向き
合う当事者と共に歩む専門職である。精神障がいとの出会いは，個々人
のみならず家族や，その人が所属する組織に大きなダメージを与えるこ
とがある。精神保健福祉士（精神科ソーシャルワーカー）は，そこで生
じた不利益さらには，社会的な排除状態と当事者が向き合うことができ
るように個々人を支援するとともに，環境を整備する役割を持つ。さら
には，精神科ソーシャルフーカーは，当事者や家族がすみやすい地域や
社会を，当事者と共に築き上げる役割を持つ。これは，ソーシャルワー
カーのグローバル定義にある社会変革を進めるという役割である。精神
保健福祉士（精神科ソーシャルワーカー）は，地域・施設・病院等々
様々な場や機関に配置され，それぞれの場で特有の機能を展開させ当事
者や家族を支える。

　精神保健福祉士（精神科ソーシャルワーカー）は，精神障害者のみな
らず，より多くの国民のメンタルヘルス上の課題に対して働きかける。
今日的な課題である職場におけるハラスメントや過重労働からの自殺，
なんらかの生きづらさ故に生じている孤立や貧困に向き合っていくのも
精神保健福祉士の役割である。

　本章では，ミクロ・メゾ・マクロの課題と向き合う精神保健福祉士の
役割や機能と，それを支える精神保健福祉士法の仕組みや精神保健福祉
士教育について学ぶ。

6-1. 精神保健福祉士法

6-1-1. 精神保健福祉士法制定と改訂の経緯

　1995年に「精神保健及び精神障害者の福祉に関する法律（略称「精神保健福祉法」が成立し、その流れのなかで、1997（平成9）年12月の臨時国会において、「精神保健福祉士法」が成立した。宇都宮病院事件を受け、内外から日本の精神科病院の劣悪さへの批判が生じ、1987年に精神保健法が成立し、精神障害者の人権の尊重、社会復帰の流れが、ようやく生じ始めた。精神保健法制定時の附帯決議では、精神科ソーシャルワーカー等のマンパワーの充実を図ることとされた。

　しかし、この頃、精神科病院で福祉職を採用するところは少なかったが、「精神保健及び精神障害者福祉に関する法律」の成立を背景に、精神障害者の人権擁護や地域生活支援を推進し、社会的入院の解消のためにも精神科ソーシャルワーカーの質及び量の向上が不可欠との理解が広がり、国家資格化が実現した。

　精神保健と福祉が併用されるようになったのは、1990年以降である。堀口久五郎は、精神保健福祉は、6つの類型にわけることができると述べている。それは、①「精神保健福祉」という用語を保健と福祉を並列させたものとしてとらえる使用法、②保健と福祉の統合化を意味するもの、③保健と福祉の包括ないし融合であり、「精神保健」と「精神障害者の福祉」の両者を包括した状態を表す意味で使用するもの、④精神医療のなかでの福祉、あるいは、精神保健領域における福祉といった考え方を意味するもの、⑤「精神保健福祉」という語を「精神障害者福祉」の意味と同じであるとみなして使用している例、⑥保健医療に福祉が取り込まれたことを意味する「保健医療内福祉」の考え方を示すものである。[1]

▷1　堀口久五郎（2003）「「精神保健福祉」の概念とその課題——用語の定着過程の検証」『社会福祉学』44(2)。

　1993年成立の障害者基本法で、精神障害者を身体障害者や知的障害者と並んで法の対象に位置づけた。この障害者基本法では、精神障がい者を、「長期にわたり日常生活または社会生活に相当な制限を受ける者」の一人として認め（第2条）、精神障害者の「自立及び社会参加」することを目的とした。さらに、すべての障害者が「個人の尊厳が重んぜられ、その尊厳にふさわしい生活を保障される権利を有する」ことを宣言し、「社会を構成する一員として社会、経済、文化その他あらゆる分野の活動に参加する機会が与えられる」ことを基本理念として宣言している（障害者基本法第3条1項、2項）。精神障がい者が、社会を構成する一員として、社会参加の機会を保障される為の働き手となる精神科ソーシャルワーカーの国会資格化が必要とされていた。

　1998年に第一回の国家試験があり、初めての国家資格としての精神保健福祉

士が誕生したのは，こうした精神障がい者のノーマライゼーションの動きと深い関係があったといえる。また，その一方で，閉鎖的な環境である精神科病院におき，引き続き，入院患者を対象とする虐待事件が生じていた。なかでも，1983年に，栃木県宇都宮市にある精神科病院報徳会宇都宮病院で，看護職員らの暴行によって，患者2名が死亡した事件である宇都宮病院事件は，国際的な批判を受けてきた。こうした事件が生じる精神科病院において，患者の権利を護る存在として，精神科ソーシャルワーカーが，精神科病院で十分に活躍を行っていたとは言えない。そのなかで，精神障がい者の権利を護る存在として，精神科医療機関で精神科ソーシャルワーカーが活躍することが望まれていた。

本来，こうした精神障害者の生活や権利・尊厳の保障は，精神障害者福祉法として施行され，そのなかで，その業務を行う専門職として精神障がい者福祉士が定義され，この職種は，mental-health social worker ではなく，mental-health を含む psychiatric-social worker の担い手とし規定する必要がある。

精神保健福祉士は，名称独占の資格であり，精神保健福祉士の名称を用いて，その業務を行うことができないとする名称独占資格である。この為，無資格者であっても，精神保健福祉士を語らなければ，相談や支援等の業務に就くことができる。名称独占と異なり，同じ国家資格であっても業務独占資格がある。例えば，医者や看護師・保健師・助産師さらには弁護士等は，その資格がなければ，それぞれの業務ができない。これを業務独占資格という。

6-1-2. 精神保健福祉士法の概要
■法の目的
本法第一条において，法の目的を「この法律は，精神保健福祉士の資格を定めて，その業務の適正を図り，もって精神保健の向上及び精神障害者の福祉の増進に寄与することを目的とする」（法第1条）と定めている。

この法の目的は，第一に「精神保健の向上」である。これは，精神障がい者に限定した業務ではなく，広く国民を対象とした業務を通して，精神疾患になることを予防する（第一次予防）とともに，なんらかの精神変調をきたした時，早期に介入する（第二次予防）を行うことを，その業務の目的としている。その精神保健福祉士が勤務してい

▷2 メンタルヘルス不調に対する取り組みとしては，一次予防，二次予防，三次予防があります。一次予防とはメンタルヘルス不調を未然に防ぐことで，ストレスチェックは一次予防を目的として行われます。二次予防ではメンタルヘルス不調を早期に発見して治療につなげるなど適切な対応をし，三次予防は，精神不調をきたした人が社会復帰する為の適切な支援を行い，健全な状態を取り戻すための支援をいう。

図6-1 3つの予防

出典：筆者作成。

る場により異なるが，行政に勤務する精神保健福祉士にとって，この第一次予防，第二次予防は，日常求められる業務である。

また，精神科病院や，地域の相談支援機関は，精神障害者の長期入院やいわゆる社会的入院，精神科病院における権利侵害状態等の問題を解決し，社会復帰を果たす上で障害となっている諸問題の解決を図り，地域生活を保障する第三次予防が重要な実践となる。

次に，「精神障害者の福祉の増進」という目的であるが，ここでいう福祉については，個々の精神障がい者が主体的な社会参加を行うことが可能となる条件づくりとともに，個々の精神障がい者がリカバリー過程を歩むことを保障することを目的とした実践づくりを増進すると理解することが必要である。

■定　義

▷3　「障害者の日常生活及び社会生活を総合的に支援するための法律」の一部を改正する法律案の可決成立により束ね法案のひとつ「精神保健福祉士法」の第二条（定義）が一部改正された。施行日2024（令和6）年4月1日。

法第2条において，精神保健福祉士は，「法第28条の登録を受け，精神保健福祉士の名称を用いて，精神障害者の保健及び福祉に関する専門的知識及び技術をもって，精神科病院その他の医療施設において精神障害の医療を受け，若しくは精神障害者の社会復帰の促進を図ることを目的とする施設を利用している者の地域相談支援（障害者の日常生活及び社会生活を総合的に支援するための法律（平成17年法律第123号）第5条第19項に規定する地域相談支援をいう。第41条第1項において同じ。）の利用に関する相談その他の社会復帰に関する相談又は精神保健に関する課題を抱える者の精神保健に関する相談に応じ，助言，指導，日常生活への適応のために必要な訓練その他の援助を行うこと（以下「相談援助」という。）を業とする者をいう」と定義される。

▷社会復帰調整官
→巻末キーワード

精神保健福祉士は，社会福祉学を学問的基盤としながらも，支援対象者である精神障害者が「疾病」と「障害」をあわせもつ点から，医療と保健の双方にまたがる職種である。活動の場は，主に精神科医療機関や障害者自立支援施設，保健所，精神保健福祉センターであるが，更に近年では，心神喪失者等医療観察法における**社会復帰調整官**や，障害者職業カウンセラー，介護支援専門員，スクールソーシャルワーカー，など精神保健福祉士が必要とされる職域も拡大してきている。

■義 務 規 定

本法第4章では，精神保健福祉士の義務を定めている。義務規定では，①信用失墜行為の禁止義務，②秘密保持，③医師との関係等がある。

【信用失墜行為禁止義務】

精神保健福祉士が，精神障害者の権利を擁護し，その社会復帰に貢献するためには，当事者や家族のさらには，国民一般との信頼関係を確立する必要があ

る。そのため，精神保健福祉士の信用を失墜させる行為を行った者については，登録の取消等の制裁措置を講じられる。なお，信用失墜行為に当たる例には，次のようなものがある。

　　・精神保健福祉士としての業務に関連して犯罪を犯した場合。

　　・相談援助業務の対価として不当な報酬を請求し，相談者に多大な経済的
　　　負担を生じさせた場合。

　　・素行が著しく不良である場合。

【秘密保持義務】

　精神保健福祉士は，その業務上，精神障がい者や家族関係等の個人の秘密に当たるような事情についても知ることが必要な場合が多い。これらの個人情報が外部にもれる時，当事者の人権が侵害されるばかりか，精神障がい者に対する不当な誤解や差別を生む可能性もある。

　この為，精神保健福祉士には，守秘義務が課せられている。そのため，障害者のプライバシーを保護し，精神障害者が安心して精神保健福祉士の相談援助を受けられるようにするため，精神保健福祉士には守秘義務が課されている。守秘が，守られない時，当事者の命が危機に陥れられることがある。精神保健福祉士が，精神障がい者や家族の秘密を漏洩した場合には，単に登録を取り消すだけでなく，罰則（一年以下の懲役又は三十万円以下の罰金）を科すこととしている。

【医師との関係】

　精神保健福祉士は，業務を行うに当たって，精神障害者に主治医があるときは，個々の精神障害者の精神疾患の状態や治療計画，医学的に必要となる配慮等について，主治医より必要な助言を受けなければならない。これを，精神保健福祉士法上は「医師の指導」と規定している。

　もちろん，相談援助の内容に関しては，精神保健福祉士の専門性の範疇であるため，拘束されるものではない。しかし，医師の指導を全く受けないで，業務を行った場合には，精神保健福祉士として適切な業務を行うことができえないことから，精神保健福祉士の登録を取り消すことができる。

【誠実義務】

　法第38条の２では「精神保健福祉士は，その担当する者が個人の尊厳を保持し，自立した生活を営むことができるよう，常にその者の立場に立って，誠実にその業務を行わなければならない」と定めている。

　この誠実義務は，2010年改正において新たに加えられた義務である。精神保健福祉士は，その実践において，多くの葛藤をもつことがある。例えば，病院

に勤務する精神保健福祉士は，自らが担当する当事者に対する思いが経営者の思いと異なる時，時に，当事者の立場にたちきることができないことがある。また，なんらかの犯罪性をもつ当事者が社会参加に取り組んでいる時，その地域で，その当事者が起こしてきた犯罪と類似の犯罪が生じた時，葛藤しつつも疑いをもつことがある。

「常にその者の立場に立って，誠実にその業務を行う」とは，そうした葛藤が生じる時，当事者の立場に立ちきるということである。日本ソーシャルワーカー連盟のソーシャルワーカ倫理綱領には，「（倫理的実践の推進）ソーシャルワーカーは，組織・職場の方針，規則，業務命令がソーシャルワークの倫理的実践を妨げる場合は，適切・妥当な方法・手段によって提言し，改善を図る」と定めるように，自身の雇用者と向き合い，雇用者の思いに対する疑問を勇気をもち伝え，雇用先と向き合うことが求められる。

一方，当事者が起こしているかもしれない犯罪がそこに起こっている時，今，懸命に社会復帰に向かっている当事者の立場にたちきるとかどうか，精神保健福祉士は，深刻なディレンマのなかにおかれることがある。そのディレンマは，時として，自身を，自身が，保安的な視点にたっているのではないかとの思いにおくことがある。そうした時，誠実義務を追求する為に求められるのが，専門職集団の相互批判による専門職の育ちである。

【信用失墜行為の禁止】

第39条では「精神保健福祉士は，精神保健福祉士の信用を傷つけるような行為をしてはならない」と定める。ここで言う信用失墜行為に当たる例としては，精神保健福祉士としての業務に関連して犯罪を犯した場合，相談援助業務の対価として不当な報酬を請求し，相談者に多大な経済的負担を生じさせた場合，素行が著しく不良である場合等がある。

B型就労継続支援事業所に勤務している精神保健福祉士Aにはギャンブル依存傾向があり，日常的にが利用するパチンコ店で利用者にその姿を発見され，時々，パチンコ店で，店員に乱暴な口調で抗議しているのを発見されている。そのことを，利用者から事業所でからかわれたAは，プライベートなこととして無視してきたが，利用者との関係がぎくしゃくしてきたことから，法人管理者から事情を聴取されることになった。この事例の場合，パチンコ店に日常的に通うことは，プライベートなこととして許されることではない。その行為が，明らかに，日常の支援に障害が及ぼしており，精神保健福祉士として素行の著しい不良さが，支援者としての信用失墜を招いているのであり，信用失墜行為の禁止にあたる行為である。

【秘密保持の義務】

　精神保健福祉士の業務上，精神障害者の精神疾患の状態，病歴・経歴，その家族関係等の個人の秘密に当たるような事情についても知ることが必要な場合がある。しかし，これらの個人情報は不用意に外部に漏洩すると，精神障害者に対する不当な誤解や差別を生みかねない。そのため，障害者のプライバシーを保護し，精神障害者が安心して精神保健福祉士の相談援助を受けられるようにするため，精神保健福祉士には守秘義務が課されている。もし，精神保健福祉士が，相談援助の相手方である精神障害者の秘密を漏洩した場合には，精神保健福祉士の信用を失墜させるだけではなく，精神障害者自身の利益を侵害することになるため，単に登録を取り消すだけでなく，罰則（一年以下の懲役又は三十万円以下の罰金）を科すこととしている。

　秘密とは，特定の限定された範囲（例えば，支援にあたっている同じ職場や精神保健福祉士と医療者等の範囲）の者にしか知られていない事実である。この事実を他人に知られないことが，客観的にみて本人の利益と認められるものが秘密として考えられる。さらに，当事者の主観だけで秘密かどうかが決まるわけではない。また，当事者が，自身の秘密を洩らされたと感じるだけではなく，同僚や使用者さらには他の法人が，当事者の秘密が同意なく伝えられているか否かを判断することもあり，当事者に漏れなければいいといったものではない。

　精神保健福祉士は，それぞれの職場に採用されるとき，その法人との間で，秘密保持に関する契約を行う。そこでは，一般的に「私は，貴法人就業規則等を遵守し，誠実に職務を遂行することを誓約するとともに，以下に示される貴法人の有する情報（以下「秘密情報」という。）について，貴法人の許可なく，如何なる方法をもってしても，開示，漏洩もしくは使用しないことを約束致します」といった秘密保持契約を行う。この契約を行ったうえで，秘密保持を行えなかった場合には，法人からなんらかの懲戒を受けることになる。もちろん，そればかりか，今後，精神保健福祉士の資格を取り消されるのである。

　また，秘密を第三者に開示するにあたっては，常に「正当な理由」があるかないかが検討されなければならない。この「正当な理由」とは，法令で定められている場合・第三者の利益を保護する場合・本人の同意がある場合等であり，この正当な理由がある限りは処罰されることはない。ここで考えなければならないのは，児童虐待事例や家族内暴力に関わっている精神保健福祉士の通告義務である。児童虐待の場合には，児童福祉法第25条の規定に基づき，児童虐待を受けたと思われる児童を発見した場合，すべての国民に通告する義務が定められています。また，児童虐待の防止等に関する法律第5条では，「学校，児童福祉施設，病院，都道府県警察，婦人相談所，教育委員会，配偶者暴力相談支援センターその他児童の福祉に業務上関係のある団体及び学校の教職員，児

童福祉施設の職員，医師，歯科医師，保健師，助産師，看護師，弁護士，警察官，婦人相談員その他児童の福祉に職務上関係のある者は，児童虐待を発見しやすい立場にあることを自覚し，児童虐待の早期発見に努めなければならない」と定められている。

　もし，精神障がいゆえになんらかの虐待が生じている時，その当事者の障がいの詳細を児童相談所等の機関に伝えることは，「正当な理由」があり，精神保健福祉士に求められる連携業務の一環であり，守秘義務違反とはならない。なかでも，要保護児童対策協議会といった守秘義務が徹底される機関では，当事者の日常的な生活状況や障がいの状態を共有することは，虐待の早期発見につながる。

　当事者の情報を刑事事件との関わりで開示することが要求される時には，留意しなければならない。ある当事者が，犯罪をおこした事例の場合，その犯罪捜査にあたる警察から法に基づいた情報提供の手続きがなされた時，情報を提供を行う場合には守秘義務違反には問われないが，捜査担当者との日常的な関係のなかで，情報を提供した時には，明らかに守秘義務違反に問われる。

【連携 等】
　精神保健福祉士法第41条には「精神保健福祉士は，その業務を行うに当たっては，その担当する者に対し，保健医療サービス，障害者の日常生活及び社会生活を総合的に支援するための法律第5条第1項に規定する障害福祉サービス，地域相談支援に関するサービスその他のサービスが密接な連携の下で総合的かつ適切に提供されるよう，これらのサービスを提供する者その他の関係者等との連携を保たなければならない。2精神保健福祉士は，その業務を行うに当たって精神障害者に主治の医師があるときは，その指導を受けなければならない。」と定められている。

　なぜ連携が求められるのであろうか。精神保健福祉士は，社会福祉学を学問的根拠とする専門職である。精神障がい者とかかわるのは，その精神保健福祉士のみではなく，医療・看護等の医学や看護学等を学問的根拠とする医師や看護師等も，その専門知見に基づいて関わる。精神障がい者の地域せいかつ支援は，医療と福祉の支援が一連のものとして展開される必要がある。この時，医療・看護と福祉が，それぞれがもつ知見について情報を交換することは不可欠である。

　また，一つの支援機関で地域生活を保障しきれるものではない。もし，居住や就労，当事者相互の関わりを，同一法人内で行うならば，同一法人内での囲い込むになることがある。むしろ，今，様々な支援機関や業者が支援事業を展開しているいま，この現状を精神障がい者が多様な地域生活を展開する機会として活用することが可能である。それぞれの事業所や組織は，その事業所や組

織が持つ力や資源に違いがある。その異なる力や資源を活用し，多職種が連携した支援を展開することにより，多様な地域生活を保障することが可能となる。

　次に，精神保健福祉士と医師の関係であるが，精神保健福祉士は，当事者に主治医がある時には，その医師の指導を受けなければならない。この指導は，保健師・助産師・看護師等と医師の関係である「指示」とは異なる。この「指示」とは，「主治の医師又は歯科医師の指示があつた場合を除くほか，診療機械を使用し，医薬品を授与し，医薬品について指示をしその他医師又は歯科医師が行うのでなければ衛生上危害を生ずるおそれのある行為をしてはならない」とするものであるが，精神保健福祉士法の場合には，あくまでも指導であり，その指示を受けた業務を実施しなければならないとするものではない。

【資質向上の責務】

　法第41条の2では，「精神保健福祉士は，精神保健及び精神障害者の福祉を取り巻く環境の変化による業務の内容の変化に適応するため，相談援助に関する知識及び技能の向上に努めなければならない」とする。

　相談援助に関わる者は，それぞれが所属する機関や事業所における資質向上の為の体制を構築するとともに，機関や事業所外での研修に積極的に参加し，目指すべき精神保健福祉士像とともに組織からの期待に応えることが必要である。

6-1-3.　社会福祉士法及び介護福祉士法と精神保健福祉士法との関係

　介護福祉士は，高齢者や認知症の人など日常生活を送ることが困難な人たち

表6-1　社会福祉士法及び介護福祉士法と精神保健福祉士法との関係

精神保健福祉士	名称独占資格	登録を受け，精神保健福祉士の名称を用いて，精神障害者の保健及び福祉に関する専門的知識及び技術をもって，精神科病院その他の医療施設において精神障害の医療を受け，又は精神障害者の社会復帰の促進を図ることを目的とする施設を利用している者の地域相談支援（障害者の日常生活及び社会生活を総合的に支援する
社会福祉士	名称独占資格	登録を受け，社会福祉士の名称を用いて，専門的知識及び技術をもつて，身体上若しくは精神上の障害があること又は環境上の理由により日常生活を営むのに支障がある者の福祉に関する相談に応じ，助言，指導，福祉サービスを提供する者又は医師その他の保健医療サービスを提供する者その他の関係者（第四十七条において「福祉サービス関係者等」という。）との連絡及び調整その他の援助を行うこと（第七条及び第四十七条の二において「相談援助」という。）を業とする者
介護福祉士	名称独占資格	登録を受け，介護福祉士の名称を用いて，専門的知識及び技術をもつて，身体上又は精神上の障害があることにより日常生活を営むのに支障がある者につき心身の状況に応じた介護（喀痰かくたん吸引その他のその者が日常生活を営むのに必要な行為であつて，医師の指示の下に行われるもの（厚生労働省令で定めるものに限る。以下「喀痰吸引等」という。）を含む。）を行い，並びにその者及びその介護者に対して介護に関する指導を行うこと（以下「介護等」という。）を業とする者

出典：筆者作成。

▷4　保健師助産師看護師法第37条　保健師，助産師，看護師又は准看護師は，主治の医師又は歯科医師の指示があつた場合を除くほか，診療機械を使用し，医薬品を授与し，医薬品について指示をしその他医師又は歯科医師が行うのでなければ衛生上危害を生ずるおそれのある行為をしてはならない。ただし，臨時応急の手当をし，又は助産師がへその緒を切り，浣かん腸を施しその他助産師の業務に当然に付随する行為をする場合は，この限りでない。

に対して，入浴，食事，排泄などの介護等の身体的，精神的自立のサポートを行うとともに，その家族などの介護者から相談を受けて，介護についての指導や助言も行う。一方，社会福祉士は，高齢者や心身に障害を抱える人など，日常生活を送ることが困難な人や，その家族の相談にのり，助言や指導を行う。介護福祉士が直接的に介護をするが，社会福祉士は，あくまでも相談援助を行う。なお，精神保健福祉士は，精神に障害がある人やその家族の相談を受け，社会参加のための助言や指導，様々な援助を行う。「日常生活を送ることが困難な人やその家族のサポートをする」という点では社会福祉士と同じだが，社会福祉士が福祉サービスを必要とするあらゆる人を対象とするのに対し，精神保健福祉士は精神障害者や精神保健の課題を抱える人に特化した援助を行う。

（松岡江里奈）

6-2.　精神保健福祉士の職業倫理

6-2-1.　職業倫理とは

　倫理とは一般的に「① 人倫のみち。実際道徳の規範となる原理。道徳。② 倫理学の略」（広辞苑）とされる。つまり，人として「やっていいこと・やってはいけないこと」の判断基準になるものである。よって，専門職の職業倫理も，専門職としての「やっていいこと・やってはいけないこと」の基準となるべきものである。後述するようにそれが明文化されたものが，職能団体が有する倫理綱領と呼ばれるものである。そのため，公益社団法人日本精神保健福祉士協会が定める『精神保健福祉士の倫理綱領』は，専門職として求められる善悪の基準であり，ルールブックであり，私たちの実践を方向付けるものである。倫理綱領とは，専門職にとっての憲法という位置づけと考えてもいいだろう。

　精神保健福祉士に限らず対人援助の専門職は，特に職業倫理を重要視する。その理由は，精神保健福祉士の実践はクライエントの生活領域に深く踏み込むことを前提としているからである。支援場面ではクライエントの自宅へ単独で訪問し面談等の支援を実施することがある。また，面談を通してクライエントの秘密を知ることがある。場合によっては，クライエントの財産・金銭管理のサポートをすることもある。

　このように支援を通してクライエントの生活領域に入り込むことは，一歩間違えれば，精神保健福祉士が権利侵害の加害者になりかねない危険性をはらんだ距離感である。日本精神保健福祉士協会の常任理事でもあった小出保博は，クライエントの生活領域に近づくがゆえに陥る立場性を「精神保健福祉士の持つ加害者性」と表現している。[5]

　私たちの実践はクライエントの生活領域に踏み込み，実際の生活を支援することに意義がある。そして，深く踏み込んだ実践活動は，常にクライエントへ

▷ 5　一般社団法人大阪精神保健福祉士協会（2015）『大阪精神保健福祉士協会45年記念誌』，29.

の権利侵害に陥りかねない危険性をはらむ。だからこそ，精神保健福祉士には職業倫理を常に自覚的に意識することが求められるである。

6-2-2. 倫理綱領

　専門職として職務を遂行するためには，社会通念上の倫理だけではなく，職業上の倫理を身に着けることが求められる。そして，その職業上の倫理を明文化したものが倫理綱領と呼ばれるものである。つまり，専門職にとって倫理綱領とは「業務における基本的な価値基準や職業倫理を示し，専門職の職務における言動や態度・姿勢を方向付けるものとして明文化されたもの」である。精神保健福祉士にも固有の倫理綱領がある。公益社団法人日本精神保健福祉士協会の『精神保健福祉士の倫理綱領』である。倫理綱領の制定には，1973年に提起された「Y問題」が契機になっている。当時の日本精神医学ソーシャルワーカー協会（以下，PSW協会）が事件の総括と協会の機能回復のために設置された「提案委員会（1980年）」において，「倫理綱領の確立」の必要性が述べられた。その後，PSW協会で丁寧な議論がなされ，1988年の第24回 PSW協会全国大会において倫理綱領が採決されるに至った。その後，複数回の改訂を経て，現在の倫理綱領（2013年 4 月21日採択／2018年 6 月17日改訂）となっている。

　倫理綱領は「前文」「目的」「倫理原則」「倫理基準」から構成されている。「前文」では，精神保健福祉士は社会福祉学を基盤とし「クライエントの社会的復権・権利擁護と福祉のための専門的・社会的活動を行う専門職」と規定されている。

　精神障害者のおかれてきた歴史は，いまだ解消に至っていない長期社会的入院なども問題も含め，抑圧と排除の歴史であったと言える。精神保健福祉士は，実践を通して精神障がい者を排除してきた社会構造に対して働きかけ，精神障がい者の社会的復権を目指すという使命が，前文を通して強調されているのである。

　次に「目的」では，「① 精神保健福祉士の専門職としての価値を示す。② 専門職としての価値に基づき実践する。③ クライエントおよび社会から信頼を得る。④ 精神保健福祉士としての価値，倫理原則，倫理基準を遵守する。⑤ 他の専門職や全てのソーシャルワーカーと連携する。⑥ すべての人が個人として尊重され，共に生きる社会の実現をめざす」を掲げている。特に価値について強調されており，精神保健福祉士が専門性の中でも価値を重視する専門職であることがわかる。

　さらに目的を具現化する「倫理原則」と「倫理基準」が後に続く。それぞれ，① クライエントに対する責務，② 専門職としての責務，③ 機関に対する責務，④ 社会に対する責務に分類されている。精神保健福祉士が専門職として守る

▷6　社団法人日本精神保健福祉士協会，日本精神保健福祉学会監修（2004）『精神保健福祉用語辞典』中央法規出版，528。

▷7　同上書，41。

べき具体的行動指針が，この分類によって整理されている。

　精神保健福祉士は，日々，様々な問題に対峙し，迷いながらもその都度判断をし，実践している。支援にはマニュアルがあったり，試験のように答えがあるようなものではない。しかしながら，専門職としての判断に迷う場面では，倫理綱領の内容が一定の指針を与えてくれるのは間違いないことである。倫理綱領とは，日々の実践場面でも，何度も目を通し，その内容に立ち返りながら，自身の実践を豊かにするために活用するものと言える。

　対人援助の多くは，答えのない実践である。だからこそ，専門職としての判断に迷うときほど，倫理綱領を活用することを意識したいところである。

6-2-3. 倫理的ジレンマ

　フレデリック・G・リーマーは，倫理上のジレンマについて「ソーシャルワーカーが専門職業の義務と価値との衝突に出会い，どちらかを優先して決定しなくてはならないときに生じる[48]」という。私たちの実践は，クライエント固有の生活課題に対応することが求められている。そのため，全く同じ状況や場面に遭遇することはない。よって，それぞれの支援の場面で，専門職は己の価値と倫理に照らし合わせながら，対応にあたらないといけない。しかし，そのような場面では，支援の判断に迷ったり，自身の専門職としての役割に対して葛藤を抱くことは少なくないのである。

　また，実践場面には必ず環境的制約や条件がある。それは，クライエント個人に関するものの場合や，地域の社会資源的制約，制度や法律による制約，時代背景的な制約など多岐にわたる。このような制約の中で，専門職としての価値を達成することが難しく感じたり，価値そのものを否定するような対応を求められていると感じるときに，私たちはジレンマに陥るのである。つまり，私たちの実践は様々な葛藤に取り囲まれており，ジレンマに陥りやすい職種と言える。

　以下では，精神保健福祉士が実践で陥りやすいジレンマについて解説する。

■所属組織との間に生じるジレンマ

　多くの精神保健福祉士は，精神科病院や障害福祉サービス事業所などに雇用されている。この場合，精神保健福祉士には専門職としてのアイデンティティと所属組織の一員としてのアイデンティティにジレンマが生じることがある。日本精神保健福祉士協会が作成した『生涯研修制度共通テキスト　第2版』においても「クライエントの権利擁護をする立場で支援をすすめた場合，所属する組織の方針との間に軋轢を生じることがある[49]」ことを指摘している。

　例えば我々の使命には，精神障がい者の長期入院の解消のために精神科病院から退院を促進するというものがある。しかし，病院の経営的な判断から，な

▷8　フレデリック・G・リーマー，秋山智久監訳（2001）『ソーシャルワークの価値と倫理』中央法規出版，61。

▷9　日本精神保健福祉士協会編（2013）『生涯研修制度共通テキスト　第2版』公益社団法人日本精神保健福祉士協会，12。

なかなか退院促進が進まない場合，精神保健福祉士の価値とのジレンマが生じることがある。このような事態は医療機関だけで起こることではなく，個別給付化された障害福祉サービス事業でも起こりうる事態である。例えば，就労継続支援Ｂ型事業所に勤務する場合，一般企業への就労を希望する利用者がいて，その準備も整っていたとしよう。訓練等給付事業所では，利用者の来所数に応じて報酬が支払われるとなれば，利用者が就職して退所すると利用者収入の減少になってしまう。もし，そのような場面で，経営的判断から利用者の就職を引き留めるようなことが生じれば，それは自己実現を尊重する精神保健福祉士の価値と反することになってしまう。

■多職種連携において生じるジレンマ

クライエントの地域生活を支援する場合では，精神保健福祉士以外の専門職と連携する機会が少なくない。8050問題のように，生活のサポートは必要なクライエントの親も高齢で介護が必要なことがある。その場合は，ケアマネージャーなどの介護保険領域の専門職と連携しながら，家族全体の支援にあたる。他にも，就労支援にかかわる場合は，精神保健福祉領域とは馴染みのない一般企業の社員と連携することもある。このように私たちの価値や文化とは異なる領域で働く人たちと連携する場合にもジレンマが生じることがある。

▷8050問題
→巻末キーワード

同じ福祉分野であっても，精神保健福祉分野以外の支援者の中には，今もなお，精神障がい者への偏見が残る人たちもいる。精神障がい者を一方的に地域から排除するように，精神保健福祉士に要求してくる支援者がいるのも事実である。また，精神障がい者への支援は特殊なものであるという思い込みから，支援を拒む事例もある。そのような状況では，精神保健福祉士が周囲の関係者から求められる支援は，クライエントに管理的にかかわり，コントロールすることであったりする。

このようなジレンマに対峙した場合に求められるのは，連携する支援者の理解不足を糾弾するのではなく，共に支援するなかで適切な知識と支援方法を共に見出すことである。

■家族との間に生じるジレンマ

精神障がい者の家族は，歴史的にクライエントの援助を一手に引き受けさせられてきた。そのため，家族はクライエントの一番の支え手となっており，そのケア負担も高い。精神保健福祉士は，クライエントだけでなくその支え手となっている家族への支援も求められるのである。

しかし，クライエントと家族の意見が常に同じものであるとは限らない。日本には医療保護入院という強制入院の仕組みがあるため，クライエントの希望は尊重されないまま家族の同意で入院に至ることがある。また，退院の希望も

家族の意見を尊重されることもあり，帰る場所のなくなった精神障がい者が長期入院になってしまうという事例もある。

　クライエントの自己決定と家族の意向の狭間で，精神保健福祉士はジレンマに陥ることがある。このような場合，精神保健福祉士は両者の間に立ち，調整することが求められる。ただ，理解をしておかなければならないことは，クライエントと家族の間の葛藤は，個人的なものではなく社会構造の影響も大きいということである。この葛藤は，日本社会が精神障がい者の援助を制度的にも家族に押し付けてきたという歴史が影響している。その点に思いを馳せ，精神保健福祉士は家族のケア負担が軽減されるよう支援し，制度へも働きかけることが求められる。

■専門職的自己と私的自己の間に生じるジレンマ

　精神保健福祉士には専門職として実践する際に，専門職的自己の確立が求められる。専門職としての価値を達成するためには，常に精神保健福祉士の専門性を自覚しながら支援にあたる必要があるのである。その際に葛藤関係に陥る可能性があるのが，もともとの自分自身がもつ私的な自己である。

　人は人生において様々な経験や知識を吸収しながら，自分にとっての「善悪」「好き嫌い」といった基準を獲得する。そのような基準が普段の生活上の判断の基盤になっている。しかも，その基準の存在には，たいていの場合無自覚であるといえる。このような自分自身の私的自己による基準と専門職的自己による基準（価値・倫理）が衝突することでジレンマに陥る。

　クライエントの生活スタイルや意思決定の結果について，個人的な感性であれば，承認できないこともあるかもしれない。そのような場面では，個人の私的な好き嫌いを判断の前面に出すのではなく，専門職としての倫理に沿った判断が求められる。常に私的自己ではなく専門職的自己によって支援を進めることが必要である。

　専門職的自己と私的自己を切り分けるために必要なことは自己覚知である。先ほども述べたように，自分の個人的な価値観や判断基準は，日頃意識することが少ないものである。そのため，精神保健福祉士には，「自分が何者であるか」ということを深く考えるための自己覚知が求められるのである。

　これまで，いくつかのジレンマについて解説した。繰り返しになるが，精神保健福祉士の実践はジレンマに陥りやすいことを認識することが必要である。むしろ，日々，実践で起こる葛藤に慣れが生まれ，ジレンマを感じなくなることは危険である。なぜなら，ジレンマに陥る状況こそ，精神保健福祉士が解消すべき課題が潜んでいることが多いからだ。慣れがジレンマを感じさせなくなり，日々の業務をルーティンワークにしか認識できなくならば，クライエントの権利擁護の視点も失われかねない。

先に挙げた組織とのジレンマが起こる状況は「組織の限界があらわれている状況」「精神保健福祉士個人の限界と組織の限界が表出されている場面」であると指摘できる。専門職が実践を通して組織とのジレンマを感じている場面とは，その組織の不具合を感知している状況といえる。そして，組織の不具合に対して専門職の職業倫理が刺激されているである。このような組織のジレンマを放置してしまえば，組織的なクライエントへの権利侵害を誘発してしまいかねないだろう。そのため，組織とのジレンマの解消のためには，精神保健福祉士は組織と対峙しなければいけないことがある。それこそが，精神障がい者の社会的復権と権利擁護を基盤とする専門職としての使命といえるだろう。

6-2-4. 専門職団体の意義と役割

先に示したように精神保健福祉士は，多くの葛藤やジレンマに陥りやすい専門職である。そのため，私たちは専門職として，専門性の向上のための自己研鑽を怠ってはいけない。葛藤やジレンマを克服し，自身が専門職として向上することは，クライエントへの支援の質を向上するために必要不可欠なことである。

ただ，どんな人間も困難に一人で立ち向かうことや，自己の成長を自分一人で成し遂げていくことは難しいものである。これは，専門職も同様で，困難に立ち向かい自己の成長を遂げるには，同じ目的を共有する仲間の支えが必要になる。そのために有益となるのが専門職団体の存在である。

精神保健福祉士の専門職団体には「公益社団法人日本精神保健福祉士協会」がある。地域組織として都道府県協会も存在する。精神保健福祉士協会の前身にあたる日本精神医学ソーシャル・ワーカー協会は1964年に発足し，2004年に社団法人となっている。定款における協会の目的は「本協会は，精神保健福祉士の資質の向上を図るとともに，精神保健福祉士に関する普及啓発等の事業を行い，精神障害者の社会的復権と福祉のための専門的・社会的活動を進めることにより，国民の精神保健福祉の増進に寄与することを目的とする」とある。

この目的にあるように精神保健福祉士協会は専門職団体として，会員の資質向上のための研修会などを企画している。精神保健福祉士は，行政機関や医療機関，障害福祉サービス事業所などに幅広く雇用されている。しかし，所属機関や施設において精神保健福祉士の雇用数は多いとは言えない。また，障害福祉サービス事業所などでは，もともと配置されている職員が数名程度というところも少なくない。そのため，自前で研修を企画したり，スーパービジョンが実施できるような体制を構築することが難しいところも多い。

このように，専門職としての資質の向上や人材育成が難しい状況に対して，日本精神保健福祉士協会は，各都道府県協会と連携して教育・研修の機会を企画したり，キャリアアップのための仕組みを用意している。

▷10　同上書，12。
▷11　同上書，13。

日本精神保健福祉士協会は生涯学習制度を設けており，「基幹研修」「養成研修」「課題別研修」の３つの体系で構成されている。基幹研修は，Ⅰ～Ⅲの段階的な研修として企画されており，入会年数や経験に応じてステップアップ的に受講できる。基幹研修Ⅲを修了した者は，協会が認定した「認定精神保健福祉士」になることができる。養成研修では，特定のテーマに基づくエキスパートを養成する研修で，受講要件は，研修認定精神保健福祉士ないし認定精神保健福祉士であることとなっている。現在，認定スーパーバイザー養成研修と認定成年後見人養成研修が実施されている。

　また，専門職団体は全国大会や学術集会などを企画している。そのような機会を通して実践報告や研究発表を行うことで，専門職全体の資質の向上を図っている。このような技術交流や研究の共有は，専門職団体に所属する会員の資質の向上につながっている。会員にとっても，全国の専門職と交流し学習する機会を得られるという利点がある。

　また，全国組織としての専門職団体の利点として，組織的なソーシャルアクションの基盤になるということがある。ソーシャルアクションは，個々人の力だけでなく，目的を共有する人同士の連帯と団結が必要となる。その場合に専門職団体を通して社会運動に協力することで，幅広いソーシャルアクションの展開が期待できる。現在，精神医療国家賠償請求訴訟が提起されており，日本の精神保健福祉分野にとっては，歴史的な社会運動になっている。このような社会運動にも専門職団体が積極的に協力することが期待されている。

（高橋健太）

6-3. 精神保健福祉士の業務特性

　精神保健福祉士の業務特性について，『精神保健福祉士業務指針』に基づき，価値，理念，視点などからなる業務構成を確認し，ミクロ・メゾ・マクロの連続性に基づくアプローチや連携について説明する。

6-3-1. 価値，理念，視点，知識，技術による業務構成

　精神保健福祉士として働くにあたって，私たちはどのような視点を持ち，どのように実践に取り組んでいくとよいのだろうか。それを考えるための参照軸として，『精神保健福祉士業務指針』（以下，「業務指針」と表記）が公益社団法人日本精神保健福祉士協会から出されている（この業務指針についてその意義や詳しい内容はこの章の５節で取り扱う）。この業務指針では「精神保健福祉士の業務」を，表６-２のように分節化して定義している。

　精神保健福祉士の業務は，単に組織や制度で示された内容を「こなすこと」ではなく，そうした内容をソーシャルワークの目的にかなう行為として転換・

表6-2　精神保健福祉士の業務

精神保健医療福祉にかかわる諸問題に対して（場面・状況） ソーシャルワークの目的を達成するために（価値・理念・視点） 適切かつ有効な方法を用いてはたらきかける（機能・技術） 精神保健福祉士の具体的行為・表現内容（行為）

出典：日本精神保健福祉士協会（2020）『精神保健福祉士業務指針　第3版』，19。

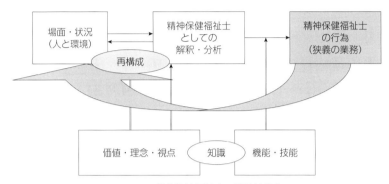

図6-2　精神保健福祉士の業務特性①
出典：日本精神保健福祉士協会（2020）『精神保健福祉士業務指針　第3版』，19。

展開させていくものである。例えば，精神科病院に入院していた人の退院にむけた生活支援をおこなうという業務は，ただ退院手続きを進めることや住居を探すことのみでは本人の生活状況を悪化させることにつながることもある。本人がどのように生活をしたいのか，そのためにどのような条件が必要なのかを整理し，人権保障のために多岐にわたる取り組みが求められる。

　また，この表6-2の定義に基づいて，図6-2のように業務特性が示されている。この図では，実際の「精神保健福祉士の行為」に「狭義の業務」と書かれている。これは目に見える実際の行為（例えば，個別支援計画作成のための面談をすることや，参加者の状況に合わせてデイケアのプログラムを作ることなど）が，あくまで狭い意味での業務であるということを意味している。「精神保健福祉士の業務」とは，一つひとつの目に見える行為にとどまるものではない。そうではなく，精神保健福祉士が直面する事象に対して，価値と理念及び視点に基づいて状況を分析し，絶えず場面を再構成しながら多様な知識・技術を活用して行動を試みる過程を含んだものだとされる。つまり，精神保健福祉士の業務は一連の過程として捉えることが必要である。

　またこの図の「価値・理念」は「何のためにおこなうのか」を，「視点」は「どのようにおこなうのか」を意味している。価値・理念は前節（pp. 184-190）でも少し説明されているが，基本的人権の尊重や自己決定の尊重などである。これらの言葉は頻繁に目にするものであるが，実際の業務においてその実現を目指すことはとても複雑で難しいものとなる。例えば「自己決定」という言葉を例にとってみても，どこまでが他者に支配された決定なのか，どのような決

定過程が自己決定と言えるのかなど，簡単には捉えきれない。そして，精神保健福祉士はただ単に組織や制度に示された業務をおこなうのではないことを前述したが，倫理綱領の文字をただ鵜呑みにして従うことも危険である。倫理綱領やこの教科書で説明される価値・理念を，絶えずともに活動する当事者や同僚たちと吟味し続けることが求められる。

　また視点は，「病者」や「障がい者」などの一面的な見方ではなく生活者として相談者を捉えること，後にも紹介するが，人と環境の相互作用やミクロ・メゾ・マクロの連続性を捉えるといったことである。これらの精神保健福祉士の価値・理念・視点によって状況を捉えることで，人権保障に向けた取り組みを精神保健福祉士は業務として実施することを目指している。

　知識は，精神保健福祉士としての業務において，場面や状況を把握し，実践の方向性を定めて具体的な支援を展開していくうえで必要なものである。業務において必要とされる知識は多岐にわたり，社会福祉およびソーシャルワークの知見や関連領域の諸科学（医学や社会学など）の知識が含まれる。社会学を中心に蓄積されてきたマジョリティ／マイノリティの権力の非対称性や排斥のメカニズムなどへの視点が欠けることは，精神保健医療福祉制度のなかで人々が無力化される構造を捉えそこなう危険性につながる。たとえば，反レイシズムやフェミニズム，インターセクショナリティなどの社会運動や議論蓄積は，ある人々の集合の「差異」が本質化されて差別され，一部の人々の命の価値，生の尊厳がいかようにも軽く扱われてしまうこと，社会運動のなかでも常にマイノリティが排除されやすいことを私たちに教え，そうした視座は精神保健福祉の活動において重要なものとなる。さらに，「障害」が医療化・個人化される背景として資本主義の分析は不可欠あり，ソーシャルワークの実践モデルやアプローチ，社会政策だけでなく人々の生活や制度の基盤となる構造への知識も深めておく必要がある。

　「業務指針」は，機能を「参与者による意図や認知の有無にかかわらず相互に関連し合ったはたらきや役割（それを果たすこと）」と定義し，ソーシャルワーカーの機能を表6-3のように整理している。

　表6-3のように様々な機能が業務指針では簡素に説明されているが，それぞれ，精神保健福祉の現場においては様々な議論を呼ぶ営みであることに注意したい。例えば，精神科医療において精神障がい者は不当にその尊厳を踏みにじられ，当事者の代弁（表6-3の⑦），権利擁護が重要となってきた。一方で，当事者は「代弁」という形で他者に声を奪われることもある。また「専門家が代弁する」という行為が重視されると，当事者の声をきくための条件や態度を見直す責任を，当事者と関わる人々や社会から免責するということも生じうる。そうした構図の問題を明らかにしてきた主要な運動は当事者運動であり，運動を基盤に知見が蓄積されている。また和歌山県の麦の郷は当事者不在，「専門

表6-3 ソーシャルワーカーの機能

機　能	概　　要
① 仲介 （ブローキング）	クライエントのニーズと必要な社会資源を結びつける機能
② 支援／支持 （サポート／カウンセリング）	クライエントに対する支援・支持を通じてクライエントが課題を遂行したり，問題解決のための自身の対処能力を強化したりする機能
③ 調停 （メディエイト）	クライエントと社会システムとの間で生じる葛藤（コンフリクト）を解決し，中立な立場で調整を図る機能
④ 教育 （エデュケーション）	クライエントに必要な技術や情報を伝える機能
⑤ 評価 （エバリュエーション）	実践の効果を評価する機能
⑥ 調整 （コーディネート）	さまざまな社会資源を見つけ出し，クライエントに対して，必要とされる資源を計画的に提供する機能
⑦ 代弁 （アドボカシー）	クライエントの利益を考慮してはたらきかけたり，弁護したりする機能
⑧ 促進 （ファシリテート）	他の人に促しや指針を示して，物事がうまく展開する方向に導く機能
⑨ 啓発 （イニシエイト）	ある社会的な問題や課題に対して，人々の関心を向ける機能
⑩ 協議／交渉 （ネゴシエーション）	問題解決のために，関係者と話し合い（協議・交渉）をする機能
⑪ 組織化 （オーガニゼーション）	個人あるいは集団をまとめていく機能
⑫ つなぐ／連結 （リンケージ）	クライエントと必要な社会資源とを引き合わせる機能
⑬ 変革 （イノベーション）	組織や社会の変革を求めるはたらきかけを行う機能

出典：日本精神保健福祉士協会（2020）『精神保健福祉士業務指針　第3版』，26。

家」と称される人々という「代弁者」に依存してことの本質が隠蔽されてきたことを問題視し，「私たちは当事者の代弁はしません」というユニークな宣言をした（峰島ほか 2008）。このように，機能としてまとめられる営みひとつを例にとっても書ききれないほど，それをめぐるさまざまな矛盾や試みがあり，人々の生活の場で絶えず問われ続けている。

　最期に精神保健福祉士の業務として主に活用される技術は，関係形成技法や面接技術，アセスメント，個別援助技術，集団援助技術（グループワーク），ソーシャルアクションなどである。以上のように価値，理念，視点，知識，機能，技術に支えられながら精神保健福祉士の業務は進んでいく。

　ここまで，精神保健福祉士の業務を構成する要素を説明してきたが，「精神保健福祉士業務指針」ではこれらを，表6-4のように整理している。

6-3-2. ミクロ・メゾ・マクロの連続性（包括的アプローチ）

　精神保健福祉士は直面する事象を「人と環境の相互作用」として捉える視点を持って実践する。つまり，精神保健福祉士の業務はミクロ・メゾ・マクロの

▷12　峰島厚・小畑耕作，山本耕平（2008）『和歌山発 ひろげて つないで つくりだす：障害者実践・運動からの発信』全国障害者問題研究会出版部。

表 6 - 4　精神保健福祉士の

価値・理念	倫理	
	個人としての尊厳，基本的人権，社会的復権・権利擁護と福祉，自己決定の尊重，自己 精神保健福祉の向上（ウェルビーイング），多様な価値の尊重，共生社会の実現（ソーシ	
倫理原則	1. クライエントに対する責務	2. 専門家としての責務
	精神保健福祉士の	
視点	人と環境の相互作用の視点，ミクロ・メゾ・マクロの連続性を踏まえた包括的視点 生活者の視点，地域生活支援，個別化（個人・集団・地域），エンパワメント（主体性の	
レベル （対象）	ミクロ	
	①個人／②集団	③専門職
目的	クライエントに対して，「かかわり」を軸 とした支援関係を形成し，自らがもつ力を 発揮して主体的に本人が望む生活を実現す ることを支援する。	専門職として，常に資質の向上を図り， 人々の福祉の実現に向けた実践を担保する。
業務 （狭義）	・サービス利用に関する支援 ・受診／受療に関する支援 ・退院／退所支援 ・経済的問題解決の支援． ・居住支援 ・就労に関する支援 ・雇用に関する支援 ・就学に関する支援 ・対人関係／社会関係の問題調整 ・生活基盤の形成・維持に関する支援 ・心理情緒的支援 ・疾病／障害の理解に関する支援 ・権利行使の支援 ・家族支援 ・グループ（集団）による支援・グループ 　ワーク ・活動・交流場面の提供	・スーパービジョン ・コンサルテーション ・多職種／多機関連携 ・記録 ・組織運営／経営 ・組織介入／組織改革 ・調査研究
機能	・支援／支持（サポート／カウンセリング） ・促進（ファシリテーション） ・教育（エデュケーション） ・調整（コーディネート） ・つなぐ／連結（リンケージ） ・仲介（ブローキング） ・調停（メディエイト） ・代弁（アドボカシー）	・支援／支持（サポート／カウンセリング） ・促進（ファシリテーション） ・教育（エデュケーション） ・評価（エバリュエーション） ・組織化（オーガニゼーション） ・変革（イノベーション）
技術	・関係形成技法 ・面接技術 ・アセスメント ・個別援助技術 ・集団援助技術 ・ケアマネジメント ・チームアプローチ ・ネットワーキング	・関係形成技法 ・組織運営管理（ソーシャルアドミニスト 　レーション） ・社会福祉調査（ソーシャルワークリサーチ）
理論／ 知識	＊理論的基盤：社会福祉学 ＊活用する実践理論／アプローチ：単一のものにしばられず柔軟に活用する。 　エコロジカル理論／アプローチ，ストレングス理論／アプローチ，エンパワメント理 　ローチ，課題中心理論／アプローチ，認知行動理論／アプローチ，システム理論／ア ＊活用する知識：人と環境（社会）とその相互作用に関する知識 　人間を生物的・心理的・社会的な視点から全体的・総合的に捉えるための基礎知識， 　想・哲学およびその発展に関する知識，社会福祉／精神保健医療福祉にかかる制度体 　ーク援助技術・支援方法に関する知識，専門職としての自己覚知と成長，社会福祉／	

出典：日本精神保健福祉士協会（2020）『精神保健福祉士業務指針　第 3 版』，22-23をもとに筆者

業務を構成する要素

綱領
実現
ャルインクルージョン，ノーマライゼーション）

3. 機関に対する責務	4. 社会に対する責務

業務を構成する要素

回復），ストレングス，リカバリー，当事者との協働（パートナーシップ）

メソ	メソ／マクロ	
④機関	⑤地域	⑥社会
所属機関に対して，人々の人権を尊重し，公共性を保持し，円滑な運営を促進する。	地域に対して，人々がつながりをもち，誰もが自分らしく暮らせるための地域づくりを促進する。	社会システムに対して，人々の多様性を認め，誰もが安心できる暮らしを保障するための社会施策を発展させ，改善する。
・組織運営／経営 ・組織介入／組織改革 ・コンサルテーション ・多職種・多機関連携 ・セルフヘルプグループ，当事者活動への側面的支援 ・記録 ・調査研究	・地域活動／地域づくり ・多職種／多機関連携 ・セルフヘルプグループ，当事者活動への側面的支援 ・調査研究 ・政策提言／政策展開	・調査研究 ・政策提言／政策展開
・調整（コーディネート） ・仲介（ブローキング） ・代弁（アドボカシー） ・協議／交渉（ネゴシエーション） ・促進（ファシリテート） ・教育（エデュケーション） ・評価（エバリュエーション） ・組織化（オーガニゼーション） ・変革（イノベーション）	・仲介（ブローキング） ・調停（メディエイト） ・調整（コーディネート） ・組織化（オーガニゼーション） ・代弁（アドボカシー） ・評価（エバリュエーション） ・協議／交渉（ネゴシエーション） ・啓発（イニシエイト） ・変革（イノベーション）	・代弁（アドボカシー） ・評価（エバリュエーション） ・協議／交渉（ネゴシエーション） ・啓発（イニシエイト） ・組織化（オーガニゼーション） ・変革（イノベーション）
・アセスメント（組織アセスメント） ・チームアプローチ ・ケアマネジメント ・ネットワーキング ・組織運営管理（ソーシャルアドミニストレーション） ・社会福祉調査（ソーシャルワークリサーチ）	・アセスメント（地域アセスメント） ・地域援助技術（コミュニティワーク） ・チームアプローチ ・ネットワーキング ・ケアマネジメント ・組織運営管理（ソーシャルアドミニストレーション） ・社会福祉調査（ソーシャルワークリサーチ）	・アセスメント（政策アセスメント） ・組織運営管理（ソーシャルアドミニストレーション） ・社会福祉調査（ソーシャルワークリサーチ） ・ソーシャルアクション

論／アプローチ，ナラティブ理論／アプローチ，問題解決理論／アプローチ，危機介入理論／アプローチ，ソーシャルサポート理論／アプローチなど

人権と社会正義にかかわる基礎知識および権利擁護に関する知識，社会福祉／精神保健福祉の思系およびサービス内容に関する知識，ソーシャルワークの基礎形成にかかわる知識，ソーシャルワ精神保健福祉の向上・発展のための知識

が作成。

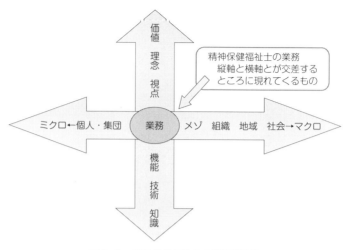

価値　理念　視点

精神保健福祉士の業務
縦軸と横軸とが交差する
ところに現れてくるもの

ミクロ←個人・集団　業務　メゾ　組織　地域　社会→マクロ

機能　技術　知識

図6‑3　精神保健福祉士の業務特性②
出典：日本精神保健福祉士協会（2020）『精神保健福祉士業務指針　第3版』，
　　　20。

それぞれのレベルの事象を包括的に捉え，連続性を意識して展開されるということである。一人の相談者の相談を受けている際にも，相談者の生活に影響している機関のサービス内容や政策，地域の実情を分析し，その問題に取り組む必要がある。具体的な例として精神科病院からの退院支援を考えてみよう。精神保健福祉士は本人の希望や不安を聞き取り，必要に応じて家族との調整や一人暮らしのためのアパートやグループホームを探す。しかし，そうした過程のなかで経験する障壁やあるいは認識されなくとも私たちの思考を制限している構造の背景として，精神障がい者への差別や居住政策の問題などがある。それらの問題は精神保健福祉士の業務，さらにいえば精神障がい者の生活と切り離して考えることはできず，精神保健福祉士は業務のなかで，地域生活が困難になる背景の分析や，その変容に向けて取り組む必要性に直面することになる。

　「業務指針」では，ミクロレベル（＝ターゲットレベルのアプローチ）とメゾレベル・マクロレベル（＝包括的アプローチ）とにそれぞれを区分しているが，相談者に焦点を当てるターゲットアプローチだけでは相談者の生活の困難さは十分に解決しないと考えておく必要がある。例として挙げた退院支援ひとつをとっても，関係してくる要素として精神障がい者への地域での差別や居住支援政策だけでなく，日本の住宅政策や家族主義的な制度などまで構造的問題が存在している。それらに向き合うことなしにミクロレベルの業務にとどまるのであれば，不十分な仕組みのなかに精神障がい者をただ当てはめるだけに終わり，精神保健福祉士が人権を保障するどころかむしろ毀損する働きをしてしまうこともある。そうならないためにも，メゾ・マクロレベルまでの包括的な視点が必要であり，幅広く問題を捉えるための視点や知識が必要なのである。

　「業務指針」では，精神保健福祉士の業務を「『価値‑理念‑視点‑機能‑技

表6-5 ジェネラリスト・ソーシャルワークにおける介入システム

ミクロレベル	個人との（個別あるいは家族や小集団での）ネットワークを意味し，個人の行動や対人関係における変化の促進を目的とするレベル
メゾレベル	公式集団や複合的な組織との相互作用を意味するレベル
マクロレベル	社会の変革を目的とした，近隣関係，コミュニティ，社会とのネットワークが含まれるレベル

出典：日本精神保健福祉士協会（2020）『精神保健福祉士業務指針 第3版』，21。

術-知識』それぞれをつなぐ縦軸と，『ミクロ-メゾ-マクロ』をつなぐ横軸とが交差するところに現れるもの」として位置付けている（p. 20）。それは図に表すと図6-3のようになる。

　精神保健福祉士の業務は，ミクロ-メゾ-マクロの連続性が意識されるとともに，その実践が価値-理念-視点-機能-技術-知識に支えららえたものとして取り組まれなければならない。また，「業務指針」は，ジェネラリスト・ソーシャルワークの考え方に基づいて，介入の整理を行っている。ジェネラリスト・ソーシャルワークにおける介入システムにおいて，ミクロ-メゾ-マクロはデュボワ＆マイリーの議論から表6-5のように説明される。

　「業務指針」では，ミクロレベルの業務として，精神保健福祉サービスを必要とする人がサービスを利用できるように調整・支援すること（サービス利用に関する支援）や，必要な医療が受けられるように支援すること（受診／受療に関する支援），病院や施設から本人が退院し，望む場所で本人らしく暮らすことができるように支援すること（退院／退所支援）などが位置付けられている。メゾレベルとしては，当事者による活動を側面的に支援すること（セルフ・ヘルプグループ，当事者活動への側面的支援）や，本人の生活状況の改善にむけて複数の異なる専門職や専門機関が互いに協働すること（多職種／多機関連携）などが，マクロレベルとしては，精神保健福祉にかかわる地域課題を発見・分析し，誰もが暮らしやすい地域へと向けた資源開発やネットワーキングを行うこと（地域活動／地域づくり），精神保健福祉に関連する制度・政策を分析し，改善のための具体的な提言や要求を行うこと（政策提言／政策展開）などがそれぞれ位置づけられている。ただし注意しておきたいのは，「ミクロ-メゾ-マクロ」という捉え方で日々の営みを切り分けることの難しさである。整理のために便宜上，様々な営みをミクロ，メゾ，マクロと分けて考えることがあり，それによって限定されがちな視点を拡げ，現状の活動を再構築することができる場合があるとしても，ミクロの生活のなかでの当事者とのやりとり一つひとつのなかにもまた，地道で鋭い構造的問題への抵抗が込められている。

6-3-3. 連携（多職種連携・多機関連携）における精神保健福祉士の役割

　精神保健福祉に関わる業務は，相談者の生活を支えることであり，それは一

▷13 松岡千代（2000）「ヘルスケア領域における専門職間連携：ソーシャルワークの視点からの理論的整理」『社会福祉学』40（2）：17-38。

つの専門職や機関によっては完結しないことも多い。そのため，業務において多くの職種や機関が有機的に連携する多職種連携・多機関連携はとても重要なものになる。

　欧米の文献を中心に専門職連携・共働について整理した松岡千代は，各論者の定義の共通項から，専門職間連携は「二人以上」の「異なった専門職」が，「共通の目標達成」をするために行う「プロセス」であると整理している（松岡 2000：20）[13]。ここから考えれば，多職種連携・多機関連携とは共通の目標にむかって異なる専門職や機関が協働するプロセスとして考えられる。各専門職や各機関は視点やできることが異なっており，それぞれの視点・知識やできることを持ち寄り，相談者とともに相談者の生活の改善に向けて取り組んでいくことは，精神保健福祉士の業務に欠かせない。そのため，日頃から地域の関係する人々とのつながりをつくっていくことが求められる。

　しかし一方で，「連携」という言葉が魔法の言葉のように用いられ，「連携」があれば今まで解決しなかった問題が解決するかのように表現されることがある点には注意しなければならない。なぜなら，貧困や強制入院の問題など，金銭給付や入院制度の構造的な仕組みを変革することが必要であるものが，現場レベルの連携で対応できるかのごとく錯覚させられてしまう危険性があるためである。連携が重要であることは否定されないとしても，それだけで解決しない問題があり，構造的問題へのアプローチを怠ることがあってはならない。

　また連携の際には，当事者自身が参加することが重要である。多職種・多機関の連携が当事者抜きに実施される場合，抑圧的でパターナリスティックな介入となる危険性がより高くなる。社会が障がい者に強いる不利益である「障害」（ディスアビリティ）の専門家は常に精神障がい者自身であり，当事者たちとともに連携のネットワークを築き，生活を支える取り組みが検討されなければならない。さらに，「当事者の参加」が，強力な沈黙化の装置として利用される場合があることにも注意したい。近年，あらゆる場面で強調される参加型パラダイムは，当事者への権力移譲を促し，より民主的な仕組みであるように見せかけながら，参加の方法が強固に制限され，責任だけを当事者に移し，権力関係は依然としてかわらず，結果として当事者の声を打ち消しているというような場合もある（Lavalette ed. 2011=2023）[14]。

▷14 Lavalette, Micheal ed.（2011）Radical Socail Work Today, Policy Press.（＝2023, 深谷弘和・石倉康次・岡部茜・中野加奈子・阿部敦訳『現代のラディカル・ソーシャルワーク』クリエイツかもがわ。）

■チームアプローチ

　連携を機能させるために，チームアプローチという考え方がある。「業務指針」では，チームアプローチの注意点を以下の5つに整理している。

---

① クライエントのニーズを中心に据え，クライエントの参加を原則とする。

② 異なる専門職や支援機関の間で目標を共有し，継続的に確認する。

③ 情報を共有し，クライエントに関する共通理解を図る。

④ それぞれの専門性を相互に理解し，尊重する。

⑤ それぞれが果たすべき役割と責任を明確にする。

出典：日本精神保健福祉士協会（2020）『精神保健福祉士業務指針　第3版』，33。

医療機関でのチームアプローチは，医療における階層性を意識して取り組むことが重要になる。医療現場では専門職の位階性が強く，医師をリーダーにして医師による方針決定のもとに，治療や回復という中心的な目標に向かって各専門職が個別に役割りを果たしていくチームアプローチ（マルチ・ディシプリナリー）が採用されがちである。医療におけるチームアプローチで精神保健福祉士が果たす役割は，相談者自身を支援方針決定の中心に位置づけ，不均等に配分されがちな権力の問題に取り組み，治療だけでなく生活の視点や差別などの構造的問題への批判的な視点を加えることにある。とりわけ医学の権威性は強く，医学的診断により「病者」として診断された精神障がい者は，一人の人間として固有の生を生きているにもかかわらず，医学言語で表現される疾患・障がいで言い表され，その生が極めて狭い一面的な見方で認識されがちである。また，精神保健福祉士や他の専門職も，当事者と比べて専門家として多くの権力を配分されている。支援決定における権限や，制度自体や制度運用の慣行への知識などは多くの場合，専門家が多く持っており，そのことで当事者は自分の意志を主張することを躊躇うかもしれない。またニーズ把握やサービス供給過程における専門職の影響は，本人の生の自律性を損ない，障がい者を無力な存在に位置づけてきた。この問題に対し，精神保健福祉士は自身も含めた専門職の権力性を認識し，本人をチームアプローチの中心に位置づけ，当事者の側に権力を取り戻すために本人と協同することが必要である。

また，地域生活では専門職だけでなく友人や民生委員，ボランティアなど様々な立場の人が重要な役割を担っていることがある。そのため，地域におけるチームアプローチにおいては個人情報が本人の承諾なく共有されることに注意しなければならない。チームアプローチにおいて情報の共有は重要であるが，本人の同意なく情報が共有されることや，情報共有のために本人に同意の圧力がかかることは，本人の尊厳を傷つけ，地域生活に新たな障壁を作り出してしまうことになる危険性につながる。　　　　　　　　　　　　　　　　（岡部　茜）

6-4. 精神保健福祉士の職場・職域・配置状況と課題

現在，精神保健福祉士を取り巻く環境は変化し，求められる役割も変化してきている。障害者権利条約の批准によって，「社会モデル」の障害理解が進む中で，精神障がい者の生きづらさや，直面している権利侵害や排除の実態を明

らかにし，地域社会に変革を求めていく役割が何よりも重要である。加えて，アルコール，薬物，ギャンブル等の各依存症への対応や，認知症，虐待やDVの被害者，矯正施設の退所者など社会的孤立の状態にある人々への支援体制をつくっていくことが必要となっている。

　ここでは，精神保健福祉士が活躍する職場や職域を紹介し，その配置状況を踏まえて，現状と課題を整理していく。

6-4-1. 医療（病院・診療所）

■医療機関における精神保健福祉士の状況

　まず，医療機関における精神保健福祉士の主な業務内容を整理する。精神科病院や，クリニックを受診した当事者に対して，医師や看護師などの医療職が，治療をおこない，理学療法士や作業療法士が，病棟やデイケアにおいて，リハビリテーションを進めていく過程で，精神保健福祉士は，生活相談に対応し，当事者の権利擁護を行っていく。入院している当事者であれば，退院に向けた調整や，制度・サービスの利用，社会資源の活用に応じていき，外来やデイケアを利用している当事者であれば，地域生活における相談や，各支援機関との連絡，調整を行う。これらの業務は，精神疾患を抱えたことをきっかけに，働く権利や，住まう権利，学ぶ権利などの権利侵害に対してエンパワメントすることとして位置付く。

　では，医療機関における精神保健福祉士の業務内容を踏まえた上で，実際の精神保健福祉士の配置の状況をみていく。2020（令和2）年の病院報告によれば，病院に従事する精神保健福祉士は，9374人となっている。その内，精神科病院が6626人，一般病院が2747人，その他の医療機関が213人となっている。加えて，一般診療所では，1787人が従事しており，病院と合わせると，1万1134人となっている。同報告において，初めて「精神保健福祉士」の算出が行われた1999（平成11）年が，1625人であったことを踏まえれば，この20年で約7倍近い数の精神保健福祉士が医療機関で従事することになったことがわかる。

　医療機関に従事する精神保健福祉士が，この20年で大幅に増加した背景には，大きく2点のことが挙げられる。1点目は，精神医療の政策転換による影響である。精神保健福祉士法が制定されたのは，1997年だが，この時期に「入院医療中心から地域生活中心へ」という政策転換が行われた。1993年に障害者基本法によって，精神障がい者が「障害者」として法的に明記され，1995年に精神保健法が精神保健福祉法へと改正されるなど，これまで「医療」の対象でしかなかった精神疾患患者が，「障害者」として「福祉」の対象となった。その後，2004年に精神保健医療福祉の改革ビジョンが示され，「入院医療中心から地域生活中心へ」の基本方針の下で，「社会的入院」と呼ばれる「受け入れ条件が整えば退院可能な者（約7万人）」を10年後に解消することが目指された。そ

の政策転換により，病院から地域への移行を推進する専門職として，精神保健福祉士が位置づき，年々，医療機関に従事する数が増加してきたといえる。

　2点目は，精神保健福祉士の職域の拡大である。2013年の精神保健福祉法の改正では，医療保護入院の見直しが行われた。その中で，医療保護入院者の地域への移行を推進するため，すべての医療保護入院者に対して，退院後生活環境相談員を選任することが，精神科病院の管理者に求められることとなった。退院後生活環境相談員には，医療保護入院者が可能な限り早期に退院できるよう，退院支援において中心的な役割を担うことが求められている。この退院後生活環境相談員の要件の一つに精神保健福祉士が位置付けられている。また，「精神科退院指導料」や，「精神科訪問看護・指導料」のように，精神保健福祉士がおこなう内容が診療報酬として算定されているものがある。「精神科退院指導料」は，精神科医師，看護師，作業療法士および精神保健福祉士が協力して，退院後に必要となる保健医療・福祉サービス等に関する計画を策定し，患者又はその家族に対して必要な指導を行った際に算定される。「精神科訪問看護・指導料」は，医師の指示を受けた保健師，看護師，准看護師，作業療法士または精神保健福祉士が患者の自宅を訪問し，看護や社会復帰に向けた指導をおこなった際に算定される。さらに，診療報酬制度では，「精神科リエゾンチーム加算」など，精神科医，看護師，精神保健福祉士，作業療法士等が多職種で連携することが評価され，精神保健福祉士が医療チームの一員として位置付けられている。また，「精神科地域移行実施加算」などでは，常勤の精神保健福祉士が専従として配置されることが規定されるなど，2年ごとに行われる診療報酬改定では，精神保健福祉士の評価が拡大してきている。このように，精神保健福祉法や，診療報酬制度への具体的な位置付けにより，医療機関における精神保健福祉士の職域は拡大している。または，診療報酬の算定を受ける要件として，精神保健福祉士の配置が規定されることにより，医療機関もより多くの精神保健福祉士を配置している。

■医療機関における精神保健福祉士の課題

　それでは，医療機関における精神保健福祉士の課題を大きく3点から整理しておく。

　1点目は，病院経営との狭間でのジレンマである。「入院医療中心から地域生活中心へ」という政策転換が示されて以降も，日本の精神科病床数は，微減であり，2021年度の患者調査では，31万1640床となっている。この減らない病床の背景にあるのは，民間病院の占める割合が高いことが挙げられる。退院支援を推進したとしても，実際に，病床数が減らないなかで，退院者が増えることは，空いているベッドが生まれ，病院経営としては損失となる。退院を推進すると同時に，新たな入院者を確保することが，病院経営としては求められる。

入院患者の地域移行の担い手である精神保健福祉士のなかには，病院経営のプレッシャーのなかでジレンマを感じている場合もある。この部分は，精神医療政策の根幹に関わる問題であり，かつ，精神保健福祉士という専門職の存在意義にも通ずる部分である。

　2点目は，アウトリーチの専門性とその人員不足である。医療機関における精神保健福祉士の主たる役割は，これまで，入院患者への対応と，外来診療や，デイケアに来院する患者への対応であったが，近年では，精神科訪問看護による自宅へのアウトリーチが展開されるようになってきている。また，後述するが，地域の事業所においてもアウトリーチ事業が位置付けられており，医療機関と地域の事業所とのより一層の連携が求められる。こうしたアウトリーチには，高い専門性が求められるが，その蓄積と，人材育成が今後の課題といえる。

　3点目は，ケアマネジメントの対応への苦慮である。厚生労働省の検討会によって2017年から「精神障害にも対応した地域包括ケアシステム」の構築を目指すことが掲げられ，2021年に報告書が公表された。ケアマネジメントは，2000年の介護保険法で高齢者福祉に，2006年の障害者自立支援法から障害者福祉に拡大されてきたが，今後は，医療，障害者福祉，介護，住まい，就労，教育，ボランティア等が包括的に確保された地域社会の創出が目指される。その調整役として，精神保健福祉士は政策的に期待されている。しかしながら，ケアマネジメントによる連携や調整に追われる業務は，現在，法制度に適合する対象者にのみ意識が向いてしまう危険性がある。精神保健福祉士が行うべき本来の役割である権利侵害や，社会的排除に対峙する役割を喪失することのないよう専門職としての研鑽が求められるといえよう。

6-4-2. 福祉（障害福祉サービス等事業所）

■〔障害福祉サービス等事業所における精神保健福祉士の状況

　次に，障害福祉サービス等事業所における精神保健福祉士の業務について整理する。生活介護事業所や，地域活動支援センターにおいて，精神障がい者の日中活動の支援を行う。ここでは，症状と上手く付き合いながら社会活動を行い，自らの疾患への理解や，同じ経験をもつ仲間との出会い，地域生活に必要なスキルの修得を目指していく。就労移行支援や就労継続支援A型，B型などの事業では，就労支援をおこなう。一般企業への就職を目指している当事者への支援や，生産物の販売などを通して地域への啓発活動を行っていく。また，ヘルパーが所属する居宅介護事業所や，グループホームにあたる共同生活援助では，精神障がい者の地域での暮らしを支える。さらには，相談支援事業所では，相談支援専門員として，これら障害福祉サービスの計画の策定や，病院や施設から地域生活への移行，あるいは退院・退所後の地域生活の定着に向けた相談支援を行う。障害福祉サービス等事業所における精神保健福祉士の重要な

役割は，就労や，社会活動を通して，精神障がいのある当事者と共に，差別や偏見のない地域社会づくりを行うことにあり，ソーシャルアクションとして位置付けることである。

　それでは，障害福祉サービス等事業所における精神保健福祉士の業務内容を踏まえた上で，実際の精神保健福祉士の配置の状況をみていく。公益財団法人社会福祉振興・試験センターが2021年に実施した精神保健福祉士就労状況調査結果によると，回答した3万558人のうち，最も多い24.4%にあたる7459人が「障害者福祉関係」に従事している。そのうち，「障害者支援施設」が2178人，「就労支援事業所」が1867人，「相談支援事業所（基幹相談支援センターを除く）」が1629人となっている。この調査においては，「医療関係」の7128人（23.3%）よりも多い割合で，精神保健福祉士が障害福祉サービス等事業所に従事していることがわかる。

　障害福祉サービスに従事する精神保健福祉士の現状の背景を2点から整理する。1点目は，精神障がい者に対する障害福祉サービス等の拡充である。それまで「医療」を中心に据えてきた精神保健福祉は，1980年代から「福祉」を拡充させてきた。1987年に精神衛生法が精神保健法に改正された際に，初めて社会復帰施設が法定化されることとなった。その後，1995年の精神保健福祉法への改正で，精神障害者保健福祉手帳が創設されるとともに，社会復帰施設の4類型（精神障害者生活訓練施設（援護寮），精神障害者授産施設，精神障害者福祉ホーム，精神障害者福祉工場）が整備された。ここでは，障害福祉サービスに従事するときの精神保健福祉士の任用規定が設けられた。その後，1993年に心身障害者対策基本法を大幅に改正した障害者基本法の制定によって，精神障がい者が法的に障害者として位置付けられ，身体・知的・精神の三障害の障害福祉サービスを規定した障害者自立支援法が2006年に施行される。このことにより，精神保健福祉法も同年に改正され，精神障害者社会復帰施設の規定などが削除され，精神保健福祉士の任用規定もなくなった。しかし，障害者自立支援法により，これまで身体障害，知的障害を対象としてた事業所を精神障害者が利用できるようになったことで，精神保健福祉士の職域も拡大することになったといえる。

　2点目は，相談支援の拡充である。2006年の障害者自立支援法は，その後，利用者負担をめぐって違憲訴訟となり，同法は廃止され，2013年に障害者総合支援法が施行される。この間，同法を見直すまでの障害者自立支援法の一部改正（つなぎ法）により相談支援の充実が図られる。具体的には，社会的入院は人権侵害であるという考えから始まった大阪府の「社会的入院解消研究事業」をモデルに全国で展開された長期入院者の退院をすすめ，地域移行・地域定着を図る事業が，個別給付化され，相談支援事業に位置付けられることとなった。これに伴って精神保健福祉士法の改正も行われ，精神保健福祉士の役割として，

精神障害者への地域相談支援の利用に関する相談が加えられた。この経過が，先ほどみたように，相談支援事業所に精神保健福祉士が多く従事している背景といえる。

■障害福祉サービス等事業所における精神保健福祉士の課題

　それでは，障害福祉サービス等事業所に従事する精神保健福祉士の課題について，大きく2点から整理する。

　1点目は，就労支援中心の政策への対峙である。2006年の障害者自立支援法は，福祉と雇用の連携強化を目指し，就労支援支援体制が整えられた。これは，経済的な自立を主眼に置く政策的な意向が背景にある。しかしながら，精神障がい者の権利擁護を行う専門職である精神保健福祉士は，権利としての労働を軸に支援を行うことが求められる。しかしながら，障害者自立支援法以降，規制緩和により，多様な供給主体が参入することとなった。このことにより，就労による自立がより志向されるようになり，当事者，あるいは家族が，社会情勢など周囲の影響に寄って，一般企業への就労を強く希望することで，精神保健福祉士として求められる権利擁護としての役割を担うことができないケースもある。精神保健福祉士として，こうした状況を注視し，自覚しておく必要がある。

　2点目は，成果主義への対応である。2006年の障害者自立支援法の施行により，精神障がい者の社会復帰施設は，それぞれ制度移行したが，そのことによる大きな影響があったのが，利用人数の日割り計算による事業への報酬であった。精神障がい者は，精神疾患の症状によって，事業所への通所日数が月ごとに安定しない。そのため，事業所の収入も不安定となり，運営に影響を与えた。さらには，契約制度への移行により，事業所に従事する精神保健福祉士の事務も拡大し，各種加算制度への申請など，成果主義への対応に追われることとなっている。これは，相談支援においても同様であり，計画策定の実数や，地域移行の実数が，具体的な数値として評価されるが，そのためには，書類上の様々な手続きを経る必要があり，精神保健福祉士の業務が適切に評価されない問題がある。

6-4-3. 行政（精神保健福祉センター・保健所・市町村・保護観察所）
■行政における精神保健福祉士の状況

　次に，行政における精神保健福祉士の業務内容を確認しておく。精神保健福祉の行政機関として主に挙げられるのは，精神保健福祉センター，保健所，都道府県・市町村窓口である。

　精神保健福祉センターは，精神保健福祉法により都道府県および政令指定都市に設置が義務づけられている。1965年の精神衛生法改正時に，それまでの精

神衛生相談所が，その機能を強化し，精神衛生センターとして法定化されたのち，法律の改正ごとに，精神保健センター，精神保健福祉センターへと改称してきた。「精神保健福祉センター運営要領」では，精神保健福祉センターの業務は，① 企画立案，② 技術指導及び技術援助，③ 人材育成，④ 普及啓発，⑤ 調査研究，⑥ 精神保健福祉相談，⑦ 組織育成，⑧ 精神医療審査会の審査に関する事務，⑨ 自立支援医療（精神通院医療）及び精神障害者保健福祉手帳の判定が示されている。精神保健福祉センターの業務実績は，「衛生行政報告例」で確認することができる。令和2年度の報告によると，全国の精神保健福祉センターで受けた相談の延べ人数は，11万7958人で，相談内容別でみると，社会復帰に関わる相談が最も多く，全体の38.2％を占めている。相談（要因）別では，「ひきこもり」が18.8％で最も多く，「発達障害」が7.4％，「自殺関連」が5.9％となっている。

　保健所は，地域保健法に基づく機関であり，精神衛生法で精神衛生行政の第一線機関として位置付けられて以降，地域における精神保健の維持・向上，精神科リハビリテーションの実施体制づくりを行っている。「保健所及び市町村における精神保健福祉業務運営要領」によると，保健所の業務は，① 地域の精神保健福祉にかかる企画調整，② 普及啓発，③ 市町村，関係機関，施設，団体，事務所等の職員や，ボランティア等に対する研修，④ 患者会，家族会，断酒会等の自助グループや，職親会，ボランティア団体等の組織育成，⑤ 相談，⑥ 訪問指導，⑦ 社会復帰及び自立と社会参加への支援，⑧ 入院等関係事務，⑨ ケース記録の整理及び秘密の保持等，⑩ 市町村への協力及び連携とされている。保健所における重要な支援の一つに，精神科救急の緊急対応業務があり，精神保健福祉法の通報規定に対応する。

　市町村の精神保健福祉士の業務は，1994年に保健所法が，地域保健法へ改正された後，その役割が拡大している。また，障害者総合支援法においても，市町村の役割が大きくなっており，精神障がい者の社会復帰にあたっては，市町村の役割が重要視されている。先述した「保健所及び市町村における精神保健福祉業務運営要領」によると，市町村の業務として，① 企画調整，② 普及啓発，③ 相談指導，④ 社会復帰及び自立と社会参加への支援，⑤ 入院（市町村長同意による医療保護入院）及び自立支援医療（精神通院医療）関連事務，⑥ ケース記録の整理及び秘密の保持と示されている。現在，精神障害者保健福祉手帳の申請受理や交付の事務手続きも市町村が行っている。

　都道府県及び市町村は，精神保健福祉センター及び保健所に，精神保健福祉相談員を置くことができるとされている。精神保健福祉相談員は，1965年の精神衛生法改正で，保健所が精神衛生の地域における行政の第一線機関として位置付けられた際に，精神衛生相談員の任意配置規定が盛り込まれ，その後，法改正に合わせて，名称を変更し，現在の精神保健福祉相談員の名称となった。

この他にも行政機関における精神保健福祉士が配置されている機関として，公共職業安定所（ハローワーク），障害者職業センター，障害者就業・生活支援センターなど就業支援機関がある。なかでもハローワークには，精神障がい者の求職者に対して，精神症状に配慮したプログラムを実施する「精神障害者雇用トータルサポーター」が配置されている。精神障害者雇用トータルサポーターの資格要件に，精神保健福祉士が位置付けられており，求職者への支援のみならず，事業主に対して，精神障害者の雇用に関する啓発活動や，相談援助等を行っている。

　それでは，行政機関等における精神保健福祉士の配置の状況をみていく。先述した精神保健福祉士就労状況調査結果（2021）によると，回答した3万558人の10.8％にあたる3299人が，「行政機関」に配置されている。そのうち，最も多いのは，「市役所，町村役場」で，1650人となっている。

■行政における精神保健福祉士の課題

　次に，行政における精神保健福祉士の課題としては，行政の役割が縮小する一方で，求められる高い専門性という点が挙げられる。1980年代に始まった社会福祉基礎構造改革は，福祉国家体制をベースにした大きな政府から小さな政府への転換を志向し，その改革は現在まで続いている。精神保健福祉行政においても，それまで都道府県及び保健所が中心となってきたが，1994年に保健所法が地域保健法へ改正されたことや，2006年の障害者自立支援法の施行により，公的責任は縮小している。実際に，精神保健福祉就労状況調査結果の前回調査（2017年）と比較すると，「行政機関」で就労している精神保健福祉士は，全体の11.3％となっており，2021年調査で，10.8％と少し，割合を落としている。しかしながら，精神保健福祉行政が担う役割は，救急への対応や，本人の意に反する措置入院や医療保護入院に関わる業務など，人権及び治療に関する高度な専門性が求められる。加えて，精神科救急事例を減らすための，日常的な相談や支援体制の整備や，メンタルヘルスに関する普及・啓発活動が求められる。

6-4-4. 教育，司法，産業等

■教育，司法，産業等における精神保健福祉士の状況

　近年，精神疾患患者数の増加や，国民のメンタルヘルスへの関心の高まりから精神保健福祉士の配置・就労状況は，医療，福祉，保健行政から教育，司法，産業へと拡大している。2010年に精神保健福祉士法が改正されるための検討会が，2008年に取りまとめた「今後の精神保健福祉士の養成の在り方等に関する検討会中間報告書」では，医療機関等において精神障害者の地域移行をすすめる中核の役割に加えて，教育，司法，産業等への広がった役割について言及がされている。最後に，教育，司法，産業の分野における精神保健福祉士の状況

について整理する。

　まず，教育分野においては，スクールソーシャルワーカーの配置が挙げられる。不登校や，ひきこもり，発達障がいのある児童生徒などが抱える困難の背景に，家庭や，友人，地域社会など環境要因が複雑に絡み合い，学校のみでの解決が困難で，関係機関等との連携した対応が求められることから，スクールソーシャルワーカーの配置が進められている。精神保健福祉士就労状況調査（2021）によれば，「学校教育関係」に就職している精神保健福祉士は，1268名で全体の4.1％を占めている。

　次に，司法分野においては，2003年に制定された医療観察法において，心神喪失等の状態で重大な他害行為を行った人の社会復帰を支援するため，保護観察所に「社会復帰調整官」が従事することになった。**社会復帰調整官**は，対象者の生活環境の調査・調整，精神保健観察の実施，医療機関や行政機関との連携や調整を担う，法務省所属の公務員である。社会復帰調整官に任命される専門職の一つに精神保健福祉士が規定されている。医療観察法による処遇は，強制力が強く，対象者の人権を制限する側面があり，高い専門性が求められる。また，医療観察法の審判においても，精神保健福祉の視点から意見を述べる精神保健福祉参与員として精神保健福祉士が従事している。精神保健福祉士就労状況調査（2021）では，「司法関係」と回答している精神保健福祉士は，234名（0.8％）となっている。

> ▷社会復帰調整官
> →巻末キーワード

　最後に，産業分野においては，職場のメンタルヘルスの担い手として，精神保健福祉士が従事している。例えば，労働安全衛生法が2014年に一部改正され，ストレスチェック制度が創設され，2015年12月より実施された。ストレスチェック制度は，労働者のストレス関連疾患や疲労を予防し，メンタルヘルスを確保するこために，医師や保健師等による労働者の心理的な負担の程度を把握するための検査（ストレスチェック）の実施を事業者に義務付けるものである。この実施者には，医師，保健師のほかに，一定の研修を受けた精神保健福祉士も含まれている。

■教育，司法，産業等における精神保健福祉士の課題
　教育，司法，産業等のみならず，精神保健福祉士の役割は拡大している。例えば，障害者雇用の枠で精神障がい者を雇用する企業において，企業内の精神障がいの理解促進や，啓発を行う役割や，児童福祉分野でも，不適切な養育環境にある子どもの親のメンタルヘルスサポートなど，分野や領域を越えて精神保健福祉士の役割は広がっている。メンタルヘルスへの関心が国民的に高くなる一方で，様々な政策に対応することに追われてしまい，精神保健福祉士のソーシャルワーカーとしての本質を見失ってしまう危険性があり，専門職としての研鑽が求められるといえよう。　　　　　　　　　　　　　　　（深谷弘和）

6-5. 精神保健福祉士の業務内容と業務指針

　現在，精神保健福祉士（以下，PSW）が活躍する現場は多岐に渡る。今日まで精神保健福祉施策のみならず，労働，教育，司法等の諸施策の変遷とも関連しながらその活躍の場は拡大してきた。日本におけるPSWとしての活動は1928（昭和3）年の東京府立松沢病院における「遊動事務員」が「ケースワークの一分派としてサイキアトリック・ソーシャル・ウワークという独自の活動分野を開拓した」と福山政一が紹介したことに始まる。実際に精神科医療現場にPSWが置かれたのは1948（昭和23）年国立国府大病院において「社会事業婦」という名称で採用されたのが最初である。現在のPSWの業務は医療分野や福祉事業所などの地域分野，精神保健福祉センターなど行政分野に留まらず，教育分野や産業分野にまでその専門的役割を求められてきている。今後も様々な現場において，PSWに専門的業務が求められてくるのではないだろうか。ここではそもそも，PSWにとっての業務とは何か，またその業務の在り方についてまとめられた日本精神保健福祉士協会によるPSWの業務指針（以下，業務指針）について，具体的に現場においてどのように活用されていくのかについて整理したい。

6-5-1. 精神保健福祉士の業務指針及び業務分類

　PSWの業務とは，日本精神保健福祉士協会が作成した精神保健福祉士業務指針第3版において「精神保健医療福祉にかかわる諸問題に対して（場面・状況）ソーシャルワークの目的を達成するため（価値・理念・視点）適切かつ有効な方法を用いてはたらきかける（機能・技術）精神保健福祉士の具体的行為・表現内容（行為）」と定義付けている。さらには精神保健福祉士が直面する事象に対して，「精神保健福祉士の価値と理念および視点を基軸として状況分析を行い，絶えず場面を再構成しつつ多様な知識・技術を活用して行動を試みる過程が精神保健福祉士の業務である」とも述べている。つまりPSWが行っている業務とは単に知識や経験に基づいて遂行する行動ということだけではなく，それを実践するにあたってのPSWの価値や理念，視点に基づいた動きであるということを指しており，この業務に対する捉え方こそが，それぞれ活躍する現場において専門的役割を果たしていくための必要不可欠な視点ともいえる。

　そして業務指針とは，様々な支援場面におけるおおまかな業務内容や注意点も含まれてはいるが，単に業務内容の羅列やその分類を示すものではなく，また業務マニュアル（手順書）とも明確に区別されなければならない。業務指針は，PSWが行う業務を「何のために」「いかに」行うかを明確にすることが示

▷15　柏木昭編著（1993）『改訂 精神医学ソーシャルワーク』岩崎学術出版社，44-49。
▷16　同上書。

▷17　精神保健福祉士を正会員として構成される職能団体。精神保健福祉士の資質の向上を図るとともに，精神保健福祉士に関する普及啓発等の事業を行っている。
▷18　日常的かつ具体的な業務展開において常に精神保健福祉士の価値・理念・視点を振り返り，必要な知識や技術を確認できるような枠組みを示している。
▷19　日本精神保健福祉協会（2020）『精神保健福祉士業務指針 第3版』，19-20。

されている。すでに前段で述べられたように PSW の価値や理念については「倫理綱領」に示されておりあらゆる現場と業務に不可欠な共通基盤としている。しかし，これら価値と理念といったものの表現は抽象度が高く，実践の現場に落とし込むにはかなりの経験値と日頃の実践を慎重に振り返る必要がある。ましてや，新人や初任者にとってはかなりの時間を要すこととなるし，自身単独の内省では困難といえ，スーパーバイザー[20]の指導のもと振り返りをしなければその専門性に気づくことも難しい。そこで業務指針第3版は数回の改定を重ねたことで，具体的な業務内容を掲示するなかで，その諸行為が価値や理念および視点とどのように結びついているのかということを説明している。PSW が実践している業務内容は他職種から見れば，ともすれば「何でも屋」「込み入った話を解決する人」「親切な人」というような雑駁な認識をもたれかねない。実際，筆者自身も職場の看護師から同様の認識のもと，当事者に紹介された経験がある。結果的にはそのような認識に至るほど多くの問題に対応しているともいえることだが，目の前で生じる諸問題が決して個人の問題のみで発生しているような単純なものではなく，経済や法律，社会情勢，諸科学などとも複雑に連動しており，より幅広い視野や知識，専門職としての価値や理念を持って取り組まなければ本質的に解決することは困難なことばかりである。つまり業務指針とは PSW の業務が専門性の高い実践であることを示しているともいえる。

■精神保健福祉士の業務指針作成の経緯

　今日に至るまで業務指針は第3版まで改定を重ねてきているが，その取り組みは，国家資格化以前から検討を重ねてきた経過がある。上述した通り，1950年頃から精神科病院に PSW が置かれ始め，多くの業務を担ってきた。多様な業務をこなしていく中で，PSW は自らの専門性とは何かと模索し，各地で研究会等が発足され，1964（昭和39）年に全国組織の日本精神医学ソーシャルワーカー協会（以下，日本 PSW 協会）が設立された。1970年代に入ると精神科病院における長期入院が進み，精神障がい者の人権問題も顕在化し，日本 PSW 協会は改めて PSW の業務を問い直す方向性を示し，全国大会において「PSW の業務指針」をテーマとしたシンポジウムの開催や研究発表があり，業務指針作成に向けた動きとなった。そのようななかで1973（昭和48）年 Y 問題[21]が提起され PSW 業務の加害者性が問われた。その後も日本 PSW 協会は長い内省の期間を経験し，1982（昭和57）年札幌宣言を採択し，精神障がい者福祉論の構築，倫理綱領の制定，業務の構築の三つの課題に着手することとなった。1988（昭和63）年に精神科ソーシャルワーカー倫理綱領が採択，1989（平成元）年に精神科ソーシャルワーカー業務指針が採択された。1997（平成9）年に精神保健福祉士法が制定し国家資格化されたことに伴い，日本 PSW 協会

▷20　教示や指摘だけではなく，スーパーバイジー（指導される者）の力量とペースと自律性を尊重しながら，問い返しと吟味を繰り返し，専門職としての気づきを得ることを支える指導者。

▷21　当時19歳の浪人生 Y の両親から相談を受けた保健所精神衛生相談員が「本人の性格，最近の行動，思考内容から分裂病のはじまりのように思われる」と記録をつけ，それに基づき本人不在のまま無診断で入院が行われた事件。
▷札幌宣言
→巻末キーワード

▷22 日本精神保健福祉士協会（2020）『精神保健福祉士業務指針 第3版』。

は1999（平成11）年に日本精神保健福祉士協会に名称変更し2004（平成16）年社団法人日本精神保健福祉士協会設立，2013（平成25）年公益社団法人日本精神保健福祉士協会へと移行された。日本精神保健福祉士協会は定期的に会員に対して業務実態調査を実施してきたが，そのなかでPSWが活躍している現場が精神科病院などの医療機関のみならず様々な現場で活躍していることが示され，精神科ソーシャルワーカー業務指針は医療機関の業務を中心に作成されたものであったことから見直しが必要とされた。2006（平成18）年から新たな業務指針の作成に着手し2010（平成22）年の総会で精神保健福祉士業務指針及び業務分類第1版を採択した。その後も業務実態調査を続け，改良を重ね2014（平成26）年精神保健福祉士業務指針及び業務分類第2版，そして，それまで抽象的に表現されていた価値と理念とそれに基づく業務内容などがより詳細に整理され2020（令和2）年精神保健福祉士業務指針第3版の公表に至った。[22]

■精神保健福祉士の業務指針

精神保健福祉士業務指針第3版で示されているPSWの主要な26業務について列挙する（表6-6）。表を見るとわかるようにPSW業務は個人・集団に対するミクロレベル，専門職・機関を対象としたメゾレベル，地域・社会を対象としたマクロレベルまで幅広く展開している。さらに（表6-7）では，PSWがあらゆる局面で何をするかということだけでなく，何のために行い，それを支える価値・理念を踏まえ目指すべき方向性が整理され示されている。このことからも，PSWの業務は個人に対してだけでなく，その問題が社会的な問題からも影響を受けているものとシステムとして捉え，組織や社会に対しての動きの必要性，そして自らその専門性を問い直す内省の視点についても示されていることがわかる。

業務指針は，⑴定義，⑵価値・理念・視点，⑶対象，業務内容，活用する技術，必要となる主な知識，⑷包括的アプローチの4つの枠組みで構成されている。26業務における上記4つの枠組みをそれぞれ詳細に見ていくには紙面の限りもあることからここでは筆者も現場経験のある就労に関する支援（表6-7）を一例に取り上げて見てみる。

⑴ 定　義

「何のためにどのような活動を行うのか」を表現しており「何を行うか」だけではないことに注意してほしい。「就労に関する支援」においても単に就労支援を行うことが目的ではなく，結果として当事者主体，ウェルビーイングになることを示している。

表6-6　PSWの主要な26業務

ミクロレベルの業務	① サービス利用に関する支援 精神保健福祉サービスを必要とする人に対して，利用上の問題を調整し，適切なサービスの利用が図れるように支援する。
	② 受診/受療に関する支援 心身の変調により，受診/受療上の課題を抱えている人に対して，課題を解決，調整し，必要な医療が受けられるように支援する。
	③ 退院/退所支援 病院/施設からクライエントが望む場所へ退院/退所し，その人らしい暮らしを実現するために支援する。
	④ 経済的問題解決の支援 生活費や医療・福祉サービス利用費または財産管理等の経済的問題の調整を通して，クライエントが安心して主体的に生活を営めるよう支援する。
	⑤ 居住支援 住居および生活の場の確保や居住の継続に関して，クライエントの希望を尊重しながら支援することを通し，地域におけるその人らしい暮らしを実現する。
	⑥ 就労に関する支援 就労に関するクライエントの希望を尊重し，そのニーズに応じた就労環境の調整を通して，主体的に社会参加できるように支援する。
	⑦ 雇用に関する支援 雇用上の問題解決及びクライエントの職業上の自己実現を支援するとともに，精神障がいのある労働者への合理的配慮を雇用主に提案，調整し雇用の安定を図る。
	⑧ 就学に関する支援 就学/復学に関するクライエントの希望を尊重し，そのニーズに応じた環境調整を図り，クライエントが主体的に学ぶことができるよう支援する。
	⑨ 対人関係/社会関係の問題調整 クライエントと周囲の人々との間で生じる問題や葛藤に対して，課題の整理と調整を図り，クライエントが対人関係/社会関係において安心して生活できるよう支援する。
	⑩ 生活基盤の形成・維持に関する支援 衣・食・住・心身の保全などの日常生活における基盤を形成・維持し，安心・安定した地域生活が送れるよう必要に応じた支援を行う。
	⑪ 心理情緒的支援 生活の中で生じる不安や葛藤，悲哀などの心理・情緒的問題に対して，クライエントが受け止め，見通しをもって取り組めるように支援する。
	⑫ 疾病/障がいの理解に関する支援 疾病や障がいを抱える体験や思いを受け止め，クライエントが疾病/障がいについて理解し，それらと付き合いながらその人らしく生きることを支援する。
	⑬ 権利行使の支援 権利侵害の状況に関する点検を行うとともに，クライエントが有する権利を適切に行使できるよう支援する。
	⑭ 家族支援 家族を一つのシステムとしてとらえ，家族が抱える問題の整理と調整を通して，家族成員個々が安心して健康な生活を送れるよう支援する。
	⑮ グループ（集団）による支援・グループワーク 共通のテーマをもつ人々の問題解決やニーズの充足を目指し，集団の力動を活用した意図的なグループ経験を通じて，個人の成長や目標を支援する。
	⑯ 活動・交流場面の提供 社会的役割をもち，豊かな生活を営む権利を保障するために，安心して過ごせる場，他社との交流の機会，創造的活動の機会を提供する。
メゾレベルの業務	⑰ セルフヘルプグループ，当事者活動への側面的支援 セルフヘルプグループ，当事者活動（ピアサポーター，ピアスタッフ等含む）などが，当事者性におけるそれぞれの力を発揮し継続的に活動展開できるよう側面的に支援する。
	⑱ スーパービジョン 精神保健福祉士の業務をソーシャルワークの専門性に基づき遂行し，実践力の向上を図るために，精神保健福祉士同士で行う相互作用のプロセス（実習指導を含む）
	⑲ コンサルテーション 業務遂行上の問題を抱えたコンサルティ（個人，集団，組織，地域社会）からの相談に対して，精神保健福祉士の専門性に基づき助言を行う。
	⑳ 多職種/多職種関連 クライエントの課題解決やニーズの実現に向けて，複数の異なる専門職，専門機関等が互いの役割や機能を理解し協働する。
	㉑ 記録 支援内容や運営管理にかかわる事項を文書化し，ソーシャルワークサービスの向上および機関の支援機能の向上のために活用する。
	㉒ 組織運営/経営 人々の福祉を目指す組織の理念に基づき，安定したサービスが提供できるよう，持続可能な組織基盤の形成と適切な運営管理を行う。
	㉓ 組織介入/組織改革 精神保健福祉士の理念に基づき，人々の権利保障の観点から組織を点検し，クライエントのニーズに対応したサービスの改善・開発を行う。
マクロレベルの業務	㉔ 地域活動/地域づくり 精神保健福祉にかかわる地域課題を発見・分析し，誰もが暮らしやすい地域づくりに向けた資源開発や諸資源のネットワーキングおよび組織化による課題解決を図る。
	㉕ 調査研究 精神保健福祉士がかかわる実践について検証し，よりよい実践につなげるとともに，精神保健福祉にかかる実態把握や状況分析を行い，その結果を社会に発信する。
	㉖ 政策提言/政策展開 精神保健福祉に関連する制度・政策を分析し，改善のために具体的な提言を行い，共生社会の実現に向けた施策の展開に関与する。

出典：日本精神保健福祉士協会（2020）『精神保健福祉士業務指針　第3版』，47-48を著者により一部改変。

表 6‑7　就労に関する支援

業務名	6　就労に関する支援		
定義	就労に関するクライエントの希望を尊重し，そのニーズに応じた就労環境の調整を通して，主体的に社会参加できるよう支援する		
価値理念視点	・就労支援を通して【ノーマライゼーション】や【ソーシャルインクルージョン】の理念を具体的に志向する。 ・働き方の【多様性】を認識し，クライエントの就労への思いや希望を尊重する【個別化】【自己決定】 ・【人と環境の相互作用】の視点に立ち，クライエントが自身の力を発揮できるよう就労環境を調整するとともに周囲の理解を促進する【ストレングス】 ・クライエントが就労支援に関するサービスを主体的に活用できるようにはたらきかけるとともに【当事者主体】既存のサービスの適用にとどまらず必要な資源の開発を目指す【社会開発】		
ターゲットレベル	ミクロレベル	【対象】①個人／②集団 ・就労（福祉的就労・企業等への就労）を希望し，その準備に取り組もうとする人 ・就労支援に関するサービスを利用している人・社会参加や活動の幅を広げることを希望する人	
		【業務内容】	【活用する技術】
		・クライエントの就労に対する希望や不安を受け止め，本人を取り巻く環境や生活状況を把握する ・クライエントの就労ニーズを共有し，それを実現するための具体的方法や手順を本人とともに検討する	関係形成技法面接技術アセスメント
		・就労に関する各種サービスや法制度についてクライエントが知り，活用できるよう支援する ・就労支援事業等の利用に際して，クライエントの希望と事業内容との調整を図り，本人のもつ力が発揮できるよう支援する	個別援助技術
		・クライエントの就労ニーズと諸サービスを結び付け，必要な資源開発を図る	ケアマネジメント
		【必要となる主な知識】 ・国際労働機関（ILO）におけるディーセント・ワークの概念の理解 ・障害者総合支援法（就労移行支援，就労継続支援，就労定着支援事業等）に関する理解 ・障害者雇用促進法に関する理解 ・自治体独自の就労支援事業に関する知識 ・職業リハビリテーションの概念と実践理論（例：IPS 個別型援助付き雇用）	
包括的アプローチ	メゾレベル	③専門職としてのはたらき ・多様なニーズに対応できるよう，就労支援の諸制度や効果的な支援方法について常に知識・技術の習得・向上を図る ④機関に対するアプローチ ・組織内の就労支援にかかわるサービス内容を評価し，必要なシステムを組織に提案・開発する	
	マクロレベル	⑤地域に対するアプローチ ・就労支援サービスに関する情報を発信し，地域特性を活かした就労資源の開発に向けた組織化を図る ⑥社会に対するアプローチ ・就労支援に関する制度／施策を評価し／制度上の不備について改善策を提言する	

出典：日本精神保健福祉士協会（2020）『精神保健福祉士業務指針　第3版』，54。

(2) 価値・理念・視点

　何に注意し大切にしていくべきかという点を PSW の価値・理念・視点の概念を用いて示している。例えば働き方の（多様性）を認識し，クライエントの就労への思いや希望を尊重する（個別化）（自己決定）（当事者主体）と就労支援者へ価値と視点を促している（人と環境の相互作用）と共に，クライエントが自身の力を発揮できるよう就労環境を調整する（ストレングス）とともに周囲の理解を促進すると記載されているように，本人のみに行動変容を促すのではなく，社会側，環境側に対しても改善する視点（社会開発）も示している。

(3) 対象，業務内容，活用する技術，必要となる主な知識

　ミクロ，メゾ，マクロのどのレベルのどのような対象に焦点を当てた業務であるかを示している。例えば，就労（福祉的就労・企業等への就労）を希望し，その準備に取り組もうとする人とある。業務内容はその対象に対しての業務展開過程において押さえるべき点を具体的に示している。例えば，就労ニーズを本人と共有し，それを実現するための具体的方法や手順を本人とともに検討すると記載されている。活用する技術は，主な技術が示されており関係形成技法，面接技術，アセスメント，個別援助技術，ケアマネジメントとある。これはまさに，PSW とクライエントとの関係性における基本的な視点である協働による実践として示されている。必要となる知識は，業務における特徴的な知識に限定して示されており，例えば，障害者雇用促進法に関する理解とある。このように就労に関する支援のなかには，その課題や諸問題が社会との連動性のなかで生じていること，それゆえに多様な技術と知識をもって支援にあたっていることを示している。

▷23　障がい者の雇用と在宅就労の促進について定めた法律であり障がい種別ごとの雇用義務や雇用率について定められている。

(4) 包括的アプローチ

　PSW の業務特性である包括的視点を踏まえ，ミクロレベルからメゾ，マクロまでの連続性を踏まえた展開が示されている。例えば，機関に対するアプローチでは，組織内の就労支援にかかわるサービス内容を評価し，必要なシステムを組織に提案・開発するとあるように就労支援内容の改善を図ることや社会に対するアプローチでは，制度上の不備について改善策を提言するなどソーシャルアクションを含んだ動きが示されている。

6-5-2.　業務指針に基づく業務の展開例

　次に PSW の業務内容の実際として，ここでも筆者の業務経験のある精神科病院における退院支援の一事例（フィクション）を取り上げ，業務指針に照らし合わせながら専門的役割についてみていきたい。

▷24 精神科救急入院料病棟でいわゆるスーパー救急と呼ばれる。精神科における急性期医療の役割を担う病棟。

▷25 精神保健福祉法第33条に定められ入院を必要とする精神障害者で、自傷他害のおそれはないが、医療保護を要する状態であり、任意入院を行う状態にない者を精神保健指定医の診察の結果入院が必要と判断され家族等のうちいずれかの者の同意で成立する入院形態。

▷26 医療保護入院者の退院に向けた相談支援や地域援助事業者等の紹介、円滑な地域生活への移行のための退院後の居住の場の確保等の調整などの業務を行う。精神保健福祉士等から選任される。

▷27 精神障がいのある方が、社会参加、社会復帰、復学、就労などを目的に様々なグループ活動を行う通所施設。

▷28 看護師等が自宅を訪問し、病気や障がいに応じた看護を行うこと。主治医の指示を受けて看護を行うため、定期的に主治医に報告するなど病院との連携機能も持つ。

▷29 ホームヘルパーが自宅を訪問して、入浴、排せつ、食事などの介護、調理、洗濯、掃除などの家事、生活などに関する相談や助言など、生活全般にわたる援助を行う。

▷30 障がい者の相談・支援を行い、障害者及びその家族と事業所等とをつなぐ業務を行う。

▷31 自立支援医療（精神通院医療）とは心身の障がいに対する通院医療費の自

■事例

　高齢の両親と3人暮らしのA氏（50歳、男性）には近隣に住む弟夫婦と妹夫婦がいる。幼少期から素行が悪く弟や妹とも仲は良くなく家族関係は悪かった。A氏は高校卒業後仕事を転々とし定職に就くことができず、離婚歴もある。離婚して以降は両親と3人暮らしになり25歳頃に壁に向かって怒鳴っている様子が見られたため両親に連れられ精神科を受診し入院したことがある。退院後まもなくして通院を中断しその後は両親にお金の無心をしてはパチンコやギャンブルをして過ごしていた。壁にむかって独語を話す様子に変化はなく、お金の無心がエスカレートし両親に暴力をふるうことが増えた。両親が保健所へ相談に行くことはあったが受診につなげることができず時間が過ぎた。ある日、暴力への対応が困難となり両親から警察へ通報することとなった。警察が駆け付けるも滅裂な様子は確認できなかったが、警察が同席のもと両親の説得を受けて精神科病院を受診した。PSWのインテークを経て医師の診察となったが、A氏は診察場面では、医師の質問に答えたかと思えば突然脈絡の無い言葉を発したり、壁に向かって独語を話す様子も見られた。本人に同意する能力が無いと医師に判断され父の同意により精神科救急病棟へ医療保護入院となった。退院後生活環境相談員となったPSWが本人、家族それぞれの思いを確認に行くとA氏は「なぜこんな無理やり入院させられたんだ。今すぐ退院させろ」の一点張りで両親や弟妹からは「大変な生活を長い期間送ってきた。もう二度と家に帰してこないでください」とそれぞれの思いは平行線であった。時間の経過と共にA氏は興奮や独語が見られなくなり、作業療法など日中は集団で活動することが可能な状態となっていた。また病識の獲得、服薬の必要性の理解に向けて医師、看護師、薬剤師らとも面談を続けた。PSWより両親にこれまでの様子を詳細に確認したところ、きっかけは不明であるが病気になる前はお金の無心も暴力も無く、徐々に自宅も片付かなくなり両親も近づくことが難しくなっていったとの話が聞けた。両親も高齢であり本人の生活を見ていく自信も無いし、この病気は治らないと思うとの発言も見られた。PSWからは病院が主催している家族教室を紹介し、開催日に合わせて病棟で過ごしている本人の様子を両親に見てもらうなど病状への理解と本人の変化を確認してもらおうと考えた。何度か病状の経過報告の目的で両親含めたカンファレンスを開催し、「サービスを利用しながら単身生活をしてくれるなら」と両親から退院の同意を得ることができた。A氏もPSWとの面談で「両親に頼るわけにはいかないから一人暮らしをしようと考えていた。でも一人暮らしは久しぶりで家事もできないと思う」と不安も口にしていた。PSWから通所先として精神科デイケアの提案、訪問看護による服薬見守り、居宅介護の調整に向けて相談支援専門員の導入を提案しA氏の了承を得た。またA氏とPSWとでアパートを探し契約、生活保護・自立支援医療・障がい支援区分の申請、退院先ア

214

パートの大家へ挨拶を行い，退院前に本人，両親，支援機関含めた退院前カンファレンスを実施し退院となった。

■ PSW が行った具体的な業務行為

　業務指針を基にしながら，本事例における業務の整理とそれを支えている価値・理念を見ながら分析し専門性について確認していきたい。本事例では退院支援に関する内容であったが，具体的な業務としては，「サービス利用に関する支援」「退院／退所支援」「経済的問題解決の支援」「居住支援」「家族支援」「多職種／他機関連携」等であった。A 氏の退院したい希望に沿った支援（退院支援）に始まり，A 氏，家族から状況聞き取り（面接）その目標に向かって入院中は医師，看護師，薬剤師，作業療法士等と共に病識の獲得，服薬の必要性の理解，日中活動に向けたアセスメント等の実施と取りまとめ（多職種連携），退院に不安を抱える家族の思いを受け止めつつ家族教室等の資源の紹介（家族支援）単身生活に向けた各種サービス調整（サービス調整），家の確保（居住支援），生活保護の申請（収入確保）等，行為面だけ見ても多岐にわたっていることがわかる。

■ 業務に含まれる PSW の価値・理念・視点

　精神科病院における入院形態は，事例のように医療保護入院による入院が少なくない。本来的には治療は本人が希望することで提供されるものであり，入院の場合も医師の提案は受けたとしてもそれを選択するのは本人であることが一般的な考えである。精神科においては，その疾患の特性もあり治療の必要性を理解できない場合があり本人の意志とは反して強引に入院の手続きが進められる場合が少なくない。そのような状況下で PSW と出会うわけであるから，クライエントからすれば病院職員である PSW も自分の理解はしてくれない人だと不信に思うのも自然といえる。PSW は少なくともそういったクライエントの思いを理解した上で退院に向けた関わり（人権への配慮），声掛けをスタートしていくことが重要である（関係性の構築）。当事者主体の原則を意識して，単に退院を目標とするだけでなく，その人らしさを重視し（個別化）これからどのような生活を送っていきたいのか（ウェルビーイング）を目指した退院支援が求められる。本人や家族から入院前の生活状況や今後の希望について聞き取り，（ストレングス）や（生活者の視点）を院内の多職種に伝え，支援の目標をチーム内で共有し退院に向けたアプローチを取りまとめていくことが PSW に求められる。「退院させてほしくない」と主張する家族に対して一概に否定的な感情を抱くことなくその経過や価値観，関係性を尊重し（個別化）必要な支援を提供していかなければならない。本人が退院に向けて不安を口にし何らかサービスを提供する状況になった場合も当事者主体で選択していけるよ

己負担を軽減する公的な制度。

▷32　障がいの多様な特性，その他心身の状態に応じて，必要とされる標準的な支援の度合いを総合的に示すもの。

う（自己決定）十分な説明を行う必要性がある（説明責任）。このように退院支援業務を見ているだけでも，PSW の業務の基盤となる価値・理念・視点が多く含まれており，それゆえに専門性の高い実践となるよう心掛けていかなければならない。

■業務で必要とされる知識

　ここまで見てきたように，退院支援に際して多くの業務を遂行しているため，それらを実行していくための知識が豊富に必要であることは言うまでもない。具体的に見ていくと，まずは精神科入院に際しての入院制度や病棟の機能等の知識は必要であり，その手続きが不十分ともなれば権利擁護とは全く違う対応ともなる。またいつまでも入院することは許されるわけもなく，例えば，精神科救急病棟ともあれば人権保障の観点と合わせて病棟機能としても3か月内での退院が求められる。もちろん病棟機能だけを理由に退院時期を考慮するわけではない。さらには精神障がい者がこれまで受けてきた差別的処遇の歴史も理解しておかなければならない。今日までその処遇は解決に至っていないと言えるし，少なくとも Y 問題のように不適切な対応や処遇は決して繰り返されてはいけないことである。退院後生活環境相談員の役割と業務の理解も必要であり事例の展開に沿っていくのなら，それぞれ専門職の役割の理解，家族支援に関する理論と方法，障害福祉サービス，自立支援医療，生活保護法などの各種制度知識，住宅探しにまつわる物件検索の知識等，業務を支える知識は豊富である必要性がある。それ以外にも精神症状・疾患の理解もなければ何が疾患で何が障害なのかわからず，どのような治療や支援が必要なのかという見立ても難しくなってくる。精神保健福祉施策，各種制度などが影響を受ける社会情勢にも目を向けて問題意識を持たなければ，生活を取り巻く諸問題が個人要因に帰結される危険性もはらむこととなる。

■業務で必要とされる技術

　知識がいくらあっても，それらを適切に引き出し提案し，本人や家族が望む生活が実現していくよう選択したいと思ってもらわなければその知識は意味の無いものとなってしまう。ではそれらを活用していけるようにどのような技術が求められるか。本人や家族の思いを把握するにあたっては，どのような声がけ，関わりが必要であるのか関係形成技法や面接技術が求められる。その上で状況をアセスメントし多職種によるチームアプローチに向けて共有することとなる。そしてどのような支援が必要であるのか検討し各支援機関らをネットワーキングしケアマネジメントしていくこととなる。全く主観的な言い方で極論を言ってしまうなら，PSW の「人がら」は技術以前に大事なことであり，コミュニケーション技術が求められるのはいうまでもない。

▓包括的視点からの業務展開

　PSW の業務はミクロ，メゾ，マクロの連続性のなかで包括的なアプローチによって展開する特性を持っている。まずは一人のクライエントとのミクロの関わりから支援が開始されるが，その状況を取り巻いている環境にも目を向け支援していかなければ本質的な解決とはならない。レベルごとに事例を振り返る。

(1) ミクロレベルの業務展開

　本人や家族の退院に関する希望や不安や葛藤の理解から始まっていた。家族に対しては，面接と合わせて家族教室を提案することで孤独感と不安感の解消を狙いとしていた。本人に対しては病棟機能を意識しながらも多職種と連携しながらアセスメントを行っていった。本人が希望するような生活が実現できるような場所でアパートを探し単身生活に際しての不安を口にしていたことから各種サービスの提案と調整を行っている。ミクロレベルにおいては個人レベルでの介入となるが，生活全体を意識しながらのケアマネジメントの技術が求められてくる。

(2) メゾレベルの業務展開

　メゾレベルでの業務展開としては，本人の退院したいという思いと合わせて語られている単身生活の不安に対して，各支援機関とも共有しそれぞれの専門性と強みを活かしたチームアプローチを実現していかなければならない。また，地域の支援機関らに単にお願いするというのではなく，医療機関に求められているニーズも聞き取り，医療機関に何ができるのか院内で検討していくことも必要である。PSW は地域と病院の窓口を担当していることもあり地域のニーズを院内に伝え組織を見直していく重要な役割でもある。このレベルでミクロレベルより社会への働きかけへと広がりを見せているのがわかる。

(3) マクロレベルの業務展開

　マクロレベルにおいては，事例のように大家とやりとりすることもそうだが，特に地域に対しては一定理解を得ておく必要性がある。「障がい者を差別してはいけない」という考えは社会に浸透しつつあるような言葉に思えるが，個人レベルでの実態としては偏見や差別が解消されたとは思えない。地域で起こるトラブルに目をつむってもらうという意味ではないが，何か起こったときに医療機関として果たせることがあるなら地域との疎通性を良くし良好な関係性を築いていく必要性はあるだろう。それが結果として，「精神障がい者になってしまった」等と二次的な苦しみを抱えたり，自身の存在意義が危ぶむことのない，精神障がい者に限らず全国民にとっても生きやすい地域となっていくこと

を期待したい。

　社会に対するアプローチとしては強制入院の問題を取り上げておきたい。1973（昭和48）年にはいわゆるＹ問題をめぐって当事者，当事者家族，多摩川保養院を告発し地域精神医療を考える会等から直接的に問題提起を受け，Ｙ問題そのものをどう捉えたのか，ＰＳＷが日常的に実践している業務がどのようなものであったのか，援助活動を実践していくにあたっての基本的な姿勢，理念，視点等多くの事を見つめ直し，考え直す契機となった。しかし，注意しなければならないのは，このＹ問題が単に「これから気を付けましょう」と言った単純な振り返りの材料とする糧，黒歴史等ではなく，同様の問題を繰り返すメカニズムが現在にまで残っているということである。例えば現在にも残る強制入院の制度についてはどうか。強制入院の一つである医療保護入院は精神保健指定医[33]がその病状の判断を行うのだが，それに対して家族等が同意の意志を示すことで入院が成立する。さらに現在の精神保健福祉法においては，以前のように家庭裁判所へ出向いて保護者選任を受けた者が同意者となるのではなく，３親等内の家族であることを証明できれば同意者となれる。もちろん運用に当たっては，Ｙ問題のように本人不在の状態で事前に入院判断することは無いはずだが，医療保護入院になる手順を見てみると同様の危険性をはらんでいることに違いは無い。「地域で安心して暮らせる精神保健医療福祉体制の実現に向けた検討会」（座長：田辺国明）における論点の一つであった医療保護入院について，当初「廃止…[34]」を目指していたはずであったが「制度の将来的な継続を前提とせず…[35]」と表現を後退させ，ついには「安心して信頼できる入院医療が実現されるよう…」という最終的には医療保護を存続させていくような報告書となった。[36]もちろん検討会の構成員のなかには医療保護の廃止ないしは制度の将来的な継続を前提としない方向性に賛同を示す者も多くいたが，医療の立場から病状の特性を取り上げ医療にアクセスできない人への医療の確保を前面に，「それでも治療しなければ」との発言が大きくなり最終的な報告書となった。[37][38]この議論の背景には診療報酬上の問題点も含まれており，[39]日本の精神科医療が長年，民間の精神科病院に依存してきた結果ともとれる議論の経過であったように感じる。また入院費の問題を取ってみても，家族等が同意していた場合は，その同意をした家族が支払うという場合もあるが，例えば身寄りがなく３親等内に同意者となる家族がいない場合は，市長同意となり入院費を払う家族等もいなければ本人が支払うこととなる。人権問題に加えて経済的な問題も重なってくることとなる。これは果たして入院にまで至った本人だけの問題なのだろうか。この強制入院制度そのものの問題についてはソーシャルアクションが求められている。しかし，日本は民間の精神科病院が大半を占めており，そのような病院に勤務するＰＳＷが自身の勤める病院の存続が危ぶまれるような改革にＰＳＷとして声を積極的に上げていけるのかは大きな課題と

▷33　５年以上診断または治療に従事した経験，３年以上精神障がい者の診断または治療に従事した経験などの要件を満たした上で必要な手続きを行うことで認定される。非自発的入院の判断を行えたり，身体拘束等の行動制限を指示することができる。

▷34　厚生労働省「地域で安心して暮らせる精神保健医療福祉体制の実現に向けた検討会議事録」（令和4年3月16日）。

▷35　厚生労働省「地域で安心して暮らせる精神保健医療福祉体制の実現に向けた検討会議事録」（令和4年4月15日）。

▷36　厚生労働省「地域で安心して暮らせる精神保健医療福祉体制の実現に向けた検討会議事録」（令和4年5月9日）。

▷37　厚生労働省「地域で安心して暮らせる精神保健医療福祉体制の実現に向けた検討会議事録」（令和4年4月15日）。

▷38　厚生労働省「地域で安心して暮らせる精神保健医療福祉体制の実現に向けた検討会議事録」（令和4年5月9日）。

▷39　厚生労働省「地域で安心して暮らせる精神保健医療福祉体制の実現に向けた検討会報告書」（令和4年6月9日）。

いえるし，そのジレンマは PSW の責任だけで引き起こされているわけではないことはいうまでもなく，PSW の業務には包括的アプローチが求められてくるだろう。

（太田智之）

障害者福祉現場の PSW として

泉水宏仁
社会福祉法人寧楽ゆいの会　こもれび

　ソーシャルワーカーの多くは，何らかの法人や事業所に所属しています。私も社会福祉法人の地域活動支援センターと相談支援事業所に所属し，相談援助や生活支援，事業所の運営などの業務に従事しています。日々の業務は多岐にわたりますが，実は所属の職員としての役割や業務"のみ"がソーシャルワーカーの実践ではないのです。ソーシャルワーカーには，事業所での実践や制度の内に"とどまらない"役割があります。

　私は現在，事業所の仕事とは別に『精神障害者地域生活支援団体協議会（通称：支援協)』という任意団体の事務局を担っています。支援協は，奈良県内の当事者同士の交流や職員研修，社会問題をテーマにした講演会の企画等を行っています。そして，支援協の役割で大切なものは，当事者団体や家族会と協働して政策提言や社会運動に取り組んでいることです。

　事務局を担う私の仕事は，国政選挙や県知事選挙の際に立候補者に公開質問状を提出し，回答を利用者や職員，家族会等の福祉関連団体に広報すること。また，県や市町村に対して，福祉政策の推進や改善を求める要望や請願活動を企画し，関係団体と調整すること等を行っています。これらは直接的には事業所に規定されている業務ではありませんが，所属する事業所の理解や協力を得て活動することができています。他にも，県や市町村自治体への公文書開示請求手続き（精神科病院立入調査や精神保健福祉関連資料の開示請求）も行っています。

　支援協の他にも精神医療国賠訴訟へ協力するために組織された『精神医療国家賠償請求訴訟を応援する奈良県民の会』に参加し，事務局の一翼を担っています。私がソーシャルワーカーとして制度外実践に取り組んでいる理由は，既存の法・制度，それらに基づく事業やサービスの内だけには"とどまらない"あるいは"とどめてはならない"人の生の営みとそれに伴う生活困難や社会問題があるからです。

　そして，生活困難の要因は，事によっては法律や制度も含めた社会構造によって生まれています。私たちの実践には，社会をより豊かなものに変革するために，必要とあらば制度や組織の枠外に立って，行動を起こすことが求められます。それが，ソーシャルアクションなのです。

　所属する事業所での丁寧な実践は，もちろん大切です。そのうえで改悪される社会福祉の法律や制度を前にして安易に伏せず，物事を正しく見定める眼と時代に抗う知恵と行動を，これからも培っていきたいと考えています。

医療現場の PSW として環境のもつ力

平山　司

医療法人三幸会　第二北山病院　相談室

　平成16年9月に厚生労働省から「精神保健医療福祉の改革ビジョン」が示され，約7万人の入院患者が受入れ条件が整えば退院可能であり，10年後の解消を目指すと公表されました。その翌年から私は精神科病院の PSW として働き始め，早10数年が過ぎました。PSW になったばかりの私は，国が示す社会的入院の解消を図るとの想いで意気揚々と退院支援に取り組んでいたことを思い出します。とりわけ印象に残っているケースをここで紹介したいと思います。

　私が担当した A さんは15年入院されており，退院に向けての課題の一つであったお金の管理を一緒に取り組んでいましたが，なかなか上手くいかず，支援者としての私の未熟さも相まって，ご本人と衝突することが度々ありました。それでも粘り強く支援を続け，1年以上掛かりましたが，何とかご本人の希望した地域での生活を開始することが出来ました。退院すると不思議なことが起こります。病院内ではお金を持てばすぐに遣ってしまう A さんが，1ヶ月の収入の中で遣り繰りするだけでなく貯金をするようになりました。理由を聞くと，「お金が足りなくなるのではないかと不安になったから。」と答えるのです。精神科病院では患者さんのお金の管理を病院が行うことは多々あります。それが長期に渡るとホスピタリズムとなり，患者さんの能力を奪ってしまいます。当然 A さんにも当てはまり，長期入院の影響が金銭管理能力を低下させていたと考えられます。また，地域生活という環境変化が A さんの元々もっていた力を回復させたと言えるでしょう。このケースを通して，私は環境がもつ力を実感することができ，当事者及び環境へアプローチすることの重要性を学ぶ機会となったように思います。

　この A さんが語った言葉の中で私が今でも大事にしている言葉があります。退院されて半年ほど経った時に，私が地域生活について尋ねると，A さんは「生きてるっ

て感じがする。」とおっしゃいました。生き生きとした表情で語っておられ，私には A さんが輝いて見えたことを今でも覚えています。私はこの言葉を非常に重みのある言葉だと思っています。長期社会的入院というのは肉体的には生きていますが，社会的には生きていることを感じさせなくなるのです。長期社会的入院者の地域移行は単なる退院支援ではなく，人生を取り戻す，再生するという意味合いが大きいと言えます。長期社会的入院者の退院支援は上手くいくことばかりではありませんが，A さんが感じた「生きている」という感覚を今も同じ境遇にいる患者さんにも感じてほしい，そのような思いで今も私は長期入院患者さんに向き合っているように思います。

当事者の生活のしづらさと伴走的関わり

南條康代
医療法人栄仁会　宇治おうばく病院

　田中花子（仮名，当時35歳）さんと出会ったのは，入職して2年目の時だった。彼女は，食事や入浴など，生活の基本的なことについて，汚れているのではないか，埃がついているのではないか，と不潔恐怖が酷くなり，暮らしが立ちゆかなくなり入院となった。

　入院して，食事も食べられるようになった頃，初回面接を行った。私が，「食事を摂れるようになって良かった」と伝えると，「病院では自分のテリトリーじゃないから汚れても気にならない。でも自分の家は清潔でないと許せない」と話してくれた。入院半ばになった頃に，退院に向けての準備として，自宅へ一緒に外出をした。自宅へ上がると，いきなり「壁には手をつかないでください」，と言われた。「どうして」と尋ねると，「人が触れるとその部分が不潔になってしまうから」と真顔で説明された。どう反応したらいいのだろう。2年目の私は戸惑った。こんな風に生活が制限されると，日常生活もままならなかっただろうな，と彼女の生活のしづらさをようやく理解することができた出来事だった。

　退院に向けて，不潔恐怖と上手く付き合いながら生活する方法を一緒に考えることにした。不潔恐怖はなくなるものではないが，「付き合っていく」ということを念頭に置いて，できること，どうしても避けたいことについてお互いに意見を出し合った。私は彼女の自宅での様子を思い返し，生活の場面ごとに困りごとを想像して考えた。時には，私の考えが田中さんの気持ちとずれることもあったが，その時は「そうじゃないんですよね」と自分の気持ちを話してくれた。話し合いの中で出来上がった目標が，「台所が汚れるのが嫌だから食事は外で食べる」「出かける準備に時間がかかるから，早寝早起きの習慣をつける」の二点だった。それ以外の課題もたくさんあるが，生活が維持できる最低限の目標を決めることで，二人で退院後の生活に挑戦するような気持ちになった。

　退院後，目標通りにいくことばかりではなく，入退院を繰り返していたが，その度に田中さんと，その時の生活のしづらさにあった目標を計画し続けた。

　そこから10年，入退院を数年繰り返した後，彼女は実家に帰ることになった。通院先も変わってしまったが変わらず近況報告が届いている。良い時も辛い時も連絡をくれる彼女を通して，その人の人生に寄り添うことの大切さを日々実感している。

キーワード集

【アダルトチルドレン】 アダルトチルドレンの定義は難しく，育った家庭環境や親の問題など，抱えてきたトラウマによって，その性格も様々である。ただ，大きな共通点として「自尊心が低い」という特徴がある。機能不全家族とは，家族がほんらいもつべき機能がいちじるしく働いていない家族のことをいう。

【EE研究】 EE（Expressed Emotion）研究。1960年代に英国で Brown らによって始まる。家族の元へ退院する患者の再発率が，ケア付き住宅等へ退院する患者よりも高いことに着目した研究。家族の本人に対するネガティブな感情表出（批判的コメント，情緒的巻き込まれ，敵意）と再発率に相関関係があるという知見を発表する。日本でも追試が行われ，同種の結果を得ている。

【医原病】 医原病とは，医療行為が原因となり不可抗力的に発生する傷病のことである。バザーリアは著書のなかで「精神病院の生活は施設症が生じるスキームである」と述べている。施設症は，統合失調症の陰性症状とも考えられるが，それだけでなく隔離・収容的な精神科病院の治療環境による医原病でもあると考えられている。

【応益負担】 応益負担とは所得の高低や能力には関係なく，例えばかかった医療費の1割を負担させる方法である。応能負担とは，負担能力のない者には税金や社会保険料を減免し，所得の高い者にはより高い負担率で税金や社会保険料を課すことによって，所得を再配分する機能を与えるものである。

障害者自立支援法が施行されて，障がい者や家族は大きな負担を強いられるようになった。同法では，障がい者が生きるために必要な支援を「益」とみなして利用料を課し，障害が重いほど負担も重くなる「応益負担」が導入された。

【学習指導要領】 学習指導要領とは，学校教育法に基づいた各学校で教育課程（カリキュラム）を編成する際の基準および毎回の授業実践の根拠となるものである。小学校・中学校・高等学校とそれぞれ教科の目標や教育内容を定めており，全国どこで教育を受けても，一定水準の教育を受けることができるようにするという目的をもつ。

【共依存】 共依存とは，自分自身に焦点が当たっていない状態のことである。自分がどうしたいかではなく，周囲の期待に応えることだけに必死であり，人の問題を解決することに，いつも一生けんめいになる。共依存（Co-Dependency）は，アメリカで，1970年代，アルコール依存症者の妻たちが苦しむ様子を目にした援助者が，自然発生的に使い始めた。

【協働意思決定（Shared Decision Making：SDM）】 医師など専門家とクライエントが，治療のゴールや希望など情報を共有し，相互の役割について話し合い，治療方針を見つけ出すことである。クライエントに薬や治療の選択肢について説明し，書き込み式の冊子「質問促進パンフレット」や「診察アプリ」など SDM を支えるツールも開発されている。

【呉 秀三】 呉秀三は，初代の精神病学担当教授の榊俶（さかきはじめ）が早世したため，近代日本の精神医学・医療の事実上の創設者となった。呉（1865～1932）は，1890（明治23）年に，帝国大学医科大学（現東京大学医学部）を卒業，呉の才能は卓越しており，在学中から『医学統計論』を翻訳したり，医学心理学総説というべき『脳髄生理精神啓微』という単行本を出版した。

呉はピネル後のサルペトリエールでも学び，ピネルに100年遅れ次の病院改革を行った。① 拘束具使用禁止。それらをすべて焼却処分する。呉は明治34年の10月に帰国したが，拘束具の禁止は，なんと11月である。② 患者の室外運動の自由化 – 看護職員や家族が付き添い，病院構内での運動を自由化。旧来の看護観を持つ看護長などリーダー格の職員を更迭し，看護職員の人員と意識の刷新を図る。④ 新しい看護長には医科大学附属病院で看護学講習を聴講させ，看護技術の向上を図る。⑤ 患者処遇の改善と治療方針の刷新。⑥ 作業療法の積極的活用。⑦ 病棟の増改築の実行。等である。

【ケネディ大統領教書】 アメリカ合衆国第35代大統領ジョン・F・ケネディは，1963年の議会で精神病・精神薄弱に関するケネディ白書を提出した。これは，入院から地域ケアへと転換する脱施設化を目指したもので

あった。この考えは、ヨーロッパへ広がっていった。

【こころのバリアフリー宣言】 2004年に公表された「精神保健医療福祉の改革ビジョン」のなかで、「医療改革」「地域生活支援」「正しい知識の普及」が掲げられ、精神疾患や精神障がい者に対する正しい理解を促すために全国民を対象とした「こころのバリアフリー宣言」が出された。

【孤立死】 「孤立死」の確立した定義はなく、また全国的な統計も存在していないが、一般的には、社会とのつながりをもてないでいる人が、誰にも看取られずに死亡することをいう。従来、高齢者の孤立死が注目されてきたが、地域で暮らす精神障がい者が、隣人や社会から孤立するなかで死去し、死亡後、時間が経過してから発見されることもある。

【札幌宣言】 札幌宣言とは、Y事件が生じ、その事件に精神医学ソーシャルワーカーが関与したことから、精神科ソーシャルワーカーが、自分たちのありようを見直し、協会の存在する意味を追究した結果「精神障害者の社会的復権」を協会の目的として1982年に表明したものの通称である。（社会的復権を語ろう　コラム連載「社会的復権について〜私の実践」連載にあたって、公益社団法人日本精神保健福祉士協会会長　田村綾子　https://www.jamhsw.or.jp/ugoki/hokokusyo/2019advocacy/index.htm#:~:text）参照）

【施設症】 施設症とは、長期の収容によって、患者が無気力状態になってしまう症状のこと。施設症に陥ると、閉じ込められた「施設」から抜け出す気力も奪われる。自発性や能動性を失い、たとえ自らの置かれた状況に満足していなくても、満足していると思い込むようになる。

【私宅監置】 1900年精神病者監護法に基づき、監護義務者が行政庁の許可を得て、私宅に一室を設け精神病者を監置すること。1950年精神衛生法により私宅監置は制度上廃止となった。

　第二次世界大戦後米国の統治下にあった沖縄では、精神科医療施設の未整備は深刻であった。琉球民政府による「琉球精神衛生法」（1960年施行）では、私宅監置をはじめ精神科病院以外での監置を認めており、1972年の本土復帰まで続いていた。

【恤救規則】 1874年12月8日大政官達第162号。日本の救貧法の源典と言われるように、その後1929年救護法、1950年生活保護法に引き継がれていく。

【社会復帰調整官】 精神保健福祉士等の資格を有し、保護観察所の職員として採用された人で、医療観察法の対象期間（申立てから処遇終了まで）、対象者の社会復帰を支援する。具体的には、生活環境調査、地域生活の調整、精神保健観察、関係機関の連携確保などを担う。

【社会防衛】 イタリアの刑法学者フェッリ（Enrico Ferri）は、犯罪の予防と犯罪者の改善的矯正的処遇を目的とする刑事政策、刑罰と保安処分の〈社会防衛処分〉への一元化を提唱した。刑法理論は、社会を犯罪から防衛するのである（社会防衛論）と主張した。

【障害者雇用率】 障害者の雇用の促進を目的とした障害者雇用促進法により、従業員の一定割合を障害者枠として雇用する法定雇用率を定めている。2021（令和3）年3月から民間企業は2.3％以上、地方公共団体は2.6％以上の障害者雇用が義務づけられている。法定雇用率は5年ごとに見直されている。

【障害の医学モデル】 障害や不利益・困難の原因は目が見えない、足が動かせないなどの個人の心身機能が原因であるという考え方。階段を登れないのは立って歩くことができないから、車いすを利用しているからで、その障害を解消するためには、立って歩けるようになるためのリハビリなどによる個人の努力や訓練、医療・福祉の領域の問題と捉える。

【障害の社会モデル】 障害や不利益・困難の原因は障害のない人を前提に作られた社会の作りや仕組みに原因があるという考え方。社会や組織の仕組み、文化や慣習などの「社会的障壁」が障害者など少数派（マイノリティ）の存在を考慮せず、多数派（マジョリティ）の都合で作られているためにマイノリティが不利益を被っている、というマジョリティとマイノリティの間の不均衡が障害を生み出していると考え、社会が障害を作り出しているからそれを解消するのは社会の責務と捉える。

【障害の統合モデル】 障がいからの生きづらさは、病気だけでなく、背景因子も重視。生活機能の3レベル（生命レベル、生活レベル、人生レベル）間でも影響しあうと考える。また、生活機能の各レベルは相対的な独立性をももつものであり、機能障害が改善しなくても活動自体を改善させることができる。

【ショック療法】 代表的なショック療法に、インスリンショック療法と電気ショック療法がある。前者は、イ

ンスリンを皮下注射し，低血糖状態による昏睡状態を人工的に起こす治療法である。後者は，電気痙攣療法とも呼ばれ，電極を頭部に装着し，通電を行う治療法である。近年では，薬物療法の効果がみられない患者，自殺企図がある患者に対して，けいれんを伴わない修正型電気けいれん療法が用いられている。

【新型コロナパンデミック】　新型コロナウイルス感染症は，2019年12月，中華人民共和国湖北省武漢市において確認された。世界保健機関（WHO）は，2020年1月30日，新型コロナウイルス感染症について，「国際的に懸念される公衆衛生上の緊急事態（PHEIC）」を宣言した。その後，世界的な感染拡大の状況，重症度等から3月11日新型コロナウイルス感染症をパンデミック（世界的な大流行）とみなせると表明した。（国立感染症研究所，IDWR 2020年第21号〈注目すべき感染症〉新型コロナウイルス感染症　https://www.niid.go.jp/niid/ja/2019-cov/2487-idsc/idwr-topic/9669-idwrc-2021.html）

【心神喪失者等医療観察法】　「医療観察法」では，心神喪失又は心神耗弱の状態で重大な他害行為を行い，不起訴処分となる，もしくは無罪等が確定した人に対して，検察官は，本法による医療及び観察を受けさせるべきかどうかを地方裁判所に申立てを行う。

その後，検察官からの申立てがなされると，鑑定のための入院等が行われるとともに，裁判官と精神保健審判員（必要な学識経験を有する医師）の各1名からなる合議体による審判で，本制度による処遇の要否と内容の決定が行われる。

審判の結果，医療観察法の入院による医療の決定を受けた人に対しては，厚生労働大臣が指定した医療機関（指定入院医療機関）において，専門的医療の提供とともに，入院期間中から，法務省所管の保護観察所に配置されている社会復帰調整官により，退院後の生活環境の調整が実施される。

また，医療観察法による通院の決定（入院によらない医療を受けさせる旨の決定）を受けた人及び退院を許可された人については，保護観察所の社会復帰調整官が中心となって作成する処遇実施計画に基づき，原則3年間，地域において，厚生労働大臣が指定した医療機関（指定通院医療機関）による医療を受けることとなる。

なお，この通院期間中は，保護観察所が中心となっ

て，地域処遇に携わる関係機関と連携し，本制度による処遇の実施が進められる。

【身体拘束】　衣類や綿入り帯等を使って，一時的に「介護を受ける高齢者等」の身体を拘束したり，運動することを抑制する等，行動を制限すること。身体拘束は，本人に対し身体機能の低下や精神的苦痛，認知症の進行等をもたらすだけでなく，家族を精神的に傷つけたり，病院や施設に対する社会的不信・偏見を生み出す等，様々な危険性をもつ。

【精神科特例】　医療法に定める基準であり，医師は他科の3分の1，看護師は他科の3分の2でよいとする特例である。精神科は少ない職員数でよいとする特例は，民間精神科病院が増える一因となった。2000年の医療法改正で，精神病院の配置基準も施行規則に組み込まれ法的に「特例」ではなく本則になった。これにより精神科差別が公式なかたちで続くことになった。

【精神病院法】　大正8年法律第25号。精神病院法は，各道府県（当時）に公立の精神（科）病院の設置を義務づけた全8条からなる法律である。精神病院法の成立後も精神病者監護法は存続しており，1950年精神衛生法まで私宅監置は法律上認められていた。

【精神病者監護法】　明治33年3月10日法律第38号。わが国の最初の精神病者に関する法律である。この法では，精神病者を地方長官（今でいう都道府県知事）の許可を得て，監護の責任者（主に精神障害者の家族がなっていた）が精神障害者を私宅などに監置できるという法律であった。この法律の下で，精神医療が十分受けられず，家族の負担も大きいという状況が生み出された。

【精神保健福祉相談員】　精神保健福祉法第48条第1項に規定された公務労働者としての精神保健福祉に携わる職員である。都道府県及び市町村が，精神保健福祉センター，保健所等の施設に配置され，精神保健及び精神障害者の福祉に関する相談に応じ，精神障害者及びその家族を訪問して必要な指導を行う職員のことを言う。

【世界人権宣言】　1948（昭和23）年12月10日，国連第3回総会（パリ）において，「すべての人民とすべての国とが達成すべき共通の基準」として，「世界人権宣言」が採択された。基本的人権尊重の原則を定めたものであり，それ自体が法的拘束力をもつものではないが，初めて人権の保障を国際的にうたった画期的なもので

ある。この宣言は、すべての人々がもっている市民的、政治的、経済的、社会的、文化的分野にわたる多くの権利を内容とし、前文と30の条文からなっており、世界各国の憲法や法律に取り入れられるとともに、様々な国際会議の決議にも用いられ、世界各国に強い影響を及ぼしている。世界人権宣言で規定された権利に法的な拘束力をもたせるため、「経済的、社会的及び文化的権利に関する国際規約（A規約）」と「市民的及び政治的権利に関する国際規約（B規約）」の2つの国際人権規約が採択され、その後も個別の人権を保障するために様々な条約が採択されている。

【絶対的欠格事由から相対的欠格事由】　絶対的欠格事由とは、目が見えない者、耳が聞こえない者または口がきけない者には、免許を与えないとするものである。「精神病者には免許を与えないことがある」などの精神障害者についての相対的な欠格条項が設けられていたが、こうした規定を、もはや必要性がないと考えられるものは廃止し、必要性があるとして存続させるものについては、絶対的欠格は相対的欠格へ改正し、また、障害者を表す規定から障害者を特定しない規定へ改正することを原則とする動きになっている。

【セルフスティグマ】　「スティグマ（stigma）」は、簡単に言うと偏見や差別のことである。スティグマにより、その人の行動を変化させたり、制限させたりする変化を生じさせる。スティグマは自分とは関係がない集団を区別するために、その集団の特徴に対して烙印を押していくもの、と考えられるようになった。スティグマには、パブリックスティグマとセルフスティグマがある。パブリックスティグマは、特定の対象にある人に差別意識をもつことである。セルフスティグマは、病気や障害に対応するなかで自己に対する否定的な感情を発展させている状態であり、他者に対する申し訳なさ、自己尊重の低減や自己効力感の低減、及び社会的引きこもりや病気の開示を避ける等がみられるとされている。

【ソーシャルアクション】　髙良麻子の操作的定義「ソーシャルアクションとは、生活問題を体験している当事者へのエンパワメント理念に基づいたアドボカシー機能を果たすために、政策・制度を含む構造的変化を想定し、市民、組織、立法・行政・司法機関等へ組織的に働きかけるソーシャルワークの方法」（髙良麻子（2015）「社会福祉士によるソーシャル・アクションの

体系的把握」『社会福祉学』56（2）、126-40。）

【相馬事件】　旧中村藩（現・福島県）主の相馬誠胤は、24歳で緊張病型統合失調症と思われる精神変調にかかり、自宅に監禁されたり東京府癲狂院に入院したりし、1892（明治25）年、自殺で死去した。1883年ごろから、錦織剛清ら旧藩士の一部は、この病気は、財産をのっとろうとする陰謀だとして訴えを起こした。相馬事件がきっかけとなり、精神病者の監護（監禁および保護）の手続きについて問題意識が高まり、1900（明治33）年に「精神病者監護法」が制定された。

【第一・二種社会福祉事業】　社会福祉事業の種類は「第一種社会福祉事業」と「第二種社会福祉事業」の2つに分かれる。いずれも社会福祉を目的とした非営利事業である点は共通している、提供するサービスの性質と事業の経営主体が異なる。

　第一種社会福祉事業では社会的に緊急性・必要性の高い事業を取り扱うことから、安定した経営基盤が求められる。そのため、第一種社会福祉事業を行えるのは行政または社会福祉法人のみである。一方、第二種社会福祉事業の場合、事業の社会的責任は小さくないものの、当事者への影響が第一種と比べて小さいという特徴がある。経営主体も定められていないため、届け出をすれば自治体や社会福祉法人などに限らず事業を開始できる。

【第1次・2次・3次予防】　医学は、病気になった時にそれを治す治療医学と、病気の発生を防いだり治療が長引かないようにしたり、社会復帰を支援したりする予防医学に分けられる。一次予防、二次予防、三次予防とは予防医学の用語であり、介入する対象と時期によって分類したものである。

　一次予防とは、生活習慣の改善、健康教育、予防接種などの病にかからないように施す処置や指導のことである。一般的に予防という用語だけで使われるときは一次予防を指すことが多い。

　二次予防とは、早期発見、早期治療を促して病が重症化しないように行われる処置や指導である。健康診断などが二次予防になる。

　三次予防とは、治療過程において保健指導やリハビリテーションを行うことにより社会復帰を促したり、再発を防止したりする取り組みのことである。
（一般社団法人安全衛生マネジメント協会：https://www.aemk.or.jp/word/a61.html）

【代用病院】　精神病院法では，第1条で都道府県立精神病院設置義務を課した。ここでは，精神病者の医療に対する公的責任が表明されている。しかしながら第7条で，私立精神病院を都道府県立精神病院の代用病院として指定することを可能とした。

【脱施設化】　脱施設化（deinstitutionalization）とは，精神病院などの施設に収容されている患者を，ノーマリゼーションの考えに基づいて，施設から解放し，地域社会で患者個々のニーズにあったサービスを提供することを指す。デンマークのバンクミケルセンが提唱したノーマリゼーションの理念に端を発するが，米国のウルフェンスベルガーの「ノーマリゼーションは普遍的な原理である。イタリアのトリエステでは，最盛期には1200床を超えたサン・ジョバンニ旧精神病院は，イタリア全土から精神病院が完全に消えた1999年に先だって，1980年にはすでに完全閉鎖をした。旧病棟は地域支援の拠点である精神保健局，精神保健センターに姿を変え，作業所，グループホームなどにも転用されている。現在，トリエステの精神保健は WHO（世界保健機構）の推奨モデルとなっており，世界最高峰の地域精神保健システムが構築されている。1950年代以降，地域で自分らしく暮らす，強制的な入所（入院）を終わらす，さらには，入所（入院）するのを少なくすることが国際的な兆候となってきた。1960年代以降，欧米では，地域の中での医療やリハビリテーションを重視する施策がとられた。ノーマライゼーション理念は確実に浸透し，精神障がい者を地域で支える様々な試みが実を結び，現在に至っている。しかし，日本は，欧米が保護収容施策を地域医療・地域ケア中心の施策へと転換し始めた時期に，逆に保護と収容を強化する方向となった。精神障がい者を地域から疎外し，精神病床の過剰，社会的入院の増加，地域資源の未成熟という大きな負の遺産を抱えたまま今日にいたっている。

【治療共同体（Therapeutic Community）】　1950年代初めより精神科医のマクスウェル・ジョーンズは，精神科病院のすべての資源が治療共同体を作り上げるために，いかに組織されるかについて論じた。それをまとめた書が "Beyond the Therapeutic Community Social Learning and social Psychiatry" である。この書はもともと "Painful Communication" と題する職員研修用の教材であった。

【癲狂院（てんきょういん）】　「癲狂」とは漢方医学で精神疾患の総称であり，日本でも養老律令（718）でも用語が使用されている。「癲狂院」とは「医制」（1874）の中に各種病院の一つにあげられており，明治以降瘋癲（ふうてん）病院と並ぶ精神科病院の呼称である。1875年京都南禅寺境内に開院した京都癲狂院が公立初の精神科病院とされるが1882年経営難のため廃院となる。

【道徳療法】　小病院で行われる個別ケア。アメリカの精神医療（1980）で「自然な改善が生ずるように作業療法，宗教活動，娯楽，健康な心理環境が行われ，組織化された集団生活を行うような治療」と定義されている。

【ニュルンベルク・コード】　第二次世界大戦中，ナチスドイツの研究者たちは強制収容所に捉えられた捕虜たちに対して非倫理的な人体実験を実施した。第二次世界大戦後，人体実験における普遍的な倫理基準として1947年に明文化された。ニュルンベルク綱領は，人体実験をおこなう際に必要な倫理的な原則をまとめて示したものである。ここでいう人体実験は，あらゆる臨床実践は実験的なトライアル＝試行の性格をもつゆえ，倫理的な要件（つまりニュルンベルグコードが守られていれば）のもとでおこなわれる臨床行為は正当化されるという意味である。

【パターナリズム】　パターナリズム（＝介入主義）とは，強い立場にある者が，弱い立場にある者の利益のために介入や支援を行う考え方を指す。医療や福祉の現場では，医師・支援者（＝強い立場）が患者・被支援者（＝弱い立場）の人の健康や生活の質（＝利益）を守るために，本人の意思や自由を制限してサービスを提供（＝介入・支援）することが起こりえる。この構造は，医療や福祉など専門性が必要な領域で見られるものである。

【8050問題】　80代の高齢の親が同居している50代の子どもの生活の面倒を丸ごとみている状態のこと。ひきこもりの長期化・高齢化として社会問題となっている。精神障がいが要因となっている場合も少なくない。8050問題は，今後もさらに深刻化すると言われている。内閣府調査では，40〜64歳の引きこもりは61.3万人程度となっているが，報告していない家族の存在を加味すると実際にはもっと数が多いと考えられる。暴力や無理心中などの事件につながってしまう恐れがあり，実際に，2018年に起こった親子の孤立死事件が8050問

題を世間に広めるきっかけとなっている。

【バブル崩壊】　バブル経済とは，過剰な投資によって不動産や株式などの資産価値が異常に高騰する経済状況をいう。実際の経済成長を超えるペースで資産価値が膨らむ様子を，中身のない泡（バブル）に例えたのが名前の由来である。バブル経済の元では資産を売買するだけで大きな利益が得られるため，消費活動が盛んになって世の中全体の景気がよくなった。。日本では1980年代後半から1990年頃にかけてバブル経済が起こり，好景気となった。1989年，日本社会は「昭和」から「平成」へと新しい元号に変わり，将来への期待もふくらんだ。しかし，1991年から1993年頃にかけて起きた株価や地価（土地の値段）が急落した。バブルは崩壊し，日本経済は長期の経済停滞に陥り，雇用情勢は悪化を続けることになった。

【ビアーズ（Beers, Clifford Whittingham 1876-1943）】
コネティカット州生れのアメリカの精神衛生運動家である。大学卒業後，ニューヨークの保険会社に勤めたが，就職後3年にして鬱（うつ）病と思われる状態に陥る。抑うつ状態や妄想が出現し，自殺をはかったため，精神病院に入院させられた。数か所の精神病院に転院したが，監護人から暴行，強迫，監禁などを受，罪人のように扱われた。病院における患者の扱いは暴行，強圧に満ちており，退院後この現実を社会に訴えようと思い，05年から手記を書き始めた。これが08年に出版された『わが魂に会うまで』（1908）である。1908年ビアーズはマイヤー，ジェームスやウェルシュのような有力者や，心理学者，医療関係者などの協力，支援を得てコネチカット州精神衛生協会を設立し，会長となった。1928年には全米精神衛生財団が設立され，1930年には第1回精神衛生会議が開催されるなど，精神衛生運動は世界的な規模に広がっていったこの運動は，初期には患者の現状調査や改善に力を注いだ。後には予防，健康の保持，向上を主張するようになり，精神医学，カウンセリングなどと統合しながら，現在のメンタルヘルス運動への流れをつくった。

【平均在院日数】　平均在院日数とは，

①に掲げる数
②に掲げる数

①当該病棟における直近3か月間の在院患者延日数
②（当該病棟における当該3か月間の新入棟患者

数＋当該病棟における当該3か月間の新退棟患者数）／2なお，小数点以下は切り上げる。

　上記算定式において，在院患者とは，毎日24時現在当該病棟に在院中の患者をいい，当該病棟に入院してその日のうちに退院又は死亡した者を含むものである。なお，患者が当該病棟から他の病棟へ移動したときは，当該移動した日は当該病棟における入院日として在院患者延日数に含める。2022（平成4）年1月現在の精神科の平均在院日数は，299.8日である。

【マズローの欲求五段階説】　マズロー（アブラハム・ハロルド・マズロー：Abraham Harold Maslow, 1908～1970年）は，アメリカ合衆国の心理学者）は，人間の欲求を最下層から順に「生理的欲求」→「安全の欲求」→「所属と愛の欲求」→「承認欲求」→「自己実現欲求」の五段階にあると提唱した。詳しくは『人間性の心理学』（産能大出版部，1987）参照のこと。

【ヤングケアラー】　「ヤングケアラー」とは，本来大人が担うと想定されている家事や家族の世話などを日常的に行っているこどものこと。責任や負担の重さにより，学業や友人関係などに影響が出てしまうことがある。

【リスボン宣言】　リスボン宣言は，WMA（World Medical Association：世界医師会）総会で採択された宣言である。宣言は，序文と11原則で構成されており，患者の持ちうる権利を明確にしている。リスボン宣言では，医師は良心に基づいて患者の利益のために最善の行動をしなければならないと規定されている。1981年に採択され，修正を重ね現在の形になった。

【レジリエンス】　心理学用語であり，「精神的な回復力」という意味で使用される。具体的には，ショックな出来事やネガティブと思われる状況に直面したとき，心を落ち着かせ精神的な安定を保ち，適切な対応ができる能力のことを指す。

【Y問題】　Y問題とは，1969年に大学浪人中であったY氏の強制入院事件が示した人権侵害問題と，その事件がもたらした社会福祉実践への提起の一連の問題である。まず，人権侵害を伴うY事件は，精神衛生法体制下での強制入院をめぐり，Y氏が，未成年であるため，同意入院要件として両親の同意が必要だったが，これが満たされていないこと，さらに入院時に医師による診察がなかったことに2点がある。また，需要なことであるが，入院に際して保健所の精神科ソーシャルワ

ーカーによるケース記録が援用されたことがある。入院に至るまでYさん本人には専門職の誰一人会わず，話さずという「本人不在」「入院先行」で事が進んだ。さらに，入院時には警察官の安易な導入があった。

　社会福祉実践への提起としては，入院すなわち保護が第一優先となり，入院に側面的であれ精神科ソーシャルワーカーが関与していたう事実が明らかになり，札幌宣言へとつながる。

おわりに

　私が，大学時代に出会った障がい児にH君がいる。言葉を持たない重度の自閉症児だった彼との出会いは，私にとって衝撃だった。彼と出会ったのは，当時，私が参加していた不登校をなくす会の夏季キャンプだった。そのキャンプのなかで，当時7歳だったが，発達段階10ケ月だった彼は，私の腕のなかで，私の肩や胸を噛み，私になんらかのことを要求したが，その彼とまったくコミュニケーションできない私自身に腹立たしい思いをもった。

　H君との出会いは，ソーシャルワーカーとして障がい児者の現場で働いていきたい思いを，私自身に植え付けた出会いとなった。

　大学院を卒業し，近畿圏のある県で大学の非常勤講師となった私は，精神科臨床にも参加することを選んだ。私は，その県で，最もベッド数が多く措置率の高い病院に臨床を学ぶという目的で参加することにした。もちろん，その当時，その病院は，私が福祉臨床を学びたいとの思いを伝えていると認識したわけではない。私の身分は，看護助手という身分であった。週1回の看護助手としての私に与えられた給与は1万円だった。

　その病院で衝撃だったのは，トイレのドアと，畳の病床，それにデッキシューズ越しに感じる奇妙な感じの保護室の床だった。大便のトイレのドアが肩までの高さだったのである。この高さで，安心して排便できるのだろうかというのが，率直な思いだった。それに，片面20畳が，廊下の両面にある病床の姿を今でも忘れることができない。おそらくそこに，60名からの患者が「収容」されていたのではなかろうか。さらに，看護助手の私には，デッキブラシで，空室になった保護室を掃除する役目が与えられた。その保護室に入った時，鼻をつくアンモニア臭と，デッキシューズ越しにいまにも滑りそうな異様な様子を感じた。

　今，大学で，この二つの出会いを，なんらかの機会をみつけては，学生たちに話している。それは，私のソーシャルワーカーとしてのアイデンティティを形成する重要な出会いだったからである。

　ミルトン・メイヤロフは，「ケアする相手が人の場合，その人が成長するとは「その人が新しいことを学びうる力をもつところまで学ぶことを意味」し，この学びは「知識や技術を単に増やすことではなく，根本的に新しい経験や考えを全人格的に受けとめていくことをとおして，その人格が再創造されること」であると述べる（ミルトン・メイヤロフ，田村真・向野宣之訳（1987）『ケアの本質——生きることの意味』ゆみる出版，29）。

　精神科ソーシャルワーカー（精神保健福祉士を含む）は，自身が共に生きる

多くの人との出会いを通して，自身が学ぶ意欲を得るのではなかろうか。それは，私のように，出会いの時に得た衝撃を通して得る意欲かもしれない。その意欲は，自身が関わる人の育ちを保障する実践を生み出す。本書の読者が，本書と出会ったソーシャルワーカーが，自身の育ちを得る一助となってほしいとの思いを強くもつ。

編著者

人名索引

事項索引

《編著者》

山本耕平 (やまもと・こうへい，佛教大学社会福祉学部)　第1章，第3章 3-2-3〜7，3-3-1〜2，3-3-6，3-3-8，第5章 5-5，5-6-3〜4

緒方由紀 (おがた・ゆき，佛教大学社会福祉学部)　第3章 3-1，3-2-1〜2，3-3-3〜5，第5章 5-6-1〜2，5-6-5〜6

《執筆者》(執筆順，執筆担当)

髙木健志 (たかき・たけし，佛教大学社会福祉学部)　第2章，第5章 5-7

塩満　卓 (しおみつ・たかし，佛教大学社会福祉学部)　第3章 3-3-7，第4章，第5章 5-1〜4

松岡江里奈 (まつおか・えりな，佛教大学社会福祉学研究科博士課程)　第6章 6-1

高橋健太 (たかはし・けんた，社会福祉法人萌 ひなた舎)　第6章 6-2

岡部　茜 (おかべ・あかね，大谷大学社会学部)　第6章 6-3

深谷弘和 (ふかや・ひろかず，天理大学人間学部)　第6章 6-4

太田智之 (おおた・さとし，医療法人栄仁会 生活訓練いろは，相談支援事業所おうばく管理者，佛教大学非常勤講師)　第6章 6-5

《コラム》(執筆順，執筆担当)

窪原麻希 (くぼはら・まき，社会福祉法人一麦会 (麦の郷) 紀の川生活支援センターセンター長) コラム1

山本幸博 (やまもと・ゆきひろ，社会福祉法人てりてりかんぱにぃ ジョイント・ほっと) コラム2

山本哲士 (やまもと・てつし，社会福祉法人一麦会 (麦の郷) 事務局次長ソーシャルファームピネル管理者) コラム3

山本耕平 (編著者) コラム4

入江　泰 (いりえ・やすし，NPO法人京都マック) コラム5

東谷幸政 (ひがしたに・ゆきまさ，精神医療国家賠償請求訴訟研究会代表・PSW) コラム6

岡田久実子 (おかだ・くみこ，全国精神保健福祉会連合会) コラム7

下村幸男 (しもむら・さちお，NPO法人陽だまりの会) コラム8

中原力哉 (なかはら・りきや，社会福祉法人一麦会 (麦の郷) ソーシャルファームもぎたて管理者) コラム9

泉水宏仁 (いずみ・ひろひと，社会福祉法人寧楽ゆいの会　こもれび) コラム10

平山　司 (ひらやま・つかさ，医療法人三幸会 第二北山病院相談室) コラム11

南條康代 (なんじょう・やすよ，医療法人栄仁会 宇治おうばく病院) コラム12

現代社会と精神保健福祉
——精神保健福祉の原理を学ぶ——

2024年2月20日　初版　第1刷発行　　　　　　　　　　（検印省略）

定価はカバーに
表示しています

編 著 者	山	本	耕	平
	緒	方	由	紀
発 行 者	杉	田	啓	三
印 刷 者	江	戸	孝	典

発行所　株式会社　ミネルヴァ書房
607-8494 京都市山科区日ノ岡堤谷町1
電話代表 (075)581-5191
振替口座 01020-0-8076

共同印刷工業・坂井製本

ISBN978-4-623-09639-8
Printed in Japan

ソーシャルワーカーのための災害福祉論

家高将明・後藤至功・山田裕一・立花直樹編著　Ａ５判　224頁　本体2500円

●社会福祉士および精神保健福祉士の養成カリキュラムで各科目に点在して記述されている災害支援関連の教育事項を一冊にまとめて解説する。災害時の指定避難所における避難生活には様々な困難が生じる。マイノリティも含む多様な被災者に細やかな支援を行うため，求められる支援のあり方を示し，また災害時の事例を通して日常における当事者とのかかわり方を再検討する。

権利擁護を支える法制度

都村尚子編著　Ａ５判　240頁　本体2400円

●社会福祉士および精神保健福祉士養成課程「権利擁護を支える法制度」のテキスト。社会福祉に関係する法律の内容を正確に理解しておくことは，ソーシャルワーカーが権利擁護を実践していくための前提となる重要なことである。憲法・民法・行政法といった私たちの生活の基盤をなす法律や福祉サービスの給付に関係する法律，権利擁護を支える具体的な仕組みなどについて，初学者向けにわかりやすく解説する。

福祉政策とソーシャルワークをつなぐ
──生活困窮者自立支援制度から考える

椋野美智子編著　四六判　264頁　本体2800円

●2015年に創設された生活困窮者自立支援制度は「制度の適用」から「支援のための制度・資源の活用」へという視座の転換を支援者に促し，既存の福祉政策に内在する様々な課題を改めて浮き彫りにした。本書ではそれらを８つに整理・分析し，制度・支援の分立および原理の対立構造を明らかにする。その上で，「ソーシャルワークが制度の限界を補完し，制度がソーシャルワークを強化」できるよう，ソーシャルワークを核に据えたものに福祉政策を再編する必要性を提言する。「地域共生社会」時代の福祉政策・ソーシャルワークのあり方を考える上で必読の一冊。

ソーシャルワークを「語り」から「見える化」する
──７次元統合体モデルによる解析

平塚良子編著　Ａ５判　282頁　本体2800円

●ソーシャルワークの「見える化」は可能か。多様な領域で実践するソーシャルワーカー40名へのインタビュー調査によって聞き取ることができた約70の実践事例を，多次元的な認識構造モデル「７次元統合体」を用いて分析。特に，ソーシャルワーカーの実践　知に着目して「価値・目的，視点・対象認識，機能・役割，方法，空間（場と設定），時間，技能」という「７次元」の相互の動きや関連から，見えにくい・あいまいと評される実践の世界を捉えようとした一冊。

──── ミネルヴァ書房 ────

https://www.minervashobo.co.jp/